Reiseführer Natur
Brasilien/Venezuela

Bernhard Gall
Martin Wikelski

Reiseführer Natur
Brasilien, Venezuela

Die Deutsche Bibliothek – CIP-Einheitsaufnahme

Reiseführer Natur Brasilien/Venezuela:
Bernhard Gall, Martin Wikelski;
[Red. Mitarb.: Einhard Bezzel; Josef. H. Reichholf]. -
München; Wien; Zürich: BLV, 1993
ISBN 3-405-14320-9
NE: Gall, Bernhardt; Wikelski, Martin;
Brasilien, Venezuela

Umschlagfotos: Kronendach des Regenwaldes,
M. Wikelski;
Vorderseite: Nationalpark Sete Cidades, Brasilien,
B. Gall;
hinten: Jendaja-Sittiche, D. Hoppe;
Nidularium-Bromelie, B. Gall.

Foto S.1: Paranußbaum, B. Gall;
Foto S 2/3: Gran Sabana/Venezuela, T. Wikelski.

BLV Verlagsgesellschaft mbH
München Wien Zürich
80797 München

Umschlaggestaltung: Julius Negele, München
Karten: Viertaler + Braun, Grafik + DTP, München
Redaktionelle Mitarbeit: Dr. Einhard Bezzel,
Prof. Dr. Josef H. Reichholf
Lektorat: Dr. Friedrich Kögel
Layout: Volker Fehrenbach, München
Herstellung: Hermann Maxant
Satz: Graphisches Büro V. Fehrenbach, München
Reproduktionen: Fa. Elith, Verona
Druck: Appl, Wemding
Gedruckt auf chlorfrei gebleichtem Papier.
Bindung: Bückers GmbH, Anzing

Printed in Germany · ISBN 3-405-14320-9

Inhalt

Einführung

Essays

Hauptreiseziele

Nebenreiseziele:

Reiseplanung

Anhang

Zum Geleit

Reiseführer Natur — eine Chance für den sanften Tourismus?

Dem Massentourismus ist sehr viel Natur zum Opfer gefallen. Der Versuch, der Unwirtlichkeit der Städte und der Industriegesellschaft in eine »intakte Natur« für die kostbarsten Wochen des Jahres zu entfliehen, mißlang gründlich. Denn der Ruhe, Entspannung und Naturgenuß suchende Mensch wurde im Touristikboom schnell wieder in die Massen einbezogen und beinahe zu einer »Ware« degradiert. Der zähe Brei des Massentourismus wälzte sich, da er fortlaufend seine eigenen Existenzgrundlagen zerstört, immer weiter hinaus bis in die letzten Winkel der Erde. Mit größter Sorge betrachteten Naturschützer in aller Welt diese Entwicklung und versuchten – vergeblich – sich dagegenzustemmen. Sie waren und sind machtlos gegen die Flut, die über sie und die wenigen geschützten Gebiete hereinbrach. Die Naturschützer hatten so gut wie keine Chancen, die Natur vor dem Massenansturm zu bewahren.

So wurde denn der Tourismus in Bausch und Bogen als nicht natur- und umweltverträglich verdammt und gebrandmarkt. Nicht ganz zu Recht, wie man bei objektiver Betrachtung der Sachlage zugeben muß. Denn nicht wenige der wichtigen, ja unersetzlichen Naturreservate der Welt konnten gerade wegen des Tourismus gesichert werden, der Staaten wie Tansania mit der weltberühmten Serengeti und Ecuador mit seinen Galápagos-Inseln mehr harte Währung einbrachte, als eine Umwidmung der geschützten Flächen zu anderen Formen der Nutzung. Durch geschickte und gezielte Lenkung des Besucherstromes ist es möglich, die Schäden gering zu halten, aber großen Nutzen einzubringen. Viele Beispiele gibt es hierfür. In Amerika, in Afrika und in Südostasien gelingt es offenbar weitaus besser, Naturreservate zu erhalten als hierzulande in Mitteleuropa, wo Naturschutzgebiete fast automatisch zu Sperrgebieten für Naturfreunde gemacht werden (während andere Nutzungsformen, insbesondere Jagd und Fischerei, in der Regel uneingeschränkt weiterlaufen dürfen).

Es fehlt an Information und an Personal, das die Schutzgebiete überwacht, Besucher betreut und für die Erhaltung der Natur wie für die Einhaltung der Schutzbestimmungen sorgt. Vielfach können gerade da, wo die Schutzgebiete mit strengem »Betreten Verboten« ausgewiesen sind, die Schutzziele nicht eingehalten werden. Es fehlen die »Verbündeten«; sie sind als Naturfreunde ausgeschlossen und damit keine starken Partner. Eine grundsätzliche Änderung, eine Wende zum Besseren ist derzeit nicht in Sicht. So bleibt der Naturfreund auf sich allein gestellt, Natur zu erleben, ohne sie zu zerstören.

Die neue Serie »Reiseführer Natur« folgt diesem Leitgedanken. Sie will den engagierten Naturfreunden die Möglichkeit aufzeigen, sich schöne Landschaften mit einem reichhaltigen oder einzigartigen Tier- und Pflanzenleben auf eine »umweltverträgliche« Art und Weise zu erschließen. Ein Tourismus dieser Art, der auf Information aufbaut und dessen Ziel die Sicherung der Naturschönheiten ist, wird vielleicht die überfällige Wende bringen. Unberührte Natur, naturnahe Landschaften und freilebende Tiere und Pflanzen haben ihren besonderen Wert. Aber er wird nicht zum Nulltarif auf Dauer zu erhalten sein.

Dr. Einhard Bezzel
Prof. Dr. Josef H. Reichholf

Vorwort

Dieser Reiseführer ist aus der Begeisterung entstanden, die uns beim Erleben tropischer Naturräume gepackt hat. Vor unserer ersten Reise in die Tropen ist es uns aber ähnlich gegangen, wie Ihnen vielleicht gerade jetzt: wir hatten Angst vor Tropenkrankheiten, Gifttieren und der Kriminalität in den Städten. Doch nach wenigen Tagen im Land waren die meisten Bedenken verflogen und einer gesunden Vorsicht und viel Spaß am Reisen gewichen. Inzwischen sind wir uns sicher, daß die schier unglaubliche Artenfülle, die Vielfalt der Formen und die augenscheinliche Dynamik des Lebens vor allem im tropischen Regenwald jeden Reisenden faszinieren werden. Venezuela und Brasilien lassen zudem hinsichtlich der landschaftlichen Schönheit keine Wünsche offen. Während Venezuela große Vielfalt auf kleinerem Raum bietet, ist Brasilien ein Land von unvorstellbaren Dimensionen.

Mit Bestürzung erlebt man jedoch den rapiden Verlust tropischer Wälder und die damit verbundene Vernichtung der Lebensvielfalt und die Ausrottung alter angepaßter Naturvölker. Immer noch geschieht dieses Vernichtungswerk auch aus Unkenntnis der ökologischen Bedeutung der tropischen Wälder und Savannen. Unser Naturführer soll die Blicke schärfen für die ungeheuren Umweltprobleme in den Tropen Südamerikas, die sich längst vom paradiesischen Zustand entfernt haben, der in Reiseprospekten vielfach noch vorgegaukelt wird.

Dieses Buch kann kein wissenschaftliches Werk ersetzen. Oft mußten wir die Genauigkeit der Beschreibungen einschränken. Doch wir hoffen, daß auch für Spezialisten eines Fachgebietes noch genügend Informationen vorhanden sind. Die wissenschaftliche Bearbeitung der tropischen Ökosysteme ist noch voll im Fluß und dauernd werden neue Entdeckungen gemacht.

In Südamerika ist der Naturtourismus gerade erst im Entstehen, nur wenige Gebiete (z.B. die Galápagos-Inseln) sind gut erschlossen. Sicherlich wird durch diesen Führer verstärkt Tourismus auf bisher wenig bekannte Gebiete gelenkt und sie könnten dadurch gefährdet werden. Wir sind aber der Meinung, daß der Tourismus trotz seiner Nachteile dem Naturschutz mehr hilft als schadet. Generell wird nur geschützt, was man auch kennt und schätzt; so wird die ehemals »Grüne Hölle« vielleicht auch in der Vorstellung der Anwohner bald zum bedrohten Paradies werden, das Menschen aus der ganzen Welt sehen wollen.

Unser Dank gilt den vielen ungenannten Menschen, die uns in Südamerika weitergeholfen haben, aber auch Institutionen wie der Audubon-Gesellschaft in Caracas und Hacienderos wie Hugo de Naranja. Pia Parolin und Christian Meyer zur Heyde halfen bei der Bestimmung von Tieren und Pflanzen, Thomas Wikelski und Hans Eckl bei den Reisevorbereitungen und Ela Hau, Karin Nickol und Doro Krull korrigierten unsere (bayerischen) Manuskripte. Unseren Seewiesener Freunden danken wir herzlich für die Diskussionen.

Wir hoffen, daß auch Sie beim persönlichen Erleben im »grünen Paradies« viel Spaß haben und nach ihren Möglichkeiten zum Schutz dieser großartigen Lebensräume beitragen.

BERNHARD GALL
MARTIN WIKELSKI

Einführung

Zur Benutzung des Buches

Dieser Reiseführer soll es dem Leser ermöglichen, die Natur, d.h. Landschaften, Pflanzen und Tiere Brasiliens und Venezuelas möglichst intensiv kennenzulernen. Damit man die vielfältigen Informationen im Buch möglichst effizient nutzen kann, sollte man sich als erstes mit dessen Gliederung vertraut machen.

Die »Kleine Landeskunde« gibt allgemeine Informationen über die beiden Reiseländer. Man findet hier Angaben zu Lage, Größe, Entstehung, Landschaften, Klima, Pflanzen, Tieren und zur Urbevölkerung. Der Hauptteil enthält die Natursehenswürdigkeiten des Landes, aufgeteilt in 28 Haupt- und 18 Nebenreiseziele. Die Lage der Ziele ist in der hinteren Umschlagskarte eingezeichnet und von Nord nach Süd numeriert.

Hauptreiseziele stellen sehenswerte und für das Verständnis der Naturgeschichte wichtige Ziele dar. Dabei wurde versucht, möglichst solche Ziele auszuwählen, die für den Touristen ohne zu große Probleme erreichbar sind. Die Extreme reichen dabei vom Stadtnationalpark in Rio de Janeiro bis zum Amazônia-Nationalpark, der eine relativ lange Anreise erfordert. An jedem Kapitelbeginn werden kurz die wesentlichen Charakterzüge des Gebiets stichwortartig vorgestellt. Die Einleitung enthält allgemeine Angaben zum Gebiet und geologische Informationen. Im Kapitel »Pflanzen und Tiere« werden Vegetationsformen und typische Pflanzen und Tiere kurz beschrieben, wobei versucht wurde, möglichst viele Arten im Foto darzustellen. Bei der extremen Artenvielfalt der Tropen können wir natürlich nur einen Bruchteil zeigen. Es wurden vor allem Arten ausgewählt, die man relativ häufig sieht oder die in biologischer Hinsicht interessant sind.

Viele Arten kommen in beiden beschriebenen Ländern vor und oft auch in mehreren Gebieten (vor allem die Arten der Tropenwälder). Es empfiehlt sich daher, auch Kapitel über Gebiete, die nicht bereist werden, durchzublättern.

Verweise auf erwähnte Arten, die in einem anderen Kapitel abgebildet sind, erfolgen durch »S...«, Textstellenverweise durch »s.S....«. Kurze Abhandlungen (Essays, durch blaue Unterlegung kenntlich) geben Hintergrundinformationen zu bestimmten Themen.

Wo immer möglich werden deutsche Artnamen verwendet. Für die Vögel diente dabei »Wolters, Die Vogelarten der Erde« (1975-1982) als Vorlage, für die Säuger »Grzimeks Enzyklopädie« (1988). Vor allem viele Pflanzen haben keinen deutschen Artnamen. Es wurden daher, soweit bekannt, die im Land üblichen Namen verwendet.

Für jedes Hauptreiseziel gibt es einen Abschnitt »Im Gebiet unterwegs« sowie eine Übersichtskarte. Querverweise zwischen Karte und Text (Zahlen im Kreis) sollen eine rasche Orientierung ermöglichen. In diesem Kapitel wird nicht versucht, eine vollständige Übersicht aller möglichen Aktivitäten zu geben. Ziel ist es vielmehr, Wege zu zeigen, wie man das Typische und Besondere des Gebietes erleben kann, ohne selbst auf die Tier- und Pflanzenwelt störend zu wirken. Da nicht für alle Gebiete genaue Karten vorhanden sind, mußten wir gelegentlich auf Skizzen zurückgreifen. Es empfiehlt sich daher immer, sich vor Ort nochmals zu erkundigen.

Die »Praktischen Tips« enthalten technische Details über Anreise, Unterkunft, Klima usw. Adressen können sich natürlich inzwischen verändert haben. Leider gibt es nur an wenigen Reisezielen Informationsstellen für Besucher.

»Blick in die Umgebung« enthält Ziele, die nahe einem Hauptreiseziel liegen oder für die das Hauptreiseziel Ausgangspunkt ist. Nebenreiseziele sind in ihrer Struktur oft ähnlich den Hauptreisezielen, d.h. die meisten der beschriebenen Arten können auch dort gefunden werden. Sie erfordern aber eigene Anfahrtswege und Zeitplanung und verfügen meist über wenig bzw. keine Infrastruktur.

Zur leichteren Reisevorbereitung dient das Kapitel »Reiseplanung« im Anhang. Es enthält auch Details, die man vor und während der Reise kennen und beachten sollte.

Das Literaturverzeichnis am Ende des Buches verweist auf weiterführende Literatur. Dabei wurden vor allem solche Werke aufgenommen, die leicht verständliche, umfassende Darstellungen enthalten oder beim Bestimmen weiterhelfen können. Die vielen Bücher, die inzwischen über die Regenwälder erschienen sind, konnten nicht berücksichtigt werden.

Das Register wurde unterteilt in einen geographischen Teil mit den Namen der erwähnten Orte, Landschaften, Nationalparks usw. sowie in ein Artenregister, in dem alle im Text erwähnten Tier- und Pflanzennamen nachgeschlagen werden können.

Zusätzlich wurde ein »Wörterbuch der Tier- und Pflanzennamen« aufgenommen. Im »deutschen Teil« kann der Benutzer nachschlagen, welchen wissenschaftlichen bzw. spanischen/portugiesischen Namen (soweit bekannt) die Arten bzw. Gattungen haben, die im Buch unter ihrem deutschen Namen zu finden sind. Umgekehrt ist es möglich, im »spanischen/portugiesischen Teil« nachzusehen, welchen lateinischen Namen eine Art hat, die im Text mit ihrem landesüblichen Namen steht, weil keine deutsche Bezeichnung existiert.

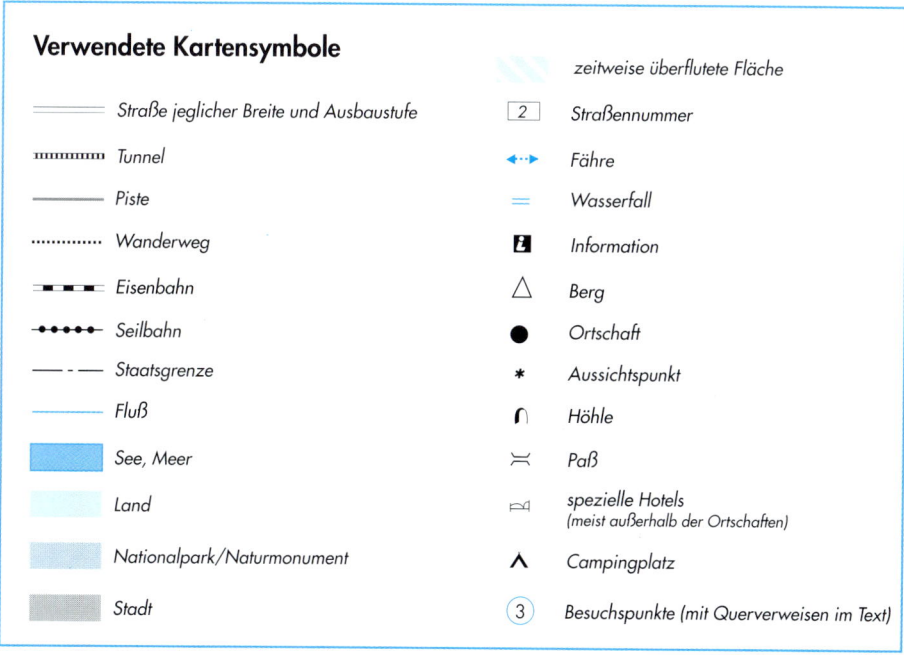

Verwendete Kartensymbole

=====	Straße jeglicher Breite und Ausbaustufe
⊓⊓⊓⊓⊓	Tunnel
——————	Piste
············	Wanderweg
■·■·■·■	Eisenbahn
••••••	Seilbahn
— · — · —	Staatsgrenze
——————	Fluß
▭	See, Meer
▭	Land
▭	Nationalpark/Naturmonument
▭	Stadt

▨▨	zeitweise überflutete Fläche
2	Straßennummer
◄··►	Fähre
=	Wasserfall
ℹ	Information
△	Berg
●	Ortschaft
✳	Aussichtspunkt
∩	Höhle
⋈	Paß
⌂	spezielle Hotels (meist außerhalb der Ortschaften)
∧	Campingplatz
③	Besuchspunkte (mit Querverweisen im Text)

Kleine Landeskunde

Lage und Größe

Etwa 7000 km trennen Südamerika von Europa. Der Kontinent erstreckt sich von der Karibik (12° Nord) bis hinunter in die fernen südlichen Breiten um Kap Horn und Feuerland (50° Süd).
Brasilien erstreckt sich von Norden nach Süden über 4300 km (von 5° nördlicher bis 32° südlicher Breite), west-östlich über 4400 km (von 73°–45° westlicher Länge). Zum Vergleich: Dies entspräche der Entfernung Nordkap – Sizilien bzw. Lissabon – Ankara. Die Südspitze Brasiliens liegt etwa soweit südlich des Äquators wie Gibraltar nördlich davon. Ganz Europa würde flächenmäßig leicht in Brasilien, dem mit rund 8,5 Mio. km² fünftgrößten Land der Erde, Platz finden. Brasilien ist etwa 24mal größer als Deutschland. Venezuela ist mit 912 050 km² noch mehr als doppelt so groß wie Deutschland.

Vereinfacht kann man in geologischer Hinsicht 6 Großräume unterscheiden.

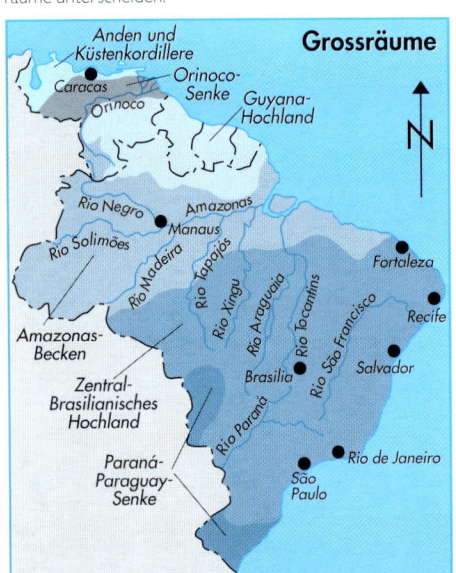

Das Alter der Kontinente wird auf 3 bis 4 Mrd. Jahre geschätzt. Sie gingen aus dem Urkontinent **Pangaea** hervor, der vor rund 200 Mio. Jahren auseinanderbrach und sich dabei in einen Nordteil (Nordamerika und Eurasien) und einen Südteil aufspaltete (Südamerika, Afrika, Australien und die Antarktis). Der Südteil, das **Gondwanaland**, zerbrach vor rund 100 Mio. Jahren nochmals. Die entstandenen Kontinente wurden später teilweise von Sedimenten überlagert und von Vulkanismus und Witterung umgeformt. Südamerika, die Antarktis und Australien trennten sich erst vor rund 60 Mio. Jahren. Danach driftete Südamerika völlig isoliert nach Westen, und es kam zum wichtigsten geologischen Ereignis, der Entstehung der Anden durch das Zusammentreffen der pazifischen mit der südamerikanischen Platte. Dieser Vorgang ist noch nicht abgeschlossen (erkennbar an der andauernden vulkanischen Aktivität in den Andenregionen). Das Land östlich der Anden war dagegen während der letzten 500 Mio. Jahre keinen derartigen Veränderungen ausgesetzt, von Hebungen und Senkungen abgesehen. Die Landschaft wurde hier hauptsächlich von den Flußläufen gestaltet.
Ursprünglich floß der Ur-Amazonas nach Westen in den Pazifik. Nach der Auffaltung der Anden wurde den meisten Flüssen der Lauf nach Westen abgeschnitten. In der amazonischen Senke bildete sich ein riesiger See. Erst lange Zeit später konnte sich das Wasser den Weg zum Atlantik bahnen und der heutige Amazonas entstand.
In Venezuela und Brasilien lassen sich fünf Großlandschaften unterscheiden:
❐ Die **Anden** haben den größten Einfluß auf Klima, Flora und Fauna in Südamerika. Die Anden Venezuelas und die Küstenkordillere sind die östlichen Ausläufer der längsten Bergkette der Welt, die sich von der Antarktischen Halbinsel bis hinauf in

Der Pantanal (hier während der Regenzeit) liegt in der Paraná-Paraguay-Senke.

die Karibik erstreckt und sich über die Rocky Mountains bis nach Alaska fortsetzt. Die venezolanischen Anden erreichen Höhen bis 5007 m (Pico Bolivar) und unterscheiden sich wegen des geringeren Einflusses der Vergletscherung in der Oberflächenform von den Alpen oder anderen Gebirgen außerhalb der Tropen. Kennzeichnend für die Anden sind langgezogene, tiefeingeschnittene V-Täler (im Gegensatz zu den rundlichen Trogtälern der Alpen).

❒ Die **Orinoco-Senke** umfaßt das Gebiet zwischen den Anden im Norden und dem Guayana-Schild im Süden Venezuelas. Der Orinoco bildet das drittgrößte Flußsystems Südamerikas und fließt in einem weiten Bogen durch Venezuela, bevor er sich in ein großes Delta aufspaltet. Die Orinoco-Senke ist nur durch einen flachen Höhenrücken von Amazonien abgetrennt und steht über den Fluß Casiquiare (s. S. 119) direkt mit dem Amazonas in Ver-

bindung. Als **Llanos** des Orinoco werden die flachen Ebenen nördlich des Flusses bezeichnet, die vor allem für die Viehzucht verwendet werden.

❒ **Amazonien** nimmt mit dem größten Flußsystem der Erde eine zentrale und sicherlich die ökologisch wichtigste Position in Südamerika ein. Die geologisch alte Amazonas-Senke (Anfänge der Ablagerung vor rund 350 Mio. Jahren) ist mit Fluß- und Meeressedimenten aufgefüllt und beherbergt heute das größte zusammenhängende tropische Waldsystem der Erde. Die Böden bestehen aus rötlichen Lateriten und sind unfruchtbar. Ausnahmen bilden nur die nährstoffreichen Schwemmlandflächen entlang der aus den Anden kommenden Flüsse.

Kennzeichnend für die Amazonas-Senke ist die enorme Gleichförmigkeit der Landschaft, die im Westen von den tief eingeschnittenen und zerklüfteten Anden kontrastiert wird.

❏ Die <u>Hochländer des Guyana- und Brasilia-nischen Schilds</u> begrenzen Amazonien im Norden bzw. Süden. Die rund 1000 m hoch gelegenen Landschaften sind Teil der präkambrischen (etwa 600 Mio Jahre alten) Gebirgsmasse des ursprünglichen südamerikanischen Kontinents. Die Hochländer bestehen aus Gesteinsmassen, die unter dem Amazonas-Becken miteinander verbunden sind und dort mit jüngeren Sedimentlagen überdeckt wurden. Da die alten Gesteine der Hochländer reich an Mineralien (Bauxit, Eisen, Gold, Diamanten) sind, zieht es dort viele Goldgräber hin, und es gibt Erzminen.

In der **Gran Sabana** Südvenezuelas ist der **Guyanaschild** von Sandstein überdeckt, aus dem die berühmten Tepuis (Tafelberge) bestehen (s.S.109). Inselberge dieses Typs sind weltweit kennzeichnend für kristalline Gesteine in den wechselfeuchten Tropen, aber wohl nirgends so beeindruckend und in so großer Anzahl vorhanden wie hier.

Der **Brasilianische Schild** nimmt einen großen Teil der Fläche Brasiliens ein. Er wurde nach seiner Entstehung mehrfach gefaltet und mit anderem Gesteinsmaterial überlagert. Im Tertiär (vor etwa 40 Mio. Jahren) wurde das gesamte Hochland nach oben »gebogen«, gebrochen und an den Rändern gefaltet. Mit Ausnahme der nördlichen Bereiche wurde der Brasilianische Schild mit Gesteinen aus dem Mesozoikum überdeckt. Im Süden Brasiliens liegen bis zu 1000 m dicke Basaltschichten über dem ursprünglichen Gestein. In der Serra da Mantiqueira und der Serra de Caparaó (s.S.179) im Südosten Brasiliens erreichen die Berge Höhen bis fast 3000 m.

❏ Die **Paraná-Paraguay-Senke** bildet im Süden das Gegenstück zu den Llanos des Orinoco in Norden. Brasilien hat nur einen kleinen Anteil an diesem Tiefland, das zum größten Teil zu Paraguay und Argentinien gehört. Fast ausschließlich auf brasilianischem Gebiet liegt jedoch die »Serengeti Südamerikas«, der Pantanal. Die Pampazone im extremen Süden Brasiliens gehört zwar geologisch zum zentralbrasilianischen Hochland, vom Erscheinungsbild her ist dieses Gebiet aber eher ein Teil der Paraná-Paraguay-Senke.

Klima

Beide Länder liegen, mit Ausnahme Südbrasiliens, zwischen den beiden Tropischen Wendekreisen. Als Tropen werden allgemein die Gebiete bezeichnet, in denen die durchschnittliche Temperatur des kältesten Monats 18°C nicht unterschreitet (es existieren allerdings viele andere Definitionen der Tropen). Die wichtigsten klima- und wetterbestimmenden Faktoren sind die Meereshöhe, die Passatwinde, die Lage des tropischen Hitzetiefdruckgebiets, die Lage relativ zum Amazonas-Becken und die Entfernung vom Meer.

Jahreszeiten und Regenfälle

In den Gegenden um den Äquator werden die Jahreszeiten nicht nach den Temperaturänderungen eingeteilt, sondern nach den Niederschlägen. Es gibt nur zwei Jahreszeiten: Trocken- und Regenzeit (wobei oft nicht das gleiche gemeint ist, wenn von Sommer oder Winter geredet wird).

In den Tropen »wandert« der höchste Sonnenstand innerhalb eines Jahres zwischen den Wendekreisen (vgl. Grafik S.13). Dabei erwärmt sich jeweils im Bereich des höchsten Sonnenstandes die Luft am stärksten, sie steigt auf, und im bodennahen Bereich entsteht ein Hitzetiefdruckgebiet. Die aufsteigenden, feuchten Luftmassen kühlen ab, kondensieren und ergeben starke Tropenregen. Regenzeit ist also ungefähr dort, wo gerade der Sonnenhöchststand ist.

Im Nordsommer (Mai bis Oktober) erreicht die Sonne über dem Nördlichen Wendekreis ihren Höchststand, und somit fallen die stärksten Regenfälle zu dieser Zeit in Venezuela. Das Tiefdruckgebiet verlagert warme, feuchte Luftmassen aus Amazonien nach Norden.

Im Nordwinter (November bis April) ist die Sonneneinstrahlung am Südlichen Wendekreis am stärksten, also liegt das Hitzetief über Südbrasilien. Das Tiefdruckgebiet lenkt die östlichen Passatwinde nach Süden ab und so strömen tropische Passatwinde aus dem Amazonasbereich nach Süden (zum Gebiet tiefen Drucks) und bringen dort ausgiebige Niederschläge. Lokale Veränderungen dieses klimatischen Musters treten vor allem in Bergregionen (Anden, Tafelberge, Küstenberge) auf. In all diesen Bereichen bilden sich wegen der aufsteigen Luftmassen Wolken, die viel Feuchtigkeit bringen. Im Osten Brasiliens sind vor allem die östlichen Passatwinde für den Regenreichtum und für die davon abhängige Ausbildung der Küstenwälder verantwortlich. Hinter den Bergketten, d.h. generell im Bereich fallender Luftmassen erwärmt sich die Luft und gibt dann kaum mehr Feuchtigkeit ab. Es entstehen Trockensteppen wie im **Nordosten Brasiliens**. Dort fallen nur noch etwa 300 mm Regen pro Jahr. In manchen Jahren bleibt der Regen ganz aus, und es kommt zu langen Dürreperioden. Extrem trocken sind auch die Küstenzonen Venezuelas.

Der Höhenanstieg zu den nördlich- und südlich von Amazonien gelegenen **Hochländern** bringt ein wechselfeuchtes Klima mit sich. Dort sind ausgeprägte, über 6 Monate dauernde Trockenperioden keine Seltenheit. Die Hauptregenzeit liegt im zentralbrasilianische Plateau im Südsommer (Oktober bis März, Niederschläge 1000–2000 mm), im Guayana-Hochland im Nordsommer (Juni bis August, Niederschläge 1000–2000 mm). Zum Vergleich für die Niederschlagswerte hier zwei Angaben aus Deutschland: Berlin erhält pro Jahr 581 mm, München 935 mm Niederschläge.

Auch in der **Orinoco-** und der **Paraná-Paraguay-Senke** fallen die Niederschläge saisonal (Jahresmittel unter 2000 mm). In

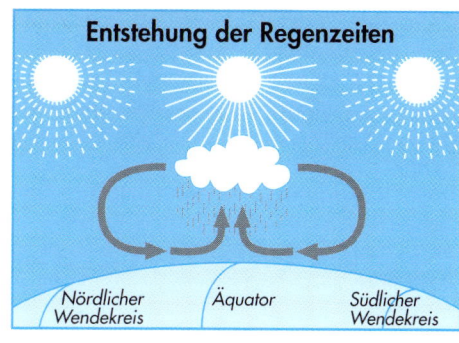

Entstehung der Regenzeiten

Nördlicher Wendekreis Äquator Südlicher Wendekreis

beiden Regionen gibt es rund 9 feuchte Monate. Während dieser Zeit sind die tiefliegenden Bereiche der beiden Senken überschwemmt.

In **Amazonien** wirkt sich allgemein das übergeordnete Klima nicht sehr stark aus. »Der amazonische Regenwald macht sich sein Klima selbst«, d.h. 50 % des Wassers, das über Amazonien fällt, ist auch aus dieser Region verdunstet. Lokale Gewitterschauer sind die Regel, große Gewitterfronten eher die Ausnahme. Wegen der Gleichförmigkeit der Landschaft bilden sich wenig überregionale Luftdruckunterschiede und deshalb kommt es auch selten zu starken Stürmen. Die mittleren Niederschlagsmengen liegen in Amazonien um 2600 mm, es können aber auch bis zu 4500 mm fallen.

Temperaturen

Oft werden in der Literatur Jahresdurchschnittswerte der Temperaturen angegeben. Sie liegen für Brasilien und Venezuela zwischen rund 15 und 29°C (in Berlin bei 8,5°C). Aussagekräftiger sind die absoluten Temperaturen. Die Extreme in Venezuela und Brasilien reichen von –5°C bis über 40°C. Am kältesten sind die Hochlagen der Anden und Küstenkordillere Venezuelas, der Gran Sabana und der südostbrasilianischen Gebirge. Obwohl die Temperaturen dort bis auf den Gefrierpunkt sinken können, liegen sie tagsüber meist bei angenehmen 20–25°C.

Gemäßigte Temperaturen mit Maxima um 30°C herrschen im zentralbrasilianischen Hochland. Im heißen brasilianischen und venezolanischen Tiefland sinken die Temperaturen kaum unter 15°C. Tagsüber steigt das Quecksilber auf 30–35°C. Extrem heiß sind die Küstenzonen Venezuelas (vor allem um den Maracaibo-See), die Llanos und der Pantanal in Brasilien. Temperaturen über 40°C sind dort keine Seltenheit.

Die Temperaturen des amazonischen Treibhausklimas sind keineswegs so extrem hoch wie immer behauptet. Tagsüber bewegen sie sich meistens um 30°C, in der Nacht sinken die Temperaturen allerdings fast nie unter 20°C. Vor allem die hohe Luftfeuchtigkeit und der fehlende Wind machen europäischen Besuchern zu schaffen. Trotzdem kann es vor allem bei Bootsfahrten nachts empfindlich kühl werden, denn der Körper gewöhnt sich nach einigen Tagen an das heiße, gleichförmige Klima. Schon Temperaturen um 20°C können einen dann frösteln lassen.

In den Südwintermonaten kommt es gelegentlich zu Kälteeinbrüchen, wenn die »Pampeiros« wehen. Diese speziellen Winde, die ihren Ursprung in der Antarktis haben, erreichen sogar Amazonien. Dort werden sie als »Friagems« bezeichnet.

Viele Bromelienarten bilden Blattkelche.

Pflanzen und Tiere

Vegetation

Es gibt nur Schätzungen darüber, wieviele Pflanzenarten in Venezuela und Brasilien vorkommen. Die außergewöhnliche Artenvielfalt sollen einige Beispiele verdeutlichen: In ganz Mitteleuropa gibt es rund 3000 Arten von Blütenpflanzen; in Venezuela allein existieren über 42 000! Die Zahl waldbildender Baumarten liegt in Europa zwischen 20 und 30, in Venezuela bei über 2400!

Zu den typischen Vertretern der südamerikanischen Flora gehören:
– Bromelien (Bromeliaceen),
– Kakteen (Cactaceen),
– Agaven (Agavaceen),
– Schwarzmundgewächse (Melastomaceen),
– Nachtschattengewächse (Solanaceen).

Auch in anderen Kontinenten vorhanden, aber besonders auffallend und formenreich sind in Südamerika außerdem Palmen, Fuchsien und Aronstabgewächse. Ein wichtiger Grund für die extreme Artenvielfalt der Regenwälder ist, so unwahrscheinlich das klingt, die schlechte Nährstoffversorgung. Um auch die letzten Reserven nutzen zu können, mußten sich Pflanzen und Tiere extrem spezialisieren und haben dadurch eine Vielzahl von Arten entwickelt. Auch die vielfältigen Anpassungen wie Mimese, Mimikry (s.S.196) und die Schutzstoffe der Pflanzen (s.S.75) entstanden aus dem gleichen Grund. Was uns wie üppiger Luxus erscheint, ist also in Wirklichkeit aus dem Mangel geboren. Viele der bekannten und beliebten **Nutzpflanzen** stammen aus Südamerika, z. B. Kartoffel, Ananas, Kakao und Matetee. Der aus dem Saft des Gummibaums gewonnene Gummi wurde in alle Welt exportiert und machte Manaus im letzten Jahrhundert zur Weltmetropole. Von den über 30 Bananensorten (die eigentlich aus Asien stammen) wird gewöhnlich nur eine

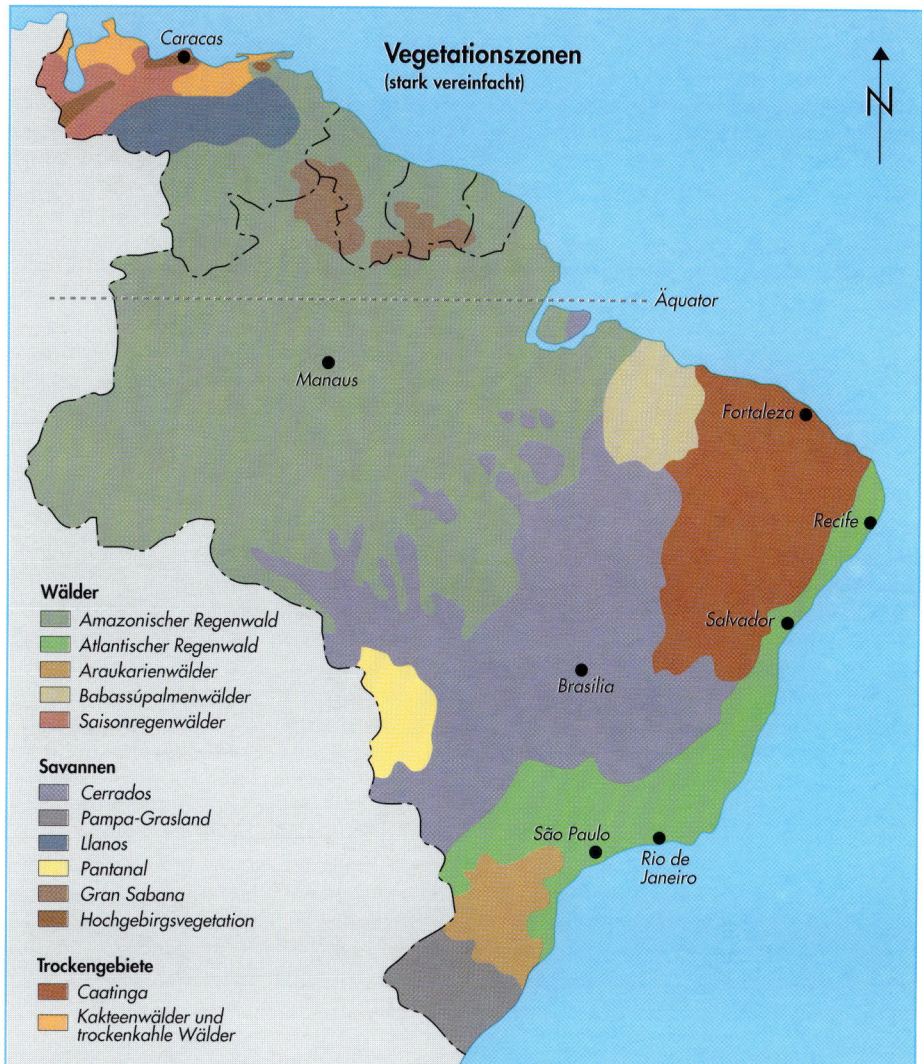

Vegetationszonen
(stark vereinfacht)

Caracas

Äquator

Manaus

Fortaleza

Recife

Wälder
- Amazonischer Regenwald
- Atlantischer Regenwald
- Araukarienwälder
- Babassúpalmenwälder
- Saisonregenwälder

Savannen
- Cerrados
- Pampa-Grasland
- Llanos
- Pantanal
- Gran Sabana
- Hochgebirgsvegetation

Trockengebiete
- Caatinga
- Kakteenwälder und trockenkahle Wälder

Salvador

Brasilia

São Paulo

Rio de Janeiro

einzige exportiert. Zuckerrohr ist eine der Grundlagen für die Wirtschaft Nordostbrasiliens. Papaya, Mango, Kakteenfrüchte und viele andere, den Europäern kaum bekannte Früchte wird man auf den Gemüsemärkten finden. Oft kann man sich gar nicht vorstellen, welcher Teil der angebotenen Frucht gegessen wird, oder wie er zubereitet werden muß.

Die wichtigsten Vegetationszonen

Regenwälder: Allein für Venezuela werden mehr als 8 grundverschiedene Regenwaldtypen beschrieben, was bei der Größe des Landes nicht verwunderlich erscheint. Die wichtigsten Umweltfaktoren sind dabei Länge der Trockenperiode, Hangneigung, Bodenstruktur und -zusammensetzung, Meereshöhe und – bei Uferwäldern – die

Art des Überschwemmungswassers (Schwarz- oder Weißwasser, s.S.133). Eine präzise Abgrenzung einzelner Regenwälder ist wegen ihrer Vielfältigkeit nicht möglich und für dieses Buch auch nicht erforderlich. Allen Regenwäldern sind folgende Merkmale gemeinsam:

❏ Sie bestehen hauptsächlich aus immergrünen Holzgewächsen, die ein dichtes Kronendach formen, das freien Blick nach oben unmöglich macht und umgekehrt kaum Licht eindringen läßt (Kräuter sind selten).

❏ Das Kronendach befindet sich zwischen 30 und 50 m über dem Boden und bildet einen eigenen, außergewöhnlich vielfältigen Lebensraum. Nur einige überstehende Bäume (Überständer) erreichen Höhen von 70 m. Baumformen wie unsere Nadelbäume gibt es nicht (denn diese stellen eine Anpassung an die Schneebedeckung im Winter dar).

❏ Es gibt keine Baumart, die mehr als 10 bis 15% des gesamten Baumbestands ausmacht; der Wald besteht im Gegensatz zu unseren Wäldern fast immer aus Hunderten von Baumarten. Die Stämme der Bäume sind von geradem Wuchs, relativ dünn und kaum verzweigt bis zur Krone, die oft einen Durchmesser von 20 m hat. Viele der Bäume besitzen Brettwurzeln (s.s.S.142), die für Stabilität sorgen und zum oberflächennah ausgebildeten Wurzelwerk führen, das mehr in die Fläche als in die Tiefe wächst. Bizarr gewundene Lianen umwachsen viele Stämme.

❏ Die Samen der Baumwürger (z.B. Würgefeigen, S.142) keimen in den Kronen großer Bäume und senden von dort ihre Wurzeln zum Boden. Sobald diese den Grund erreicht haben, verdicken sie sich und umwachsen die Stämme der Wirtsbäume. Sie »erdrosseln« so den Baum und nehmen ihm durch ihre eigene Krone das Sonnenlicht. Im Endstadium steht nur noch der hohle Stamm des Baumwürgers, der Wirtsbaum stirbt ab.

❏ Blüten sieht man im unteren Stockwerk des Regenwalds selten, sie werden meist in der Kronenregion gebildet. Wenn die Bäume blühen, dann tun dies die Individuen einer Art meist gleichzeitig und in großer Fülle. Die Pflanzen können während des ganzen Jahres zur Blüte gelangen, d.h. die Blütenmenge wird »verdünnt«. In Europa ist die Blütezeit aufs Frühjahr konzentriert und dadurch viel auffälliger als in den Tropen.

❏ Um den Fledermäusen oder anderen fliegenden Tieren die Bestäubung zu erleichtern, befinden sich die Blüten auch am Stamm der Bäume. Diese sogenannte Kauliflorie ist auch für das Tragen von sehr großen Früchte wichtig (z.B. Kakao, Kanonenkugelbaum S.76).

❏ Krautige Blütenpflanzen wachsen meist als Aufsitzer oder Epiphyten, d.h. auf anderen Pflanzen oder Felsen. Sie sind keine Schmarotzer, sondern entnehmen alle Nährstoffe aus der Luft, den Niederschlägen oder aus dem Humus, der sich in den Blattkelchen vieler Arten ansammelt. Gelegentlich werden die Wirtsbäume geschädigt, wenn durch das Gewicht der vielen Epiphyten ganze Äste abbrechen. Die häufigsten Epiphyten in ganz Südamerika sind Bromelien und Orchideen. Letztere bilden oft auffällige, wie Maiskolben aussehende Speicherorgane, die Pseudobulben.

❏ Der Pflanzenwuchs auf dem Waldboden ist spärlich. In den meisten Regenwäldern kann man deshalb relativ einfach umherlaufen. Nur wo es Licht im Überfluß gibt, z.B. an Waldrändern, Flußufern oder Lichtungen entwickeln sich Dickichte, die ein Fortkommen zu Fuß stark erschweren oder gar unmöglich machen.

❏ Viele Blätter sind wiederum von anderen Pflanzen besetzt, den sogenannten Epiphyllen (S.73). Natürlich findet man auf den Blättern vor allem Flechten, Moose, Algen und Pilze, aber auch kleine Orchideen, Bromelien oder Pfefferarten wachsen dort gelegentlich. Jeder noch so kleine Lebensraum wird im Regenwald augenscheinlich ausgenützt. Die Artenfülle

Die Oberflächen der Tepuis besitzen eine spezielle Vegetation mit extrem vielen fleischfressenden Arten; alle Tepuis stehen unter strengem Naturschutz.

steht aber im deutlichen Kontrast zur Seltenheit der allermeisten Arten.

Bergnebelwälder liegen zwischen 2000 und 4000 m Meereshöhe. Die Bäume sind dort niedriger als im Regenwald und Baumfarne gehören zum typischen Erscheinungsbild. Der Bergnebelwald wirkt wegen der Unmenge von Epiphyten und der vorbeiziehenden Nebelschwaden wie ein Märchenwald. Auf einem einzigen Baum in 3000 m Höhe wurden in Venezuela 60 Arten von Epiphyten gefunden! Der **Wolkenwald** ist eine Sonderform des Bergnebelwaldes. Er tritt schon in Meereshöhen um 1500 m auf und man fand ihn weltweit bisher nur an 2 Stellen. Eine davon ist der Nationalpark Henri Pittier in Venezuela (s.S. 77).

Die **Atlantischen Regenwälder** an der Ostküste Brasiliens ähneln in vielem den amazonischen Wäldern. Sie wachsen allerdings auf etwas besseren Böden, weshalb sie auch an vielen Stellen der Landwirtschaft weichen mußten. Die **Araukarienwälder** Südbrasiliens (s.S. 208) haben viele Arten mit den Atlantischen Regenwäldern gemeinsam.

Saisonregenwälder (Passatwälder) sind einer mehr oder weniger langen Trockenzeit ausgesetzt. Das Temperaturmittel (25°C) und die mittleren Jahresniederschläge (1200–2800 mm) sind von denen der dauerfeuchten Regenwälder kaum verschieden, aber es gibt eine deutliche, mehr als einen Monat dauernde jährliche Trockenzeit. Nur noch etwa 80% der Bäume sind immergrün. Viele haben keine großflächigen, derben Blätter, sondern statt dessen kleine, gezähnte und weiche, die in der Trockenzeit abgeworfen werden. Typisch sind die Träufelspitzen der Blätter (S.133), die wohl das Ablaufen großer, plötzlich niedergehender Wassermengen erleichtern. Der Waldboden ist von flachen Gräben und Hügelchen geprägt – eine Folge der ersten Regenfälle nach der Trockenheit, die eine starke Erosion verursachen. Die Kronenschicht schließt in rund 20 m Höhe nach oben hin flach ab. Vom Flugzeug aus machen diese Wälder den Eindruck eines geschlossenen Moosteppichs (z.B. bei Puerto Ayacucho in Venezuela). Lianen und Epiphyten sind seltener als in den Regenwäldern, aber es gibt viele Sträucher im Unterwuchs.

Trockene Waldtypen: Trockenkahle Wälder stellen den Übergang zwischen laubabwerfenden Wäldern und Kakteensteppen dar. In ihnen findet man am Ende der Trockenzeit kein einziges grünes Blatt mehr. Im Gegensatz zu den Regenwäldern gibt es praktisch nirgendwo auf der Welt noch ursprüngliche Trockenwälder. Sie sind überall stark durchforstet, da in ihnen viele begehrte Harthölzer vorkommen und sie zudem auf fruchtbaren Böden stehen, die landwirtschaftlich genutzt werden können; 5 Monate Trockenzeit, rund 1100 mm mittlerer Niederschlag und 27°C Durchschnittstemperatur kennzeichnen trockenkahle Wälder. Sie sind ökologisch oft interessanter, d.h. artenreicher als Saisonregenwälder.

Dornwälder und Kakteenwälder entstehen natürlicherweise oder wenn trockenkahle Wälder vom Menschen verändert werden. Die artenarmen und gleichförmigen Bestände werden vorwiegend von Leguminosen (Akazien, Mesquitebaum), Säulen- und Feigenkakteen beherrscht. Die kleinblättrigen Bäume wachsen in Trichterform mit oben abgeflachtem Kronenschirm. Die Strauchschicht fehlt bei Beweidung oder der Boden ist von speziellen Bromelien bedeckt; 6–8 Monate Trockenzeit, Jahresniederschläge um 700 mm und Durch-

schnittstemperaturen um 28°C sind typisch.

Tropische Grasländer: Sie werden auch als Savannen bezeichnet. Dauert die Trockenzeit länger als 5 Monate und sind die Böden nährstoffarm, setzt sich die Savanne gegen den Wald durch. Häufig sind Mischformen zwischen Wald und Grasland, wie die Cerrados in Zentralbrasilien (s.S.160). Termiten spielen in den Savannen eine wichtige Rolle. Sie lockern den Boden auf und fördern die Durchlüftung, was wiederum den unterirdischen Nährstoffkreislauf in Gang hält.

Gebirgsvegetation: Hochandine Niederwälder oder Chirivitáls finden sich über den Bergnebelwäldern Venezuelas in Höhen um 4000 m (s.S. 92). Páramo nennt man die typische Hochgebirgsvegetation der nördlichen Anden in Höhen von 2800 bis 4500 m (s.S. 84). Die Hochlagenvegetation Südbrasiliens, die Campos rupestres oder Campos de Altitude (s.S.193) ist weit weniger farbenprächtig als die Páramos. Auf den Tafelbergen im Süden Venezuelas wachsen enorm viele endemische Arten, auch fleischfressende Arten sind dort häufig (S.17).

Spezielle Vegetationsformen: Kleinflächig kommen viele andere Vegetationstypen in Venezuela und Brasilien vor. Galeriewälder und Palmsümpfe wachsen entlang ober- oder unterirdischer Wasserläufe. Dort leiden die Pflanzen nie an Wassermangel, sondern unter Sauerstoffmangel in den Wurzelbereichen. Auch in der Trockenzeit kann man unterirdische Wasserläufe an ihrem oberirdischen Bewuchs erkennen, der häufig aus Palmen besteht. Fast wie Monokulturen sehen die Babassúpalmenwälder im Nordosten Brasiliens aus (s.S.150). Sie sind wirtschaftlich von Bedeutung. Mangrovenwälder gibt es noch häufig an der venezolanischen Karibikküste (s.S. 51). An Strände schließt sich oft die Restinga an. Dieser Vegetationstyp besteht vor allem aus Kakteen und niederem Buschwerk. Binnengewässer besitzen eine spezielle **Schwimmpflanzenvegetation**. Innerhalb kürzester Zeit können Seen oder Flußarme vollständig von Schwimmpflanzen, vorwiegend Wasserhyazinten (S.173), überwachsen werden (die dann eine Gefahr für Wasserflugzeuge oder Staudämme bilden).

Fauna

Ursprung und Geschichte

»Die gesamte Lebensfülle der Tiere ist in den Tropen um vieles großartiger und variantenreicher als in jedem anderen Lebensraum dieser Erde und zudem finden sich dort viele Tiergruppen, denen man außerhalb der Tropen niemals begegnen wird. Exzentrischste Formen und extremer Farbenreichtum gehören zu den auffallendsten Merkmalen vor allem in den äquatorialen Landschaften, in denen die Vegetation ihre größte Schönheit und höchste Vollendung erreicht«. So begeistert schrieb 1876 Alfred Russel Wallace, einer der ersten großen Erforscher neotropischer Naturräume. Leider lassen sich vor allem im Regenwald mit seinem dichten Blätterwerk viele der phantastischen Tierarten nur schwer ausmachen und beobachten.

Süd- und Mittelamerika bilden zusammen mit den Karibischen Inseln ein eigenständiges Faunenreich, die **Neogaea** oder **Neotropis**. Sie zeichnet sich z.B. durch Zahnarme (Faultiere, Ameisenbären, Gürteltiere), Beuteltiere, Nandus, Kolibris, Leguane, Kaimane und Panzerwelse aus. Geologisch hat der Kontinent Südamerika eine lange »Wanderung« (Kontinentaldrift) durchgemacht (s.S.10) und war während seiner Geschichte die längste Zeit isoliert. Die Verbindung zu Nordamerika kam erst vor gut 2 Mio. Jahren zustande. Die Geschichte der südamerikanischen Tierwelt beginnt in Gondwanaland, dem Ur-Südkontinent. Die Fauna Südamerikas weist daher viele Gemeinsamkeiten mit der australischen, afrikanischen und der fossilen antarktischen Tierwelt auf (das gleiche gilt für die Pflanzenwelt):

Tiergruppe	außer in der Neotropis in
Beuteltiere	Australien
Laufvögel	Australien, Afrika
Lungenfische	Australien, Afrika
Papageien	Australien, Afrika Asien
Buntbarsche und Salmler	Afrika

Nach dem Auseinanderbrechen Gondwanas und der nachfolgenden geologischen Isolierung Südamerikas vor rund 100–70 Mio. Jahren (Kreidezeit) konnten sich Pflanzen und Tiere relativ ungestört von den Einflüssen nordamerikanischer (nearktischer) Arten entwickeln. Vor 45 Mio. Jahren gelang es den ersten Säugern aus der Nearktis über den Bogen der großen Antilleninseln nach Südamerika vorzudringen. Nachdem sich im heutigen Panama vor etwa 2–3 Mio. Jahren die Landbrücke geschlossen hatte, kam es zu einem massiven Faunenaustausch zwischen Nord und Süd. Nur wenige der südamerikanischen Arten wie Kolibris oder Opossums konnten im Norden Fuß fassen, während es in der umgekehrten Richtung zu einer großen Einwanderungswelle kam. Sicherlich ist diese Entwicklung noch nicht abgeschlossen; wir können also keineswegs von einem ökologischen Gleichgewicht reden, sondern müssen uns bewußt sein, daß wir innerhalb unserer geologisch gesehen kurzen Zeitspanne nur einen kleinen Ausschnitt der ökologischen Dynamik von Flora und Fauna beobachten.

Säugetiere

Die Säuger entstanden vor etwa 230 Mio. Jahren (frühes Trias) in Pangaea (s.S.10). Drei Gruppen haben bis heute überlebt: Kloakentiere (eierlegende Säuger wie

Die relativ häufigen, nachtaktiven Opposums gehören zu den Beuteltieren.

terkuchen), sondern gebären ihre Jungen in einem ganz frühen Entwicklungsstadium. Sie ziehen sie dann normalerweise in einer Felltasche (dem Beutel) auf, die auch die Milch-Zitzen umschließt.

In Südamerika leben 72 Beuteltierarten, von denen die Opossumverwandten *(Didelphidae)* die erfolgreichsten sind. Zu ihnen gehören die Zwergbeutelratten, die nächtlich und zurückgezogen leben. Sie ernähren sich von Insekten, lieben aber auch Bananen und gelangten mit diesen in alle Welt. Zwergbeutelratten besitzen eigentlich keinen Beutel, sondern die Jungen hängen einfach »außen« an den Zitzen der Mutter. Die Wollbeutelratte sieht zwar wegen ihres wunderschönen Fells niedlich aus, kann aber sehr leicht wütend werden und knurrt und spuckt bei Annäherung eines Feindes. Alle Opossums haben einen Greifschwanz, der – wie auch bei den Affen – für südamerikanische Arten typisch ist. Nur eine Art besitzt keinen Greifschwanz, der Schwimmbeutler. Er lebt wohl schon sehr lange im Wasser und hat deshalb ein seehundähnliches Fell, einen zum Steuern tauglichen Schwanz und Schwimmfüße entwickelt. Den Beutel kann der Schwimmbeutler gut verschließen, und seine Jungen können dann die restliche Luft im Beutel veratmen.

Die beschriebenen Arten sind die letzten Überlebenden einer ursprünglich großen Zahl von Beuteltieren, die nach der Invasion der Neotropen durch die »fortschrittlicheren« Säugetiere ausstarben.

Die **ursprünglichen Säugetiere** Südamerikas sind die **Zahnlosen** *(Edentata),* zu denen die Nebengelenktiere *(Xenarthra)* gehören. Faultiere, Ameisenbären und Gürteltiere sind die letzten heute noch lebenden Mitglieder dieser Tiergruppe. Sie besitzen zusätzliche Gelenke bei den Lenden- und hinteren Brustwirbeln, die möglicherweise Vorteile beim Graben bieten.

Schnabeligel in Australien), Beuteltiere (Marsupiala) und höhere Säugetiere (Placentalia). Bis vor etwa 100 Mio. Jahren waren Säuger recht unbedeutend und wurden erst nach Aussterben der Dinosaurier vor rund 70 Mio. Jahren zur vorherrschenden Tiergruppe. Zu dieser Zeit war Südamerika aber bereits von Gondwana getrennt und besaß somit seine eigenständige, recht urtümliche Säugerfauna. Während sich in Australien nur die Beuteltiere durchsetzten und in Eurasien, Afrika und Nordamerika nur die höheren Säugetiere, entwickelten sich in Südamerika beide Formen nebeneinander. Alle bekannten Raubtiere der damaligen Fauna Südamerikas waren Beuteltiere, die ähnlich wie die heutigen Wölfe oder Hyänen aussahen. Es entwickelten sich auch plazentale Huftiere ähnlich den Nashörnern, Flußpferden, Kamelen oder Elefanten. Beide Gruppen überlebten die Einwanderung der »neuen« Säugetiere vom Norden her nicht, die mit der Schließung der mittelamerikanischen Landbrücke einsetzte. Gegen Ende der Eiszeit hat dann der über Asien und Nordamerika eingewanderte Mensch die großen Säugetiere stark dezimiert und viele Arten wahrscheinlich ausgerottet.

Beuteltiere besitzen keine Plazenta (Mut-

Aus der Entfernung sehen Faultiere wie große Wespennester aus.

Faultiere gehören zu den kuriosesten Tieren Südamerikas und wirken wie Lebewesen aus einer vergangenen Zeit. Sie verbringen praktisch ihr ganzes Leben überhängend an Ästen und bevorzugen dabei als Pflanzenfresser die *Cecropia*-Bäume (S. 129) in Flußnähe. Wenn man einmal ein Faultier entdeckt hat und weiß, wo man suchen muß, wird man diese grün-braunen Klumpen, die wie Termitennester aussehen, in den Ästen oft entdecken. Der Grünschimmer im Fell wird durch mikroskopisch kleine Blaualgen hervorgerufen, die in den Furchen der Haare wachsen. Interessanterweise wachsen die Haare beim Faultier im Gegensatz zu allen anderen Säugern vom Bauch zum Rücken, was eine Anpassung an die hängende Lebensweise darstellt. Faultiere schwimmen ausgezeichnet und können mit ihren gekrümmten Krallen kräftig zuschlagen.

Drei Arten von **Ameisenbären** kommen in Südamerika vor. Gemeinsam ist ihnen die lange klebrige Zunge zum Auflecken der Nahrung und scharfe Krallen zum Aufbrechen der Termitenbauten. Sie haben sich entsprechend ihrer Lebensgewohnheiten recht gut aufgeteilt: der Große Ameisenbär (S. 164) durchstreift vor allem Savannen, der Kleine Ameisenbär oder Tamandua (S. 100) lebt auf Bäumen und am Boden, und der eichhörnchengroße Zwergameisenbär ist vollständig ans Baumleben angepaßt. Eigenartig ist die Fortbewegung des Großen Ameisenbärs: Er dreht die Krallen nach innen und läuft auf den verhornten, schwieligen Seiten der Vorderfüße, was seinem Gang ein tolpatschiges Aussehen verleiht. Zur Verteidigung kann er sich auf die Hinterfüße aufrichten und dann mit seinen krallenbewaffneten Vorderbeinen kräftig zuschlagen.

Gürteltiere sind ausschließlich bodenbewohnend und kommen mit 20 Arten in

Südamerika vor. Sie können Erschütterungen des Bodens gut wahrnehmen; manche Arten graben sich bei Annäherung

Zwergseidenäffchen wiegen nur 150 g.

eines Feindes mit einer unglaublichen Schnelligkeit in den Boden ein. Die Größenunterschiede der Gürteltiere sind beträchtlich. Das Riesengürteltier kann bis zu 50 kg schwer werden, dagegen erreicht der Gürtelmull nur Maulwurfgröße.

Nagetiere waren, wie auch in anderen Gegenden der Welt, die ersten Einwanderer aus dem Norden. Die ersten in Südamerika waren die hamsterähnlichen Wühlmäuse. Diese haben sich dann in unterschiedliche Arten aufgespalten und an die verschiedensten Lebensräume angepaßt. Zur Zeit geht man davon aus, daß es in Südamerika 15 Familien gibt, von denen 8 endemisch sind, also nur in Südamerika vorkommen. Viele der südamerikanischen Nager sind noch nicht beschrieben, vor allem die aus Amazonien. Nur von den großen Nagern kennt man die Lebensweise und Verbreitung. Die hasengroßen Agutis (S.147) leben in Erdbauten und fressen gerne Früchte, weshalb man sie auch manchmal in Gärten und Parks sehen kann. Ähnlich, aber größer sind die Pakas (S.171). Schweine gehören natürlich nicht zu den Nagetieren, Wasserschweine aber sehr wohl; sie sind sogar die größten Nager der Welt (s.S.99).

Allen neotropischen **Affen** gemeinsam ist der Greifschwanz, den sie wie eine fünfte Hand gebrauchen. Man unterscheidet drei Gruppen: Kapuzineraffen, Springtamarins und Krallenaffen. Alle 64 südamerikanischen Affenarten bevorzugen Waldgebiete, Savannen werden gemieden (ganz im Gegensatz zu den Affen Afrikas). Die großen Woll- und Brüllaffen werden bis zu 10 kg schwer. Unüberhörbar sind die Brüllaffen, deren gemeinsamer Chor an ein herannahendes Gewitter oder das Rauschen der Baumwipfel im Sturm erinnert. Der einzige nachtaktive Affe, der Nachtaffe oder Mirikina, erinnert mit seinem runden Gesicht, den großen Augen und dem flauschigem Fell an eine Eule. Während die Tiere nachts jagen, halten sie den Trupp durch lautes Geschrei zusammen.

Die kleinen Marmosetten und Schnurrbarttamarine sind ungewöhnlich unter den Affen, da sie zur Einehe tendieren, während normalerweise Vielweiberei vorherrscht. Zu ihnen gehören die kleinsten Neuweltäffchen, die nur 15 cm großen und 150 g schweren Zwergseidenäffchen, die wieselflink durch den Wald huschen, wie Vögel zwitschern und sich von Beeren, Käfern und Früchten ernähren. Sie zapfen aber auch die Bäume an und trinken den heraustretenden Saft.

Auch die heutigen **Raubtiere** (Katzen, Hunde, Marder, Bären) kamen erst nach Ausbildung der Landbrücke von Panama nach Südamerika. Nasenbären (S.207) oder Coatis gehören, wie die Waschbären, zu den Kleinbären und sind die wahren Überlebenskünstler im Regenwald. Sie sind gerade wegen der fehlenden Spezialanpassungen besonders geeignet, alle neuen Situationen flexibel auszunützen. Sie sind furchtlos, angriffslustig und stöbern mit ihren feinen Nasen alles auf, was es zu entdecken gibt. Weibchen und Junge sind meist in Trupps von 5 bis 20 Individuen unterwegs. Versteckt lebt der Krabbenwaschbär, der als Nahrungsspezialist gerne Krebse, Frösche und Fische fängt.

Zu den Raubkatzen gehören die großen und seltenen Jaguare und Pumas. Jaguare sind vorwiegend auf den tropischen Raum beschränkt, Pumas dagegen sind von Alaska bis Feuerland vor allem in Savannen und Gebirgen verbreitet. Kleiner, aber fast genauso selten sind der Ozelot (S.187), die Ozelotkatze und die Langschwanzkatze. Die südamerikanischen Waldfüchse (S.180) sehen aus wie überdimensionierte Dackel. Sie jagen gewöhnlich in Rudeln von bis zu 5 Tieren nach Säugetieren wie z.B. Pakas.

In den Savannen des Mato Grosso und im Pantanal lebt der Mähnenwolf, der mit seinen langen Beinen fast wie auf Stelzen läuft (s.S.163). Der einzige Bär Südamerikas, der seltene Brillenbär, lebt versteckt im Bergregenwald (s.S.86).

Die marderartigen Tiere (Marder, Fischotter und Stinktiere) sind recht häufig in Südamerika und von ihren europäischen Verwandten kaum zu unterscheiden – abgesehen vom Riesenotter, der eine Länge von über 2 m erreicht.

Die größten **Huftiere** sind die Flachlandtapire, die mit den Nashörnern verwandt sind und immer in der Nähe von Flüssen und Seen leben. Gefürchtet sind die wildschweinähnlichen Weißbart- und Halsbandpekaris, die bisweilen im Rudel von 50 bis 100 Tieren durch den Wald jagen. Selbst Jaguare und Menschen können sich vor ihnen nur noch schnellstens auf Bäume flüchten.

Halsbandpekaris ziehen in großen Gruppen durch die Wälder.

Unter den **Fledermäusen** gibt es die unterschiedlichsten Spezialisten, die sich von Früchten, Nektar, Pollen, Fischen, Fröschen, Vögeln, Eidechsen, Mäusen, anderen Fledermäusen oder sogar von Blut ernähren. Sie stammen wie alle südamerikanischen Fledertierarten von insektenfressenden Vorfahren ab, die in der alten Welt entstanden und sich von dort aus vor etwa 60 Mio. Jahren in Südamerika ansiedelten.

Einige Arten stoßen die Echoortungslaute nicht durch den Mund, sondern durch blätterartige Nasenöffnungen aus. Dies ist vor allem bei Arten nötig, die wie die große Falsche Vampirfledermaus (70 cm Flügelspannweite) Vögel frißt und diese im Mund transportiert. Echte Vampire finden ihre Beute, der sie immer nur geringe Mengen Blut abzapfen, mit ihren guten Augen oder durch ihren Geruchssinn. Manche Arten können auf diese Weise Krankheiten wie Tollwut übertragen (wenn man im Freien übernachtet, sollte man daher ein Moskitonetz verwenden), doch wird die Gefahr meist maßlos übertrieben. Vampire sind mit die sozialsten Säugetiere. Sie schlafen tagsüber in kleinen Gruppen in Baumhöhlen. Individuen, die bei der Suche nach Nahrung erfolglos waren, können von ihren Gruppenmitgliedern Futter bekommen. Allerdings erwarten die »Spender« dann auch eine Gegenleistung. Manche Fledermausarten sind als Bestäuber für bestimmte Bäume unentbehrlich. **Süßwasserdelphine** und **Seekühe** leben im Amazonas und seinen Nebenflüssen. Zwei Arten von Delphinen kommen vor: Die Amazonas-Sotalia sind wohl ursprüngliche Süßwasserbewohner, denn verwandte Formen gibt es auch im Ganges und im Jangtsekiang. Die Vorfahren des Amazonas-Delphins sind dagegen wahrscheinlich aus dem Meer eingewandert. Die scheuen und inzwischen fast ausgerotteten Seekühe wird man kaum zu Gesicht bekommen; dagegen finden sich die weißrosagescheckten, etwa 2 m großen Delphine öfters neben den Booten.

Vögel

Südamerika ist der Vogelkontinent schlechthin. Etwa ein Drittel (2936 Arten) der Vogelarten der ganzen Welt kommt in den unterschiedlichsten Lebensräumen vom Amazonas bis in die Andenhochlagen vor. Ein wichtiger Grund für die Artenvielfalt der Regenwälder besteht in dem relativ langen Zeitraum, der für die Artaufspaltung in den Tropen zur Verfügung stand. Eine weitere Ursache für den Artenreichtum wurde zuerst an den Vögeln erforscht: Während der Eiszeiten zog sich der Regenwald auf kleine Waldrefugien zurück. Dort entwickelten sich die

Die großen Flachlandtapire bevorzugen Lebensräume in der Nähe von Gewässern.

ursprünglich gleichen Arten in jedem Refugium in eine spezielle Richtung. In der nachfolgenden Warmzeit vereinigten sich die Waldinseln wieder zu einem geschlossenen Waldgebiet, in dem nun die neu entstandenen Vogelarten der verschiedenen Refugien nebeneinander leben.

Vogelfamilien (in Klammern die Artenzahl), die nur in Südamerika vorkommen, sind Steißhühner (44), Tukane (37), Glanzvögel (17), Ameisenvögel (222), Schnurrvögel (59) und Schmuckvögel (90).

Die Hauptbrutzeit liegt im südlichen Amazonien im Südfrühjahr (September bis November), in Nordamazonien und Venezuela vor allem im Nordfrühjahr (Februar bis Mai). Offene Vegetationsformen beherbergen nur eine relativ artenarme Vogelfauna, allerdings sind die Vögel dort besser zu beobachten.

Um Vogelarten effektiv zu schützen, müssen Areale mit einer Größe von mindestens 30 km^2 zur Verfügung stehen. Für viele Greifvogelarten, die in niedrigen Populationsdichten vorkommen, müssen die Schutzgebiete mehrere tausend Quadratkilometer groß sein.

Kennzeichnend für Amazoniens Vogelwelt sind neben dem enormen Artenreichtum die Farbenpracht und die geringen Populationsdichten. Oft wird man viele Arten sehen, aber nur wenige Individuen einer Art. Fast alle tropischen Vögel werden vergleichsweise alt, manchmal fünfmal älter als entsprechende Vögel der gemäßigten Breiten. Als Fortpflanzungsstrategie haben tropische Vögel meist nur geringe Gelegegrößen (wenige Eier), aber lange Nestlingszeiten.

Im folgenden wollen wir einige der interessantesten ökologischen Aspekte vor

Schwarzmantel-Scherenschnabel

Faulvögel (hier der Fleckenfaulvogel) gehören in die Nähe der Spechtvögel; sie bewegen sich nur sehr wenig.

Viele Stärlingsarten bauen solche auffälligen Beutelnester.

allem der amazonischen Vogelwelt beschreiben, denn im Regenwald findet man
Eigentümlichkeiten (z.B. Verhaltensweisen), die uns von der heimischen Vogelwelt völlig unbekannt sind.
Sinnvoller als die Artbestimmung ist in den
Tropen oft eine ökologische Charakterisie-
rung der Vögel hinsichtlich der Ernährungsweise. Zur Artbestimmung verweisen wir auf die umfangreiche und
hervorragende Vogelliteratur (s.S. 228).
Insektenfressende Vögel müssen (vor allem
im Regenwald) die auf großen Raum ver-
teilten genießbaren Insekten mit viel Zeit-
aufwand suchen. Deshalb verteidigen sie
meist ein Territorium und leben in Einehe.
Die Insektennahrung wird entweder in
vertrockneten, aufgerollten Blättern ge-
sucht (Furnariiden), entlang der Baumstämme (Baumsteiger), beim Durch-
schlüpfen der Vegetation (Ameisen-
würger), oder es werden Fangflüge von
Sitzwarten aus durchgeführt (Tyrannen).
Die außergewöhnlichste Ernährungsweise
haben diejenigen Insektenfresser, die Trei-
berameisenzügen folgen. Sie stürzen sich
auf alles, was die Ameisen am Waldboden
aufstöbern. Manche Arten leben ausschließlich mit den Ameisen und besitzen
Reviere von etwa 150 ha, in denen bis zu
3 Ameisenkolonien leben (s.S. 31).
Fruchtfressende Arten sind einem jahres-
zeitlich wechselnden Nahrungsangebot
(Mangel und Überangebot) ausgesetzt.
Früchte sind leicht und mit geringem Zeit-
aufwand zu erreichen. Die aus dieser
Ernährungsweise gewonnene »Freizeit«
ist eine der wichtigsten Voraussetzungen
für die Entstehung von »Arena-Balzsyste-
men« , bei denen viele Männchen gemeinsam um die Weibchen balzen und dabei

die wildesten Tänze aufführen (z.B. bei
verschiedenen Schnurrvögeln und beim
Felsenhahn, s.S. 113). Durch Samenaus-
breitung tragen Vögel wesentlich zur Erhaltung der tropischen Pflanzenvielfalt
bei. An Vogelverbreitung angepaßte
Früchte sind rot, schwarz, weiß, blau oder
lila, während »Säugerfrüchte« eine orange, gelbe, braune oder grüne Fabe zeigen.
Vor kurzem wurde an fruchtfressenden
Tangaren in Mittelamerika gezeigt, daß sie
Früchte mit Würmern bevorzugen. Offensichtlich wissen auch sie die Vorzüge dieser Eiweißnahrung zu schätzen.

Der fast 90 cm große Mitu lebt im untersten Stockwerk der
Amazonaswälder; er gehört zu den Hokkohühnern.

Nektartrinker stehen meist mit den Pflanzen in enger Beziehung, da sie als »Gegenleistung« für die Nektarproduktion Pollen übertragen. Kolibris sind dabei vorwiegend für Helikonien (S.73), Bromelien und Misteln wichtig (in den Anden auch für Röte- und Heidekrautgewächse), während truppbildende Singvögel (z.B. Stärlinge) vor allem Baumarten bestäuben. Parasiten dieses Systems stechen den Blütenkelch von außen an und entnehmen so »illegitim« Nektar, also ohne Pollen zu übertragen (z.B. Hakenschnäbel, aber auch manche Kolibris).

Fischfresser tauchen entweder nach Beute (Schlangenhalsvogel), stoßtauchen von einem Ansitz (Eisvögel) oder aus dem Flug (Fischadler) oder waten durchs Seichtwasser (Störche). Eine ganz besondere Jagdmethode besitzen die Schwarzmantel-Scherenschnäbel: Sie fliegen knapp über der Wasseroberfläche und ziehen dabei ihren Schnabel (bei dem das Oberteil kürzer ist als das Unterteil) durchs Wasser. Treffen sie auf Nahrung, schnappen sie einfach zu. Entenvögel sind in Amazonien wegen der Nährstoffarmut vieler Gewässer selten (das Gründeln der Enten lohnt sich nur bei mindestens 10 g Nahrung pro m^2).

Aasfresser finden ihre Nahrung mit ihrem gutem Geruchssinn. Tote Tiere werden meist schon innerhalb von 12 Stunden von Truthahngeiern oder Rabengeiern (S.103) aufgespürt. Erst später kommen die hoch fliegenden Königsgeier (S.72) hinzu, die sich durch das Verhalten der anderen Aasfresser leiten lassen. Die Neuweltgeier sind viel näher mit den Störchen als mit den Altweltgeiern verwandt.

Auffällig sind in den Tropen die gemischten Trupps, in denen 10 bis 40 Vögel aus bis zu 15 Arten zusammen nach Nahrung suchen. Die Gründe dafür können vielschichtig sein, z.B. sehen viele Augen mehr (Fruchtfresser finden schneller Nahrung, Feinde werden schneller erkannt) oder die »Räuberbande« kann mehr Insekten aufstöbern als ein Einzelvogel. Vo-

geltrupps teilen sich den Wald auf. Manche ziehen in den Baumkronen umher, andere in der Unterschicht des Waldes und einige direkt über dem Boden. Letztere folgen oft den bereits erwähnten Heerzügen von Treiberameisen.

Reptilien

Zu den Reptilien gehören Schlangen, Echsen, Schildkröten und Krokodile. Generell begünstigt das tropische Klima die wechselwarmen Reptilien, die daher auch mit vielen Arten vertreten sind.

Leguane und Schienenechsen sind die zwei bedeutendsten Echsengruppen. Relativ häufig ist der pflanzenfressende Grüne Leguan (s.S.101). Zu den eigenartigsten Echsen gehören die Basilisken, die bei Gefahr kurz übers Wasser laufen können. Das hat ihnen den Namen »Jesús Christo« eingebracht. Die größten Schienenechsen sind die über 1 m langen Tejus (s.S. 201). Die nachtaktiven Geckos, die oft in Häusern leben und dort den Schaben nachstellen, können ebenso wie die Anolis-Echsen Töne ausstoßen. Letztere hört man am ehesten in der heißen Mittagszeit, wenn sie in den Bäumen sitzen. Die Anolis-Echsen besitzen einen farbigen (meist roten) Kehlsack, den sie zum Drohen wie ein Segel aufblähen. Chamäleons gibt es in Südamerika nicht. Der Marmorierte Buntleguan kann jedoch, ähnlich wie die Chamäleons, seine Farbe verändern.

In Südamerika gehört nur das inzwischen sehr seltene Orinoco-Krokodil zu den echten Krokodilen. Die anderen Arten (am häufigsten ist der Krokodil- oder Brillenkaiman) gehören zu den Kaimanen. Humboldt fand im 19 Jh. noch Krokodile von über 7 m Länge und schrieb dazu: »Es klingt kaum glaublich, wenn man sagt, daß die Gewässer in der Trockenzeit so mit Kaimanen gefüllt sind wie die Tümpel in Europa im Sommer mit Kaulquappen«. Wer in der Trockenzeit ins Pantanal reist, wird dies auch heute noch so ähnlich erfahren. Allerdings erreichen die größten

Anakondas können auch große Beute bewältigen; die Größe dieser Würgschlange wird aber oft übertrieben.

Kaimane heute nur noch Längen von knapp über 3 m.

Schlangen werden die wenigsten Reisenden zu Gesicht bekommen; sollte man doch auf eine treffen, wird diese fast immer sofort ausweichen. Vier Schlangengruppen sind typisch für Südamerika: Nattern *(Colubridae)*, Riesenschlangen *(Boinae),* Grubenottern *(Crotalidae)* und Giftnattern *(Elapidae).* Die Gruppe der Vipern fehlt völlig. Die größten Schlangen sind allesamt Würgeschlangen. In der alten Welt sind es die Pythons, in der Neuen Welt Boas und Anakondas. Die klettergewandte Regenbogenboa fängt vorwiegend Fledermäuse!

Die wirklich gefährlichen Schlangen Südamerikas sind Korallenschlangen und Grubenottern. Letztere lokalisieren ihre Beute durch ein Wärmesinnesorgan (das sogenannte Grubenorgan), das zwischen den Augen und den Nasenlöchern liegt. Sie können noch Temperaturunterschiede von 0,003°C wahrnehmen und so auch bei Nacht jagen, dann aber natürlich nur Warmblüter. Gefürchtet sind vor allem die Bothrops-Lanzenottern (»Jararacas«,S.139) und der bis zu 4 m lange Buschmeister. Korallenschlangen besitzen zwar eines der wirksamsten und stärksten Nervengifte, Unfälle mit ihnen sind aber trotzdem sehr selten. Korallenschlangen sind kaum aggressiv und so klein, daß sie nur in Finger oder Zehen beißen können. Andere, »falsche« Korallenschlangen, die ungiftig sind, ahmen ihr Körpermuster nach, um sich vor Feinden zu schützen (s.S.198). Der in Nordamerika übliche Spruch »red and yellow, kill a fellow; red and black, friend of Jack«, der sich auf die Reihenfolge der Farbstreifen bezieht, gilt für Südamerika nicht!

Die ungiftigen Nattern (von denen es weit mehr Arten gibt als von den Giftschlangen) kann man an der schlanken (nicht dreieckigen) Kopfform relativ gut von den Grubenottern unterscheiden.

Amphibien

Wer je in der Nacht in tropischen Gegenden unterwegs war, kann wohl nie mehr die unglaublich beeindruckende Gesangskulisse des Waldes vergessen. Auch wenn oft nicht klar ist, welches Tier gerade ruft, Amphibien sind immer dabei. Viele Froschmännchen haben die außergewöhnlichsten Laute entwickelt, um Weibchen anzulocken. Meistens rufen die größ-

ten Männchen am tiefsten und werden von den Weibchen bevorzugt. Baumsteigerfrösche legen ihre Eier in die Blattachseln von Bromelien, die in den höchsten Baumkronen wachsen. Die Frösche verbringen ihr gesamtes Leben in den Baumwipfeln. Die Weibchen einiger Arten verfüttern sogar nährstoffreiche, unbefruchtete Eier an ihre Kaulquappen, um ihnen das Überleben zu ermöglichen. Die farbenprächtigen Baumsteiger werden auch als Pfeilgiftfrösche bezeichnet, weil Waldindianer deren Hautsekret als hochwirksames Pfeilgift verwenden. Gewonnen wird dieses Gift, indem die Frösche

über dem Feuer »geschmort« werden. Dabei sondern sie das normalerweise zur Feindabwehr benutzte Gift ab, das dann auf die Pfeilspitzen aufgetropft und getrocknet wird.

Einer der größten Froschlurche ist die bis 20 cm große und häufige Aga-Kröte, an deren Hautgift schon Hunde gestorben sein sollen. Sie ist äußerst anpassungsfähig und frißt hauptsächlich Insekten.

Fische

In einem so stark von Flußsystemen beherrschten Kontinent wie Südamerika gibt es mehr Fischarten als auf jedem anderen Kontinent; bisher sind rund 2500 Arten beschrieben worden. Allein in einem 40 km großen Umkreis um Manaus in Zentralamazonien kommen mehr als 700 Fischarten vor, also mehr als in allen Flußsystemen Nordamerikas zusammen. Allerdings wird man die Fische oft nur auf dem Markt bewundern können – und auch dort nur die großen. In Südamerika gibt es nämlich eine große Artenfülle winziger Fischarten. Die meisten Fische Südamerikas sind mit den Arten Afrikas verwandt, stammen also noch aus der Zeit, als beide Kontinente zusammenhingen. Sie gehören vorwiegend zu den drei Gruppen der Buntbarsche, Welse und Salmler.

Die **Buntbarsche** (Cichliden) sind vor allem als Aquarienfische bekannt. Tierhandlungen importieren sie in großen Mengen aus den südamerikanischen Tropen. Einige Arten sind maulbrütend, d.h. bei Gefahr flüchten die Jungfische ins Maul der Eltern. **Welse** variieren stark in ihrem Erscheinungsbild, es gibt sie in allen Größen und Formen. Eine Gruppe von Welsen hat mit die kleinsten Fische Südamerikas hervor-

Aga-Kröten fressen auch Mäuse; man sieht sie oft in der Nähe von Siedlungen.

Die Gefährlichkeit der weit verbreiteten Piranhas wird meist überschätzt.

gebracht, die *Pygiidae*. Sie sind nur 2 cm lang und nicht dicker als ein Zahnstocher. Manchmal können sie sich bei Menschen in der Harnöffnung festsetzen und müssen dann operativ entfernt werden.

Salmler gehören zu den Karpfenfischen und sind die häufigsten Fische in allen Gewässern Südamerikas. Auch die Piranhas, die berüchtigten Raubfische der südamerikanischen Gewässer, zählen zu ihnen. Sicherlich wird die Gefährlichkeit der Piranhas meist übertrieben, und äußerst selten greifen sie bewegliche Beute an. Man kann Piranhas übrigens recht gut angeln, wenn man als ersten Teil der Angelschnur einen starken Draht verwendet.

Berühmt ist der Spritzsalmler, bei dem die Weibchen aus dem Wasser heraus auf einen Ast springen und dort ihre Eier ablegen. Die Männchen bespritzen das Gelege danach mit Wasser, damit es nicht austrocknet. Noch ungewöhnlicher sind die Beilbauchfische, die einzigen Fische, die wirklich fliegen können. Sie besitzen eine außerordentlich starke Muskulatur, die die Brustflossen antreibt und sie unter schwirrenden Geräuschen einige Meter weit fliegen läßt.

Zitteraale (die nicht mit den Aalen verwandt sind, sondern zu den Salmlern gehören) können bei einer Größe von 1,8 m Stromschläge bis 650 Volt austeilen und damit ihre Beute betäuben oder töten. Sie besitzen weder Lungen noch Kiemen und müssen deshalb etwa alle 15 Minuten an der Oberfläche nach Luft schnappen. Der Gasaustausch mit dem Blut findet über die Darmoberfläche statt.

Zu den **Knochenzünglern** gehört der größte Fisch Südamerikas, der »Pirarucu« . Er wird über 3 m lang und bis 250 kg schwer. Vor der Einführung der Rinder bildeten diese Fische eine wichtige Proteinnahrung im Amazonasgebiet. Man sieht sie auch

Dieser *Stefania*-Frosch betreibt intensive Brutpflege; er lebt im Süden Venezuelas.

Blattschneiderameisen leben von Pilzen, die sie mit Blattstücken »füttern«.

heute gelegentlich auf den Märkten in Manaus oder Belem. Der Name der Gruppe kommt von der knöchernen Zunge, die in den Küchen als Reibe benutzt wird (die Schuppen der Haut werden zudem als Nagelfeilen verkauft).

Stachelrochen finden sich in fast allen Flüssen und können böse, schlecht heilende Wunden schlagen.

Einige **Salzwasserfische** wandern bisweilen in die großen Ströme Südamerikas ein, so z.B. Haie oder Sägefische. Sie wurden sogar in Iquitos in Peru gefangen, also mehr als 3600 km vom Atlantik entfernt.

Insekten

Würde man den Erfolg einzelner Tiergruppen an ihrer Artenzahl messen, dann würden Insekten ungeschlagen an der Spitze stehen. Neueren Schätzungen zufolge gibt es rund 10–30 Mio. Insektenarten auf der Erde, von denen aber nur 1 Mio. Arten bisher beschrieben, d.h. der Wissenschaft bekannt sind. Die interessantesten Arten trifft man meist auf Nachtspaziergängen im Wald. Viele Arten sind jedoch schwierig zu entdecken und man erkennt sie erst, wenn man lange an einer Stelle im Wald steht und ganz genau jedes Detail der Umgebung analysiert (auch das Umdrehen der Blätter hilft, oft sitzen dort Insekten!). Viele Insekten besitzen zudem eine hervorragende Tarnung (s.S.196).

Südamerika besitzt mehr **Schmetterlingsarten** als jeder andere Kontinent. Die bekanntesten sind die bis zu 18 cm großen Morphofalter (S.64). Die meisten Morphoarten sind nur auf der Oberseite blau, die Unterseite ist meist unauffällig braun. Wie die Kolibris verdanken die Morphos ihre Farbe keinen in die Flügel eingelagerten Farbstoffen, sondern speziellen Oberflächenstrukturen, die das Licht beugen und dadurch die Farberscheinung hervorrufen. Noch größer sind die Eulenfalter, die mit den großen Augen auf den Hinterflügeln an die Nachtaugen der Eulen erinnern. Manche der Nachtfalter fliegen auch

tagsüber, einige führen große Wanderungen durch.

Eine große Zahl von südamerikanischen Schmetterlingen hat durchsichtige Flügel entwickelt, über deren Funktion man sich noch nicht einig ist (S.123). Sie könnten einerseits zur Tarnung dienen; andererseits ist es für das Tier »billiger«, keinen Farbstoff zu produzieren. Die meist rot und gelb gefärbten *Heliconius*-Schmetterlinge schützen sich durch Giftstoffe, die sie von ihren Futterpflanzen übernehmen und in ihren eigenen Körper einbauen (s.S.204). Wegen der Nährstoffarmut der amazonischen Lebensräume sieht man oft Hunderte von Schmetterlingen um Pfützen sitzen und Wasser trinken. Sie nehmen nur die Salze aus dem Wasser auf und scheiden das Wasser nahezu destilliert wieder aus.

Auf **Termiten** trifft man fast überall. Ihre Nester befinden sich im Holz, hängen als braun-rote Lehmballen von den Ästen der Bäume oder sind, vor allem in den Savannenlandschaften, als Hügel gebaut (S.163/171). Der Nahrungsbedarf für Hunderttausende dieser Tiere wird ausschließlich durch abgestorbenes Pflanzenmaterial gedeckt, bei dessen Verdauung spezielle Einzeller im Darm der Termiten mithelfen.

Im Regenwald kommen oft über 50 **Ameisenarten** auf einem einzigen Baum vor. Vielfach bieten die Pflanzen den Ameisen »Wohnstuben« an, z.B. in Form von hohlen Stacheln (bei Akazien) oder hohlen Ästen (bei Cecropien, s.S.129). Als (eigennützige) Gegenleistung vertreiben die Ameisen alle Pflanzenschädlinge oder sie vernichten Epiphyten, die den Baum schädigen können. Regelrechte Ameisen-»gärten« gedeihen auf Bäumen, wenn Ameisen Pflanzensamen in ihre Nester eintragen, die dann auskeimen und mit den Wurzeln die Nester zusammenhalten. Die millionenstarken Völker der **Blattschneiderameisen** leben in Erdbauten von bis zu 10 m Durchmesser, deren Gänge bis in 6 m Tiefe gehen! Die Blattschneider ernähren sich von Pilzen, die sie in eigens dafür gebauten Pilzkammern züchten und mit Pflanzenteilen kultivieren. Letztere werden von Arbeiterinnen geschnitten und von einer nicht enden wollenden Karawane ins Nest getragen, wo der Pilz wächst.

Treiberameisen sind als Schrecken des Waldes berüchtigt. Einige Arten bewohnen keinen festen Ort, sondern biwakieren am Ende eines Raubzuges und bilden einen lebenden Schutzschild um ihre Königin. Manche Arten strömen in breiter Front durch den Wald und töten mit ihrem Giftstachel alles, was sie bewältigen können.

Andere sind eher Kolonnenjäger oder »versklaven« andere Ameisenarten, die sie dann für sich arbeiten lassen. Die Treiberameisenzüge werden immer von anderen Tierarten begleitet, z.B. fangen Vögel die aufliegenden Insekten ab. Vom Kot der Vögel ernähren sich Schmetterlinge, die als letzte dem Raubzug folgen. Mit ca. 5 Mio. Arten weltweit sind die **Käfer** die artenreichste Insektengruppe. Manchmal kommen auf einem Urwaldriesen über 1200 Käferarten vor. Sie erfüllen wichtige Aufgaben im Ökosystem wie z.B. Abbau von totem Tier- und Pflanzenmaterial.

Giftige Tiere

Vor Schlangen, Spinnen und anderem Getier hat wohl jeder vor seiner ersten Südamerikareise Angst. Die Wirklichkeit sieht eher so aus:
❏ Wie alle Tiere sind auch die Gifttiere ziemlich selten; nur in Kinofilmen wimmelt es im Urwald von Schlangen und Spinnen!
❏ Die meisten Gifttiere sind nicht agressiv. Um gebissen oder gestochen zu werden, muß man das Tier reizen bzw. versehentlich darauftreten.

Vogelspinnen werden bis zu 20 Jahre alt.

❏ Viele Arten sind nur nachts aktiv.
❏ Schlangen und Spinnen sind sehr scheu; an den Bodenerschütterungen merken sie frühzeitig, wenn ein Mensch kommt, und verkriechen sich sofort.
❏ Unter den Spinnen sind nur die drei auf S.32 genannten Arten wirklich gefährlich. Vogelspinnen sind scheu, nachtaktiv und wenig giftig.
❏ Hundertfüßer und Skorpione leben meistens versteckt in altem Pflanzenmaterial oder unter Steinen;
Trotzdem: Leichtsinn ist fehl am Platz! Mit Ausnahme der Hochlagen der Anden Venezuelas gibt es in allen beschriebenen Gebieten Schlangen. Nie Tiere in die Hand nehmen! Außerdem sollte man in den Wäldern immer feste und hohe Schuhe tragen; vorher schauen, wo man sich mit den Händen festhält; Vorsicht, wenn man alte Baumstämme oder ähnliches umdreht. Vor allem in Amazonien die Schuhe vor dem Anziehen umdrehen und ausschütteln;
Die größte Gefahr für den Menschen geht immer noch von den Insekten bzw. Würmern aus, die Krankheiten wie Malaria, Dengue-Fieber, Bilharziose usw. übertragen.

Die Yanomamis leben noch relativ ursprünglich in Venezuela und Brasilien.

Andere Wirbellose

Zu ihnen gehören manche Tiere, vor denen viele Leute Angst haben, z.B. Spinnen, Skorpione und Hundertfüßer (wohlgemerkt, dies sind keine Insekten).
In Südamerika kommt die größte **Spinne** der Welt vor, die Vogelspinne *Theraphosa*

Schmetterlinge versammeln sich gern an Pfützen, um dort Mineralien aufzunehmen.

leblondi, die 20 Jahre alt werden kann und gerne in Höhlen alter Baumstümpfe lebt. Sie kann mit ihren 8 ausgestreckten Beinen einen Durchmesser von 25 cm erreichen. Vogelspinnen leben in vielen Hütten Amazoniens (hinter den Fensterläden) und sorgen dafür, daß nicht zu viele Insekten aufkommen (z.B. Schaben). Sie sind zwar giftig und können gut springen, sind aber normalerweise nicht gefährlich. Sie können sogar richtig zahm werden.
Drei sehr giftige Spinnengruppen kommen in Südamerika vor: *Loxoceles*, *Phoneutria* und *Lycosa*. Am gefährlichsten sind die 2–3 cm langen *Loxoceles*, die manchmal in den Löchern in den Böden von Wohnungen leben (verwandt mit ihnen ist die bekannte Schwarze Witwe, *Latrodectus mactans*). Ihr Biß ist zwar schmerzlos, aber nach einigen Tagen stirbt das Gewebe um die Bißstelle ab. Interessant ist, daß einige tropische Spinnenarten Kolonienetze bau-

Brandrodung ist in Südamerika der Hauptgrund für die Regenwaldzerstörung.

en, in denen sie gemeinsam auch große Beute fangen können.

Auch bei den **Skorpionen** wird die Giftwirkung meist überschätzt. Sie sind nachtaktiv und können Bodenerschütterungen mit ihren 8 im Kreis aufgestellten Beinen wie ein Seismograph wahrnehmen. Sie messen dazu den Zeitunterschied der ankommenden Bodenschwingungen und berechnen daraus die Entfernung und Intensität des »Bebens«, das z.B. ein landender Schmetterling verursacht. Einige Arten vermehren sich parthenogenetisch, d.h. bei ihnen gibt es nur Weibchen, die wiederum nur weibliche Nachkommen produzieren.

Eine Spezialität im Regenwald sind die nachtaktiven **Stummelfüßer** (Onychophora), die wohl zu den ersten landbewohnenden Tieren überhaupt gehörten (vor 500 Mio Jahren). Sie wurden zuerst als Würmer beschrieben, doch dann entdeckte man die Beinchen an den Seiten des Körpers. Sie sind etwa 10 cm lang, leben in der feuchten Bodenstreu und sehen fast aus wie Schmetterlingsraupen. Stummelfüßer bringen lebende Junge zur Welt und besitzen Wehrdrüsen, die bei Gefahr ein fädiges, schleimiges Sekret bis 50 cm weit ausschleudern können. Mit diesem »Fangnetz« werden auch Beutetiere eingefangen.

Mensch und Geschichte

Man nimmt an, daß der Ursprung der Menschheit in Afrika liegt. Die Vorfahren der Indianer Südamerikas drangen über Asien nach Nordamerika vor, als Sibirien und Alaska über eine Landbrücke verbunden waren (während der Eiszeiten war der Meeresspiegel niedriger). Die ersten Einwanderergruppen müssen den südamerikanischen Kontinent also über die Land-

Zerstörung tropischer Wälder

Bis 1988 wurden etwa 8,2% des brasilianischen Amazonaswaldes abgeholzt. Seitdem verschwinden zusätzlich bis zu 50000 km^2 pro Jahr – eine Fläche in der Größe Niedersachsens. Durch Satellitenaufnahmen können alle Veränderungen genau überwacht werden. Ob dem Raubbau jedoch Einhalt geboten wird, hängt von politischen und wirtschaftlichen Überlegungen ab. Es ist zu erwarten, daß bei der derzeitigen Abholzungsrate im Jahr 2000 weltweit nur noch im westlichen Amazonien, in den Guayana-Hochländern und in Zaire große zusammenhängende Regenwälder stehen.

Die Ursachen für die Regenwaldzerstörung sind komplex und je nach Region unterschiedlich. Holzwirtschaft ist vor allem in Afrika und Asien für die Zerstörung verantwortlich

In Südamerika gehen 60 % der Abholzung auf das Konto der Kleinbauern, die Wald brandroden, zwei Jahre anbauen und dann weiterziehen. Sie dringen oft auf den Schneisen in den Wald vor, die von den Holzfällern geschlagen wurden. Diese Kleinbauern fanden in der (vor allem exportorientierten) industriellen Soja- und Zuckerrohrproduktion Süd- und Nordostbrasiliens keine Arbeit mehr und wurden vertrieben. 1.5 Mio. kamen zwischen 1975 und 1988 in den Staat Rondonia, angelockt durch ein Gesetz, das Landbesitz für Waldrodung versprach. In manchen Jahren war die Rauchentwicklung durch die vielen Brände so stark, daß Flugzeuge in Cuiabá in Mato Grosso und sogar in La Paz in Bolivien nicht landen konnten! Andere Abholzungsursachen sind Großprojekte wie die Anlage riesiger Weidegebiete für Vieh, der Bau von Staudämmen oder Erzabbau. Die Bäume in den Stauseen werden vor dem Befluten meist nicht abgeholzt; die entstehenden Faulgase und Holzzersetzungsprodukte verstopfen oder zerstören später die Turbinen. Viele Staudämme erreichen nicht einmal die vorhergesehene Lebensdauer, weil von den abgeholzten Flächen zuviele Sedimente in die Staubecken geschwemmt werden und diese verlanden. Zudem entstehen Brutstätten für die Malariamücken und die Heimat vieler Indianervölker wird für immer vernichtet. In Grande Carajás im Staat Pará wird Eisen immer noch, wie im Mittelalter in Europa, mit Holzkohle ausgeschmolzen. Die dafür verwendete Holzkohle wird aus den Bäumen des umgebenden amazonischen Regenwaldes hergestellt! Im Jari-Projekt des amerikanischen Millionärs Ludwig wurden zuerst 1700 km^2 Wald am Unterlauf des Rio Jari mit Hilfe schwimmender Papierfabriken aus Japan vernichtet. Danach wurden schnellwüchsige Bäume wie *Gmelina* und Kiefern angepflanzt. Doch innerhalb kurzer Zeit erodierte der Boden; zurück blieb nichts als Wüste!

Weltweit gibt es bisher keine nachhaltige, großflächige forstwirtschaftliche Nutzung von tropischen Regenwäldern. Bei der »selektiven Nutzung«, die von der Holzindustrie immer als beispielhaft dargestellt wird, werden zwar eigentlich nur große, wertvolle Bäume entnommen. Allerdings wird der restliche Wald durch Bulldozer, einwandernde Kleinbauern und Erosion vernichtet. Die Auswirkungen der Abholzung sind globale und lokale Klimaverschiebungen, Überschwemmungen, Artensterben und die Ausrottung von hochstehenden Naturvölker durch Vernichtung ihrer Lebensgrundlagen.

brücke von Panama vor mehr als 10 000 Jahren erreicht haben. Über den Zeitpunkt der Einwanderung gibt es aber noch sehr widersprüchliche Angaben. Holzgeräte und Speerspitzen aus Kolumbien und Chile besitzen ein Alter von rund 11 000 Jahren, während im ostbrasilianischen Pedro Furada Feuerstellen gefunden wurden, deren Alter auf 47 000 Jahre geschätzt wird. Wie auch immer die Menschen nach Südamerika kamen, als Brasilien von den Portugiesen im Jahr 1500 entdeckt wurde, befanden sich dort etwa 5 – 7 Mio. Indios. Zu Beginn des 20. Jh. waren es nur noch 1 Mio., und heute leben nur noch etwa 220 000 Indios in Brasilien. Allein in diesem Jahrhundert wurden mehr als 60 Indiovölker ausgerottet und die überlebenden 180 stark dezimiert! Heute gibt es nur noch wenige, die wie die Yanomami in Südvenezuela abgeschieden von der »Zivilisation« leben.

Viele Indianervölker besitzen ein völlig anderes Weltbild als wir. Für sie besteht die Welt hauptsächlich aus Wasser mit nur wenigen Inseln dazwischen, auf denen die Menschen leben. Die Indios leben zwar in unserer europäischen naturschwärmerischen Vorstellung in Eintracht mit der Natur. Wie neue Untersuchungen gezeigt haben beuten aber auch sie zum Überleben alle verfügbaren Ressourcen soweit wie möglich aus. Sie leben aber in so geringen Bevölkerungsdichten (es gibt hervorragende pflanzliche Verhütungsmittel, die von den Indios benutzt werden, S. 120), daß dabei die Natur kaum Schaden nimmt. Manche Forscher glauben sogar, daß fast der gesamte amazonische Wald und auch Savannengebiete so stark von den Indios verändert wurden, daß man heute nicht von »natürlicher« Vegetation sprechen kann (»natürlich« im Sinne von: nicht vom Menschen beeinflußt).

Indios leben nicht nur in abgeschiedenen Gebieten, sondern überall in Venezuela und Brasilien. Viele der »modernen« Indios pflegen ihre alte Kultur, auch wenn sie sich im äußeren Lebensstil von den europäischen Einwanderern nicht unterscheiden. Sie betrachten sowohl Europäer als auch nicht-indianische Südamerikaner gleichermaßen als Fremde.

Die Indianer waren – und sind oft heute noch – Völker ohne Rechte im eigenen Land. Ende der 50er Jahre kam es in Brasilien durch den Indianerschutzdienst (SPI) zur Einrichtung von Indianerreservaten, in die verschiedene Völker aus ihrem angestammten Lebensbereich zwangsumgesiedelt wurden. Dabei wurden abscheuliche Greueltaten verübt, wie z.B. die bewußte Verbreitung von für die Indios tödlichen Krankheiten. Nach Bekanntwerden dieser Skandale übernahm 1967 die FUNAI (Nationale Indianerstiftung) die »Kultivierung« der brasilianischen Indianer. Die Erschließung Amazoniens lief noch 1970 unter dem Slogan »Land ohne Volk für ein Volk ohne Land« . Verschwiegen wurde dabei, daß sich in Amazonien bereits Völker befinden. Doch helfen sowohl die FUNAI als auch der Indianermissionsrat (CIMI) den Indios bei der Durchsetzung ihrer Gebietsforderungen.

Große Probleme gibt es, wenn ökonomische Ziele der weißen Bevölkerung mit den Gebietsansprüchen der Indios zusammentreffen. Vor allem Viehzüchter und Goldsucher setzen ihre Forderungen brutal mit Waffengewalt durch und vergiften die lebenswichtigen Flüsse mit Quecksilber, das bei der Goldgewinnung ausgewaschen wird.

Als Tourist sollte man es unterlassen, Indianer sozusagen als »Schauobjekte« oder »Wilde« zu besichtigen. Lieber sollte man sich mit den Lebensperspektiven und den kulturellen Problemen derjenigen Indianer auseinandersetzen, die in den modernen Staat – meist ohne gefragt zu werden – integriert wurden.

Weitere Informationen zur Situation der Indianervölker gibt es bei:
↪ Gesellschaft für bedrohte Völker, Postfach 2024, 37010 Göttingen

1 Nationalpark Médanos de Coro und Paraguaná-Halbinsel

Kolonialer Stadtkern in Coro; 30 m hohe Sanddünen; Salzpfannen; extrem trockene Vegetation mit vielen Kakteen; Regenwald am Cerro Santa Ana; Strände an der Ostküste der Paraguaná-Halbinsel.

Coro, die erste Hauptstadt Venezuelas, liegt etwa 450 km westlich von Caracas im Staat Falcon. Neben dem sehenswerten kolonialen Stadtzentrum sind die bis 30 m hohen Sanddünen des Nationalparks Médanos de Coro der Hauptanziehungspunkt der Stadt. Sie sind einzigartig in Venezuela und bedecken eine Fläche von 80 km² im Nationalpark. Der Großteil der Dünen liegt auf dem 5 km breiten und 40 km langen Isthmus, der die Halbinsel Paraguaná mit dem Festland verbindet. Wegen dieser Verbindung, die erst vor etwa 3000 Jahren durch tektonische Hebungen entstand, muß die sonst küstenparallele Meeresströmung hier ihre Richtung ändern, verlangsamt sich und lagert dadurch größere Mengen Sand ab. Die vorwiegend östlichen Winde transportierten den Sand ins Landesinnere und formten die imposanten Wanderdünen. Vor allem für die Straßenbauer ist die ständige Verlagerung der Dünen ein großes Problem. Reste einer alten Straße sieht man heute noch inmitten der Sandmassen. Ge-

Inmitten der extrem trockenen Umgebung der Paraguaná-Halbinsel wächst auf dem Cerro St. Ana ein Regenwald.

legentlich findet man in den Dünentälern Brackwasserstellen, sogenannte »Jagüeyes«. Noch heute werden sie von den Einheimischen als Tränke für Ziegen benutzt. Abseits der Dünen sieht man gelbe, humusarme Steppenböden, die typisch für die trockenen Küstenzonen Venezuelas sind. Der Kakteenbuschwald, der auf diesen Böden wächst, wird von der armen Bevölkerung als Schaf- und Ziegenweide genutzt, auch das Brennholz wird aus diesen dürren Wäldern geholt. Beide Nutzungen sind im Nationalpark verboten.

Das Wasser des im Westen an den Isthmus angrenzenden Golfete de Coro hat einen sehr hohen Salzgehalt, weil der Wasseraustausch zum freien Meer durch die Paraguaná-Halbinsel behindert ist. Vor allem die Sedimente, die der Rio Mitare im Süden einschwemmt, führen dazu, daß der Golfete de Coro allmählich verlandet und damit der Salzgehalt steigt. Da die Ufer im Bereich des Nationalparks sehr flach sind, fallen trotz des geringen Gezeitenunterschiedes von rund 25 cm weite Flächen trocken und bilden weite, fast vegetationslose Salzpfannen.

Die Paraguaná-Halbinsel, die sich nördlich von Coro in die Karibik hinausschiebt, gehört zu den trockensten und heißesten Gegenden Venezuelas. Um den Wasserbedarf von Industrie und Bevölkerung zu decken, wurde eine Pipeline gebaut, die die Halbinsel mit Wasser aus dem El-Isiro-Staudamm südlich von Coro versorgt. Auf der Fahrt über den Isthmus sieht man die fast 1 m dicken Rohre oft direkt neben der Straße.

◁ Bis zu 30 m hohe Sanddünen sind typisch für den Nationalpark Médanos de Coro.

Schmuckstück im Trockenwald: eine Ameive. ▷

Nationalpark Médanos de Coro und Paraguaná-Halbinsel

Paraguaná-Halbinsel

Los Taques

Laguna Tiraya

4

Adícora

Moruy

3

Santa Ana

Punto Fijo

Punta Cardon

Golfete de Coro

Istmo de Médanos

Río Mitare

Maracaibo

2

1

La Vela de Coro

3

Coro

0 5 10 km

San Luis

Inmitten der Halbinsel erhebt sich der 815 m hohe Cerro Santa Ana. Wegen der Wolken, die sich ständig um den Gipfel bilden, kann dort mitten in einer extrem trockenen Umgebung ein artenreicher immergrüner Regenwald wachsen.
Auf der Paraguaná-Halbinsel stehen einige der ältesten Häuser Venezuelas. Auch die Kirche in Santa Ana gehört zu den besonders alten und sehenswerten Bauwerken.

Pflanzen und Tiere

Trotz der offensichtlich lebensfeindlichen Umgebung wachsen fast 60 Pflanzenarten im Gebiet der Dünen. Besonders fällt der Oscherstrauch auf, eine großblättrige Staude mit großen, blasenartigen Früchten. Diese Pflanze wurde aus Afrika eingeschleppt und wächst auch häufig an

Straßen und auf Schuttplätzen. Der Trockenheit des Gebietes entsprechend findet man natürlich viele Kakteenarten, z.B. Feigenkakteen oder die bis zu 8 m großen, säulenförmigen »Cardon dato«-Kakteen.
Besonders charakteristisch für die Trockenwälder an der Karibikküste sind die vielen Baumarten aus der Familie der Leguminosen, zu der z.B. auch Bohnen und Erbsen gehören. Viele von ihnen haben auffällige braune, gerade oder verdrehte Schoten als Früchte (sog. »Negerohren«). Die häufigste Art ist der Mesquitebaum, der sowohl durch seine Wuchsform als auch durch seine hellgelben Blüten auffällt. Andere Baumarten aus der Leguminosen-Familie, die man hier findet, sind Akazien und Cassien. Letztere sieht man in Coro oft als Straßenbäume. Gegen Ende der Trockenzeit sind sie mit leuchtend gelben Blüten bedeckt. Ebenfalls gelbe, aber weniger auffällige Blüten hat der »Yabo«. Nicht nur die Blätter, sondern auch die Rinde dieses Baumes ist durch den Blattfarbstoff Chlorophyll grün gefärbt.
Die Vegetation des Cerro Santa Ana weicht von ihrer Umgebung stark ab. In den unteren Lagen findet man trockenliebende Pflanzen wie z.B. die Bodenbromelie *Aechmea aquilega*, die oft größere, undurchdringliche Bestände bildet. Auch Orchideen sind dort häufig.
Mit zunehmender Höhe findet man zuerst Saisonregenwald mit den dafür typischen Arten wie »Copey« (s. S. 51) oder »Indio desnudo« (d.h. »nackter Indio«). Diese an der venezolanischen Küste verbreitete Baumart erhielt ihren Namen wegen der auffallend roten Rinde. Darüber liegt dann die Zone der immergrünen Regenwälder. Zu den charakteristischen Vögeln der trockenen Küstenzone Venezuelas gehört der Purpurkardinal. Dieser leuchtend rote Vogel mit dem roten Federschopf am Kopf ist unverwechselbar. Auch der Orangetrupial ist in den trockeneren Zonen Venezu-

elas weit verbreitet und durch seine orange-schwarze Färbung kaum zu übersehen. Allerdings sind auch viele seiner Verwandten (von denen einige auffällige Beutelnester bauen, S. 25) ähnlich gefärbt.
Eidechsen sind in den Trockengebieten Venezuelas weit verbreitet. Häufig und durch ihre prächtige Färbung kaum zu übersehen sind Ameiven und Rennechsen. Sie sind das neotropische Gegenstück zu den in Europa heimischen Eidechsen. Beide Gattungen haben Längsstreifen auf dem Rücken, Ameiven bis zu 5, Rennechsen 5 bis 9. Manche Arten von Rennechsen existieren nur als Weibchen. Sie legen Eier, aus denen auch ohne Befruchtung durch Männchen Junge schlüpfen – und zwar wieder ausschließlich Weibchen!

Der Oscherstrauch wächst nicht nur auf den Dünen, sondern auch an Wegrändern.

Zikaden stechen mit einem langen Rüssel Bäume an und saugen den Pflanzensaft ein.

Im Gebiet unterwegs

Die **Dünenfelder** ① liegen direkt am nördlichen Stadtrand von Coro zu beiden Seiten der Straße nach Punto Fijo. Zu Fuß sind sie in etwa 30 Minuten vom Stadtzentrum aus zu erreichen. Wer will, kann sich bei der Plaza de la Madre im Osten Coros (evtl. bei der Hostería Los Médanos fragen) aus Afrika importierte Dromedare ausleihen und damit die Dünen erkunden.
TIP: Der ständige Wind wirbelt in den Dünen feinen Sand auf; Plastiktüte zum Schutz der Kamera nicht vergessen!
Die **Verlandungsflächen** ② an der westlichen Küste des Isthmus sind nur zu Fuß oder mit Allradfahrzeugen zu erreichen.
Ausgangspunkt für die Tour zum **Cerro Santa Ana** ③ ist der kleine Ort Santa Ana, der mit dem Bus zu erreichen ist. In Santa Ana führt nördlich der sehenswerten Kirche eine Fahrspur ein Stück den Berg hinauf (bei allen Abzweigungen immer die zum Berg führende Hauptspur wählen, keine Ausschilderung!). Auf einem kleinen Pfad, der nur schlecht zu erkennen und kaum markiert ist, gelangt man schließlich in die Nebelwaldzone und auf den Gipfel.

Die Bromelie *Aechmea aquilega* bildet manchmal fast undurchdringliche Bestände.

Mesquitebäume sieht man häufig.

Akazien bevorzugen trockene Lebensräume wie die Kü-
stengebiete Venezuelas.

Der farbenprächtige Orangetrupial ist der Nationalvogel
Venezuelas.

Als Orientierungshilfe dient im unteren
Bereich ein kleiner Bach und die Wasser-
leitung für den Ort Santa Ana. Für die Tour
zum Gipfel sollte man etwa 3 Stunden
(einfach) einplanen.
Adícora und Laguna Tiraya ④: Die Ostküste
bei Adícora besitzt mehrere schöne Strände. Wer über ein Auto verfügt, kann nördlich von Adícora die Laguna Tiraya besuchen. Vor allem von November bis Januar
halten sich dort viele Flamingos auf.

Praktische Tips

Anreise
Coro liegt direkt an der Straße von Puerto
Cabello nach Maracaibo. Die Stadt kann
problemlos mit Bussen erreicht werden.
Flugverbindung besteht nach Caracas,
Maracaibo und Curaçao. Von Punto Fijo
und La Vela de Coro aus existieren Fähr-
verbindungen zu den Karibikinseln Curaçao und Aruba.

Der unverwechselbare Rotkardinal bewohnt die trockene Küstenzone Venezuelas.

Die rote Rinde gab diesem Baum den Namen »Indio desnudo«, d.h. »nackter Indio«.

Unterkunft
Hotels gibt es vor allem in Coro und Punto Fijo. In Adícora kann man Häuser wochenweise mieten.

Klima/Reisezeit
Mit Temperaturen über 40°C zählt die Gegend um Coro zu den heißesten und regenärmsten in Venezuela. Das Klima ist das ganze Jahr über ziemlich gleichförmig, es gibt keine bevorzugte Reisezeit.

Blick in die Umgebung

Im Osten Coros, direkt an der Straße nach La Vela de Coro, kann man den »Jardin xerofítico«, eine Art Botanischer Garten für trockenliebende Pflanzen, besuchen. Südlich von Coro liegt die Sierra de San Luis und der gleichnamige Nationalpark. Diese selten besuchte Gegend besitzt eine ähnliche Vegetation wie der Cerro Santa Ana mit Bergregenwald in den höheren Lagen.

Auch die Vegetation wird von den Wanderdünen zugedeckt.

2 Nationalpark Morrocoy

Weite Mangrovengebiete mit großem Vogelreichtum; Salzpfannen mit Flamingos und Watvögeln; herrliche Inseln mit Korallenstränden; reichhaltige Unterwasserwelt mit Korallenriffen; Gerätetauchen.

Einer der besten Plätze in Venezuela, um sowohl Wasservögel als auch die Unterwasserwelt der Karibik kennenzulernen, ist der Nationalpark Morrocoy. Die westliche Küstenzone, in der der Park liegt, gehört zu den trockensten Gebieten Venezuelas und es gibt kaum Flüsse, die Sedimente ins Meer spülen. Das Wasser ist da-

her besonders klar, was das Wachstum von Korallen sehr begünstigt. Die Korallengebiete in Morrocoy zählen zu den besten Tauchrevieren Venezuelas.

Zentrum des Festlandbereiches des Parks ist der 285 m hohe Cerro Chichiriviche. Dieser Hügel, der aus gehobenen Korallenkalken besteht, beherbergt in seinen Wäldern eine Reihe interessanter Vögel. Nördlich davon schließt sich das Tierschutzgebiet Cuare an. In diesem Gebiet liegen große Salzpfannen, die Massen von Flamingos und anderen Wasservögeln anziehen.

Die meisten Besucher kommen in den Nationalpark Morrocoy, um sich an den herrlichen Badeplätzen zu erholen. Die

Die Luftwurzeln der Roten Mangrove bilden ein dichtes, undurchdringliches Geflecht.

Fliegende Prachtfregattvögel sieht man in Venezuela überall entlang der Küste.

weißen Strände bestehen aus Sand und feinen Korallenresten. Auch die kleinen vorgelagerten Inseln, die »Cayos« , besitzen zum Großteil Strände aus weißem Korallensand. Diese Inseln ragen meist nur 1 bis 2 m über den Meeresspiegel hinaus. Ihre Existenz verdanken sie nicht zuletzt den Mangroven, die mit ihren Wurzeln den lockeren Sand zusammenhalten. Die weiten Mangrovenzonen sind für die marine Tierwelt des Parkes von äußerster Wichtigkeit. Viele Seevögel finden dort Schutz und Nistplätze. Auch für Zugvögel aus Nordamerika ist der Park ein wichtiges Rastgebiet.

Vor der Gründung des Parks im Jahr 1974 drohte das gesamte Gebiet durch Übernutzung zerstört zu werden. Die venezolanische Regierung ließ daher über 2000 illegal erbaute Häuser und Pfahlbauten abreißen, um die dauernde Verschmutzung zu reduzieren. Reste dieser ehemaligen Besiedlung sind heute noch im Schutzgebiet sichtbar, aber die Situation hat sich doch stark gebessert. Trotzdem gibt es immer noch viele Probleme, die vor allem durch den Wochenendtourismus verursacht werden. Nicht zuletzt sieht man das an dem vielen Müll, der besonders nach Feiertagen an den Stränden verstreut ist. Die Nationalparkverwaltung diskutiert zur Zeit Zugangsbeschränkungen und andere Maßnahmen, um eine Übernutzung zu verhindern.

Pflanzen und Tiere

Der zentrale Teil des Nationalparks um den Cerro Chichiriviche ist mit in der Trockenzeit laubwerfendem Wald bewachsen. Die Mehrzahl der (wenigen) Säugetiere im Park lebt in diesen Wäldern, z.B. Brüllaffen, Tamanduas (S.100) und

Agutis (S.147). Aber auch zur Vogelbeobachtung ist dieses Gebiet gut geeignet. Oft hört man im Wald den heiseren Schrei des Rotschwanzguans. Dieses Waldhuhn wird in ganz Venezuela gejagt. Die Venezolaner gaben ihm den Namen »Guacharaca«, denn so ähnlich hört sich der Ruf an. Dort, wo der Fußweg steile, vegetationslose Böschungen bildet, sollte man nach den farbenprächtigen Glanzvögeln Ausschau halten. Am Körperbau ist ihre Verwandtschaft zu den Spechten leicht zu erkennen. Mit ihrem schillernden Gefieder ähneln sie auch den Eisvögeln.

Die Salzpfannen im nördlichen Teil des Parkes weisen nur eine sehr arme Vegetation auf. Für Watvögel und Flamingos sind diese Flächen, vor allem nach Regen, ein besonderer Anziehungspunkt.

Die Vegetation im marinen Teil des Parks besteht überwiegend aus den verschiedenen Mangrovenarten (s.S.51) und aus angepflanzten Kokospalmen. Gelegentlich sieht man Grüne Leguane (S.101) im Pflanzengewirr oder, mit viel Glück, den meist nachtaktiven Krabbenwaschbär (oder wenigstens seine Spuren im Schlamm). Wie sein Name verrät, ernährt sich dieser Waschbärverwandte hauptsächlich von Krabben. Auch einige Kaimane, die früher stark verfolgt wurden, leben zwischen den Mangrovenwurzeln.

Besonders vielfältig ist die Vogelwelt in den Mangroven. Im Dezember und Januar

brüten dort die überall an der Küste segeln-
den Prachtfregattvögel. Von allen Vogelarten haben die eleganten Fregattvögel mit
ihren langen, gegabelten Schwänzen das
günstigste Verhältnis von Flügelspannweite zu Körpergewicht. Sie ernähren sich vor
allem von fliegenden Fischen und der
Nahrung, die sie anderen Seevögeln im
Flug abjagen. Ihre Anpassung an das Fliegen geht so weit, daß sie fast nie auf dem
Wasser landen, da ihnen eine vor der Näs-
se schützende Talgschicht auf den Federn
fehlt. Nur zur Paarung (dann werben die
Männchen mit leuchtend rotem Kehlbeu-
tel um die Gunst der Weibchen) und zur
Aufzucht der Jungen kommen sie in die
Mangroven. Dort brüten auch Braunpelikane (s.S.58), Rotfuß- und Brauntölpel.
Die geselligen Schwarzmantel-Scheren-
schnäbel haben eine eigentümliche Jagd-

methode (S.24). Man erkennt sie an den
spitzen, stark nach hinten abgewinkelten
Flügeln.
Unverwechselbar ist der herrliche, leuchtend rote Scharlachsichler (S.56/57). Die
unglaubliche Vielfalt der Vogelwelt wird
vervollständigt durch viele andere Wasservögel wie Störche, Reiher, Ibisse, Enten
und Möwen.
Eine besonders interessante Welt er-
schließt sich dem Taucher in den Korallengebieten Morrocoys. Die Korallenriffe in
Venezuela sind zwar generell artenärmer
als die Riffe der Zentralkaribik, der Tierreichtum ist aber trotzdem beachtlich. Riff-
bildend sind vor allem die Steinkorallen,
von denen in Morrocoy die Art *Montastrea
annularis* vorherrschend ist. Sie siedelt in
3–8 m Tiefe. Flacheres Wasser, bis 1,5 m
Tiefe, zieht die Elchgeweihkoralle vor.

◁ Palmenbestandene Strände (hier die Punta brava) laden in Morrocoy zum Baden ein.

▽ Korallen benötigen klares Wasser.

Engelsfische leben in Korallengebieten.

Wichtig ist für die Korallentierchen eine hohe Wassertemperatur, hoher Sauerstoffgehalt und vor allem klares Wasser. Sie leben nämlich in Symbiose mit einzelligen Algen, die auf Licht zur Photosynthese angewiesen sind, um organische Verbindungen aufzubauen.
Zwischen den verschiedenen Korallen leben viele farbenprächtige Fischarten. An den Riffen zu finden sind z.B die Engels-

Glanzvögel (hier ein Rotschwanz-Glanzvogel) sind mit den Spechten verwandt.

San Juan de los Cayos →

Nationalpark Morrocoy

Cayo Borracho 8

7

5 Cayo Sal
Cayo Muerto

9

Golfete de Cuare

Chichi- 6
riviche

Cayo Sombrero

Sanare

Cerro Chichiriviche △ 10

Coro ←

3

Playuela

4

N

1

2 Cayo Animas

Tucacas

Punta Brava

0 1 2 km

↓ Morón

In **Tucacas** ① befindet sich die Verwaltung des Nationalparks und die meiste Infrastruktur. Da wegen des großen Besucherandrangs Einschränkungen diskutiert werden, ist es empfehlenswert, sich über notwendige Genehmigungen zu erkundigen (bisher waren keine erforderlich). Leider existiert kein Besucherzentrum, die Mitarbeiter des Nationalparks geben aber bereitwillig Auskunft.

Direkt bei der Verwaltung, am östlichen Ortsende von Tucacas, befindet sich der Haupteingang zum Nationalpark. Links davor kann man kleine Boote mieten, die einen zu den »Cayos« bringen. Viele Besucher verbringen einige Tage auf einer der kleinen Inseln und genießen dort die Karibik-Romantik. Dazu braucht man nur eine Hängematte und ausreichend Vorrat an Essen und Getränken.

Die **Strände bei Punta Brava** ②, nur wenige hundert Meter östlich von Tucacas, sind immer am dichtesten bevölkert, da sie mit dem Auto erreichbar sind. Man meidet sie

fische. Sie finden dort ihre Lieblingsnahrung, die Tentakel von Seeanemonen. Noch exotischer ist die Nahrung der farbenprächtigen Papageifische. Mit ihren papageischnabelartig zusammengewachsenen, sehr scharfen Zähnen fressen sie Korallen! Eigentlich ernähren sie sich von den Grünalgen, die in den oberen Schichten des Korallenskeletts wachsen. Papageifische spielen damit eine sehr wichtige Rolle beim Korallenabbau und der Produktion von Korallensand.

Bis zu einer Wassertiefe von 6 m wachsen Seegraswiesen. Sie bestehen vor allem aus dem Schildkrötengras. Wie der Name sagt, halten sich Meeresschildkröten gern in diesen Wiesen auf. Zusammen mit Korallenriffen und tropischen Regenwäldern gehören diese Seegraswiesen zu den produktivsten Lebensgemeinschaften unseres Planeten! Da sich zwischen den Pflanzen viele Schwebstoffe ablagern, begünstigen die Seegraswiesen auch die spätere Ansiedlung von Mangroven und damit die Landbildung.

Bauhinia-Lianen im Trockenwald.

am besten an Wochenenden. Interessant ist allerdings die Zone rechts und links der Zufahrtsstraße. Wer sie langsam entlangwandert, wird sicher einige Tiere entdecken.

Die **Isla de los Pájaros** ③ ist eigentlich als Schutzzone ausgewiesen, da hier viele Vögel brüten. Trotzdem werden die Kanäle zwischen den Mangroven oft befahren. Die südlichen Inseln wie z.B. **Playuela** ④ werden vor allem von Badegästen aufgesucht.

Der zweite wichtige Ort im Gebiet ist **Chichiriviche** ⑤. Auch hier kann man Boote zu den »Cayos« mieten. Die beliebtesten sind der Cayo Muerto ⑥, Cayo Sal ⑦ und der Cayo Borracho ⑧.

Südlich der Zufahrtsstraße liegt der Golfete de Cuare. Diese Bucht gehört zum **Tierschutzgebiet Cuare**. Häufig sieht man in den **Salzwasserlagunen** ⑨ rechts der Straße große Mengen von Flamingos.

Um das Gebiet des **Cerro Chichiriviche** ⑩ zu erreichen, muß man entweder ein Taxi nehmen oder man fährt mit einem Por Puesto Richtung Coro oder Chichiriviche, läßt sich bei der Abzweigung (die einzige in dieser Gegend) absetzen und geht den Rest zu Fuß. Die auf den Hügel führenden Wege sind nicht markiert, aber man kann sich kaum verlaufen. Von der Spitze des Hügels hat man einen grandiosen Überblick über die »Cayos« und die Mangroven in der Bucht von Morrocoy.

Taucher mit Lizenz können sowohl in Chichiriviche als auch in Tucacas die komplette Ausrüstung leihen. Es werden Kurse für Anfänger angeboten. Allerdings sollten nur Geübte bei den Korallen tauchen; Anfänger, die Probleme mit dem Tarieren haben, halten sich nämlich immer wieder an den Korallen fest und brechen dabei Stücke ab. Außerdem wirbeln sie zuviel Sediment auf, das den empfindlichen Korallen schaden kann. Die Tauchlehrer des Veranstalters Submatur tauchen vor allem außerhalb des Nationalparks, um die geschützten Gebiete zu schonen.

Nationalparks in Venezuela und Brasilien

Schon frühzeitig richteten Venezuela und Brasilien erste Nationalparks ein. Heute stehen rund 16% der Fläche Venezuelas unter Naturschutz, ein Wert, der einer der höchsten der Welt ist. In Venezuela ist das »Instituto Nacional de Parques Nacionales« Inparques für die Nationalparks zuständig. Dieselbe Funktion hat in Brasilien die Ibama (»Instituto Brasileiro do Meio Ambiente e dos Recursos Naturais Renováveis«), die aus dem IBDF (»Instituto Brasileiro de Desenvolvimento Florestal«) hervorging.

Die Nationalparkbehörden beider Länder können einige große Erfolge verbuchen, z.B. den Abriß von Tausenden illegal erbauter Hütten im Nationalpark Morrocoy in Venezuela. Leider fehlt für viele andere wichtige Projekte das nötige Geld. Trotzdem sind die meisten Mitarbeiter motiviert und leisten sehr gute Arbeit.

Die meisten Nationalparks Südamerikas besitzen keine Infrastruktur. Wer sie besucht, stößt vielleicht auf Unannehmlichkeiten, die aber durch das Naturerlebnis wettgemacht werden. Vor allem zeigt er den Behörden durch seinen Besuch, daß es wert ist, diese Gebiete zu erhalten.

Praktische Tips

Anreise

Tucacas liegt 250 km westlich von Caracas. Man erreicht den Ort auf der Schnellstraße, die über Valencia und Morón nach Coro und Maracaibo führt. Alle Busse nach Coro halten auch in Tucacas (dem Fahrer Bescheid sagen). Zwischen Tucacas und Chichiriviche verkehren Por Puestos.

Rotschnabel-Tropikvögel besitzen sehr lange, mittlere Schwanzfedern.

Klima/Reisezeit

Das Klima ist ganzjährig recht gleichförmig. Die geringen Regenmengen fallen vor allem im November und Dezember (dies ist auch die beste Zeit, um Flamingos und Watvögel zu beobachten, weil dann die Salzpfannen voll Wasser sind).
Während dieser Zeit kann das Meerwasser etwas trüber sein als normal. Der ständige Nordostwind macht die hohen Tagestemperaturen (meist 30–35°C) und die hohe Luftfeuchtigkeit von 80% ganz erträglich. Sobald der Wind nachläßt, kommen viele Sandfliegen. Moskito- und Sonnenschutz nicht vergessen.
Da dieses Gebiet eines der beliebtesten Ausflugsgebiete der Venezolaner ist, sollte man den Park an Wochenenden, Ostern und Karneval unbedingt meiden.

Unterkunft

Hotels gibt es in Tucacas und Chichiriviche (dort besseres Angebot); Camping ist im Park möglich.

Adressen

Tauchausrüstung:
⮑ Submatur, Calle Ayacucho 6, Tucacas, Tel. (042) 84082 oder: Centro de Buceo Caribe, Playa Sur, Via Fabrica de Cemento, Chichiriviche, Tel. (042) 86150

Blick in die Umgebung

Submatur veranstaltet Touren auf dem südlich gelegenen Rio Yaracui. Die Fahrt führt durch interessante, noch fast unberührte Waldgebiete. Außerdem werden Tauchtouren zu den Archipels Los Aves und Los Roques (s.S. 213) angeboten.

Rotfußtölpel sind an ihren auffälligen roten Füßen leicht zu erkennen.

3 Isla Margarita

Urlaubsparadies mit vielen Stränden; große Lagune und Mangrovengebiete; kakteenreiche Trockenvegetation; Bergregenwald; Tauchen in der Karibik.

Seit einigen Jahren ist die Isla Margarita ein beliebtes Ziel für deutsche Pauschalreisende, die einen billigen Strandurlaub in der Karibik verbringen wollen. Für die vielen venezolanischen Besucher der Insel stehen die Möglichkeiten zum zollfreien Einkauf im Vordergrund. Aber auch für Naturliebhaber hat die Insel einiges zu bieten. So befinden sich hier immerhin zwei Nationalparks und drei Naturmonumente, insgesamt stehen 26% der Inselfläche unter Naturschutz.
Die Isla Margarita ist, geologisch gesehen, ein Teil der venezolanischen Küstenkordillere. Sie zeichnet sich durch extreme Trockenheit aus; so verdunstet im Nationalpark Laguna de La Restinga fünfmal soviel Wasser wie die geringen Niederschläge (rund 460 mm pro Jahr) nachliefern. Der Großteil des für die Siedlungen benötigten Wassers wird daher vom Festland über eine Pipeline geliefert.
Fast alle Siedlungen befinden sich im Ostteil der Insel, während der Westteil, die »Península de Macanao«, weitgehend unberührt ist. Genau zwischen den beiden Inselteilen befindet sich der über 100 km² große Nationalpark Laguna de La Restinga, eine der häufig besuchten Sehenswürdigkeiten der Insel. Mit Booten kann man die Mangrovengebiete durchfahren. Das Ziel der meisten Touristen ist die Restinga, ein über 20 km langer Sandstrand, der die nördliche Begrenzung der Lagune bildet. Da nur eine schmale Verbindung zum Meer besteht, hat das Wasser der Lagune

Typisch für die Isla Margarita ist eine Trockenvegetation mit vielen Kakteen.

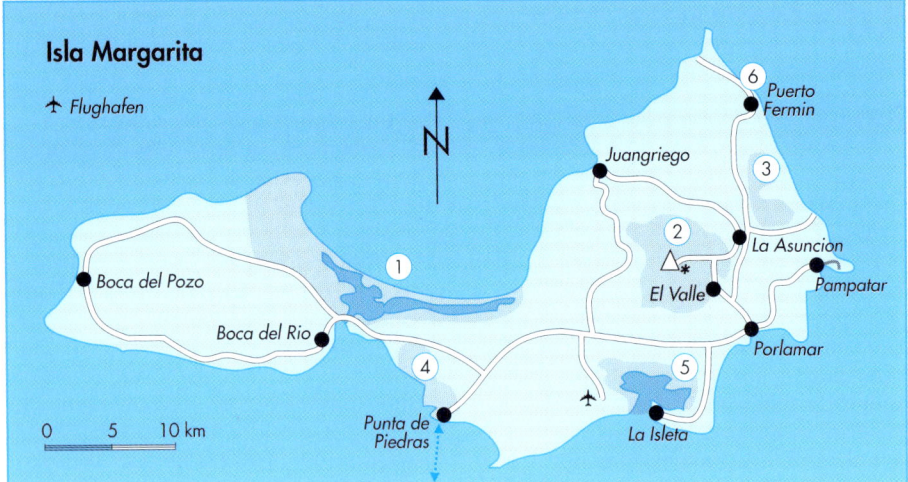

Isla Margarita

✈ Flughafen

6 Puerto Fermin
Juangriego
3
2 La Asuncion
1
Boca del Pozo
El Valle
Pampatar
Boca del Rio
4 **5** Porlamar
0 5 10 km
Punta de Piedras
La Isleta

durch die hohe Verdunstungsrate (Wassertemperatur 28 – 30°C) einen sehr hohen
Salzgehalt.
Trotz der Trockenheit der Insel gibt es
kleinräumig sogar einen richtigen Bergregenwald. An der Spitze des 988 m hohen
Cerro El Copey im Ostteil der Insel kondensiert die Luftfeuchtigkeit und ermöglicht dadurch üppiges Wachstum inmitten
einer trockenen, ziemlich lebensfeindlichen Umgebung.
Das Meer rund um die Insel bietet gute
Möglichkeiten, den Artenreichtum der Karibik kennenzulernen. Die nötige Tauchausrüstung kann man sich in Porlamar ausleihen.

Pflanzen und Tiere

Trockenliebende Vegetation bedeckt weite
Teile der Isla Margarita. Besonders auffallend sind Kakteen, die in den verschiedensten Formen auftreten. Säulenkakteen, von
denen der »Cardon dato« *(Ritterocereus griseus)* und *Cereus hexagonus* die häufigsten
Arten sind, werden mehrere Meter hoch.
Die verschiedenen Arten der Feigenkakteen werden meistens nur 1,5 m hoch.

Sie sehen aus, als wären sie ausschließlich
aus großen Blättern zusammengesetzt. Die
Früchte mancher Feigenkakteen (Kakteen
und Früchte werden als »Tunas« bezeichnet) werden in ganz Südamerika gegessen,
es gibt sogar richtige Felder, auf denen diese Kakteen angebaut werden. 10–20 cm
große Kugeln bilden die Melonenkakteen,
die ebenfalls recht häufig sind. Ihre Blüten
wachsen aus einem speziellen, filzigen
Gewebe, dem »Cephalium« . Kakteen sind
eine typisch amerikanische Pflanzenfamilie, nur sehr wenige Arten kommen in Afrika vor. Viele der kakteenähnlich aussehen-
den Pflanzen dort gehören zu anderen
Pflanzenfamilien, vor allem zu den Wolfs-
milchgewächsen (Euphorbiaceen).
Der kleine, immergrüne Pockholzbaum
besitzt ein extrem hartes und schweres
Holz, das oft als Baumaterial verwendet
wird. Die dunkelgrünen Blätter wurden
von den Indianern als Mittel gegen Syphi-
lis verwendet. Auffällig sind seine blauen
Blüten und die roten Früchte.
Den trockenen Boden besiedeln verschiedene Bromelienarten. Neben der »Caracuey«-Bromelie, deren stachelige, schmale Blätter dichte Horste bilden, findet man
mehrere Arten der Gattung *Tillandsia*, die

auf trockene Lebensräume spezialisiert sind.

Völlig anders präsentiert sich die Natur am Cerro El Copey. Hier finden sich viele der Baumarten, die auch die feuchten Wälder auf dem Festland bilden. Der Name des Parkes stammt von den großen und besonders im tiefer gelegenen Teil des Waldes (400–550 m) häufigen »Copey«-Bäumen. Wie verschiedene Gummibaumarten gehören auch sie zu den Baumwürgern (s.S.16), die mit ihren langen Wurzeln andere Bäume umschlingen und abtöten. Der Stamm der »Copeys« ist nicht gleichmäßig und massiv, sondern aus vielen verdickten Wurzeln zusammengewachsen. Auch die dicken, glänzenden Blätter und die großen weißen Blüten sind recht auffällig.

Der in den unteren Lagen vorherrschende Saisonregenwald geht mit zunehmender Höhe allmählich in Regenwald über. In den höchsten Lagen findet man einen niedrigen Vegetationstyp, der als »Subpáramo« bezeichnet wird. Unverwechselbar in dieser Zone des Cerro El Copey ist eine Bodenbromelie mit dem komplizierten Namen *Glomeropitcairnia erectiflora*. Sie bildet dort auf rund 900 m Höhe ganze Felder.

Tiere sind in den Trockenzonen relativ selten, mit Ausnahme von Eidechsen und Schlangen, die mit der Trockenheit gut zurechtkommen. Viele Eidechsen, wie die Ameiven (S. 37), sind auffällig gefärbt. Unter den Vögeln ist die Spottdrossel kaum zu überhören. Wie der Orangetrupial (S. 40) ist sie an der venezolanischen Küste weit verbreitet.

Im Gegensatz zu den Trockenzonen bieten die undurchdringlichen Mangrovenwälder der Insel vielen Vögeln Lebensraum; vor allem Braunpelikane (s.S.58) und Reiher, aber auch Enten und Prachtfregattvögel (s.S.44) sind häufig. Von Mai bis Juli brüten mehrere Papageiarten in Astlöchern der Mangroven. Auch für nordamerikanische Zugvögel ist die Lagune von November bis

Mangroven

Mangroven findet man an allen wellengeschützten Küsten der Tropen. In Südamerika sind sie von der Karibik bis nach Südbrasilien (31. Breitengrad) verbreitet. Mangroven sind sehr salztolerant, aber wellenempfindlich. Sie wachsen daher vor allem in seichten Uferbereichen und Flußmündungen. Der Schlamm, der sich zwischen den Wurzeln ansammelt, ist zwar sehr nährstoffreich, aber arm an Sauerstoff. Manche Arten, z.B. Rote (S. 42) und Schwarze Mangroven, haben daher zusätzliche Luftwurzeln. Einigen Arten geben Stelzwurzeln festen Halt im Schlamm und bilden ein fast undurchdringliches Dickicht.

Im Gegensatz zu Asien, wo man oft über 20 Mangrovenarten findet, sind es in Südamerika meist nur 4, die zu ganz verschiedenen Pflanzenfamilien gehören. Bis weit ins Meer wächst die **Rote Mangrove** mit den typischen Stelzwurzeln. Näher am Land findet man die **Schwarze Mangrove**. Ihre Luftwurzeln, die wie Keimlinge aussehen, wachsen aus dem schlammigen Boden. Das Festland bevorzugen zwei weitere Arten, die **Weiße** und die **Knopfmangrove**. Daneben tritt der Farn *Acrostychum aureum* sehr oft in Mangrovenwäldern auf. Mangrovenbäume werden manchmal als Baumaterial oder zur Gerbstoffgewinnung (aus der Rinde) verwendet. Extrem wichtig sind Mangrovengebiete als »Kinderstube« für viele wirtschaftlich wichtige Fischarten und als Brutgebiet für Wasservögel.

Am besten kann man Mangroven in den Lagunen der Karibikküste Venezuelas anschauen. In Brasilien gibt es dagegen nur wenige für Touristen zugängliche Stellen mit Infrastruktur, z.B. die Lagoa Mundau bei Maceió.

Melonenkakteen werden bis 20 cm groß.

April ein wichtiger Lebensraum. Mit viel Glück kann man in den Mangroven die Erzspitznatter (S. 127) sehen, eine kleine, grüne, ungiftige Natternart. Leider wurden die früher hier heimischen Spitzkaimane schon ausgerottet. Es bestehen allerdings Pläne zu ihrer Wiederansiedlung.
Für Austern, Schwämme und Würmer sind die Stelzwurzeln der Mangroven ein idealer Lebensraum.

Im Gebiet unterwegs

Hauptort der Isla Margarita ist die Stadt Porlamar im Ostteil der Insel. Für Ausflüge ist ein Leihauto günstig. Alle hier beschriebenen Gebiete sind aber auch mit Bussen bzw. Por Puestos zu erreichen.
Die **Laguna de La Restinga** ① wird häufig besucht. Der Zugang zu diesem Nationalpark liegt nahe der Hauptstraße, die die beiden Inselteile verbindet. Dort, am »Embarcadero El Indio«, kann man Boote für eine Fahrt durch die Mangroven mieten. Um die Tiere vor zuviel Lärm zu schützen, wurde von der Nationalparkverwaltung eine Route festgelegt, die man nicht verlassen darf. Gewöhnlich führen die Fahrten an den Strand bei El Botadero, der für die

Die Luftwurzeln der Schwarzen Mangrove wachsen von unten aus

Der Pockholz-Baum hat extrem hartes Holz.

Die trockenliebende »Caracuey«-Bromelie.

dem Schlick heraus.

Parkinsonien wachsen im Küstengebiet.

Venezolaner wegen seiner Bademöglichkeiten und den Kiosken der eigentliche Anziehungspunkt des Gebietes ist.

Das Waldgebiet des **Nationalparks El Copey** ② wird nur relativ selten besucht. Man erreicht den Park über die Straße von Santa Ana nach La Asuncion. Am Scheitelpunkt der Strecke bei der Polizeikontrolle La Sierra zweigt die Straße ab, die quer durch den Park zu den Antennen auf den Gipfel des Berges führt. Außer dieser Straße und einem Picknickplatz am Eingang (in der Mitte steht ein großer »Copey«-Baum) besteht keine Infrastruktur. Übernachten im Park ist nicht erlaubt. Etwa 200 m vor der Antennenanlage führt rechts ein kleiner, kaum erkennbarer Pfad in einen richtigen Märchenwald. Falls der Berggipfel nicht gerade in Nebel und Wolken gehüllt ist, was oft vorkommt, hat man einen herrlichen Ausblick auf Porlamar und die Karibik.

Ungefähr 1 km nördlich von Asuncion führt eine Straße nach Osten zum **Naturdenkmal Cerros Matasiete y Guayamurí** ③. Die beiden 680 bzw. 480 m hohen Hügel sind dicht mit Kakteen und Trockensträuchern bewachsen. Der südlichere der beiden Hügel, der Cerro Matasiete, war Schauplatz einer Schlacht im Unabhän-

Spottdrossel ahmen andere Vogelgesänge nach.

Anreise
Der wichtigste Fährhafen der Insel ist Punta de Piedras, 30 km westlich von Porlamar. Fähren gehen nach Puerto La Cruz und Cumaná. Porlamar hat regelmäßige Flug- und Busverbindungen mit Caracas und den Städten in Ostvenezuela. Es gibt Direktbusse, man muß also nicht nach der Überfahrt mit der Fähre einen neuen Bus suchen.

Klima/Reisezeit
Die Insel besitzt ganzjährig ein heißes Klima mit Tagestemperaturen zwischen 30 und 35°C. Sonnenschutz nicht vergessen! Die wenigen Niederschläge fallen vor allem zwischen Juni und August, so daß die Insel dann einen relativ grünen Anblick bietet.

Eine bevorzugte Reisezeit existiert nicht. Man sollte allerdings die Ferienzeit (August/September) meiden, weil dann sehr viele Venezolaner die Insel besuchen.

Unterkunft
Hotels (alle Preisklassen) findet man fast ausschließlich in Porlamar.

Adressen
Verleih von Tauchausrüstung:
➪Centro Náutico Octopus, Margarita Hilton, Porlamar, Tel. (095) 615822.

gigkeitskrieg. Heute führt ein Pfad quer durch die Kakteen ein kleines Stück auf den Hügel zu einem Denkmal, das an dieses Ereignis erinnert. Hier ist auch ein guter Platz, um Vögel zu beobachten. Ursprünglich ging dieser Weg weiter auf den Gipfel, inzwischen ist er aber weitgehend mit Kakteen zugewachsen und kaum begehbar.

Ähnlich, aber weniger dicht ist die Trockenvegetation im **Naturmonument Tetas de Maria Guevara** ④. Die beiden Hügel liegen südlich der Laguna de La Restinga und dienen den Seeleuten als Orientierung, wenn sie den Hafen von Punta de Piedras anlaufen. In Anlehnung an ihr Aussehen gaben sie ihnen den eigentümlichen Namen, der übersetzt »Brüste der Maria Guevara« bedeutet. Da die Vegetation recht locker ist, bereitet es keine Probleme, dort umherzuwandern.

Eine kleinere Lagune, die trotz ihrer Nähe zu Porlamar seltener besucht wird, ist die **Laguna Las Marites** ⑤. Man erreicht sie über die Straße nach La Isleta. Dort kann man Boote zu einer Rundfahrt in den Mangroven mieten.

Die schönsten **Strände** der Insel liegen im Nordosten, z.B. die Playa El Agua ⑥. Der Nordteil ist weniger touristisch. Taucher erkunden vor allem die Küsten im Südostteil oder die vorgelagerte Isla Coche.

Blick in die Umgebung

In Boca del Rio im Westen der Isla Margarita kann man das »Museo del Mar« besuchen.

Für Taucher und Vogelkundler lohnt auch ein Ausflug zur **Isla Coche**, die 30 km südlich von Porlamar liegt. Dort kann man viele Watvögel sehen.

4 Nationalpark Laguna de Tacarigua

Vogelreiche Lagune mit Scharlach-
sichlern und Flamingos; dichter Man-
grovengürtel; attraktiver Strand.

Östlich von Caracas liegt der sogenannte
»Barlovento« . Im Gegensatz zu den meisten Küsten Venezuelas wehen die Passatwinde in dieser Region nicht parallel zum
Land, sondern ins Landesinnnere und bringen viel Feuchtigkeit mit.
Lange Zeit bestimmte der Anbau von Kakao das Geschick dieser fruchtbaren Landschaft. Deshalb leben hier viele Schwarze,
Nachfahren der Sklaven, die auf den Ka-
kaoplantagen arbeiten mußten.
Die zumeist venezolanischen Besucher
des »Barlovento« kommen vor allem, um
die Strände zu genießen. Für Naturliebhaber ist der interessanteste Platz sicher der
Nationalpark Laguna de Tacarigua. Neben
der Laguna La Restinga auf der Isla Margarita findet man hier die zweite große Lagune Venezuelas. Die parallel zur Küste liegende Wasserfläche ist mehr als 30 km
lang und bis zu 6 km breit. Vom Meer ist
sie nur durch einen schmalen, 28 km langen Strandstreifen, die Restinga, getrennt.
Die Meeresströmung verläuft hier parallel
zur Küste und lagert daher andauernd
Sand an dieser Barriere ab.
Der Hauptzufluß der Lagune ist der Caño
Madre Casañas, eine künstliche Umlei-
tung des Rio Guapo. Leider verursachte
die Anlage dieses Kanals Verlandungen
und damit auch eine Änderung der Vegetation. Die einzige Verbindung der Lagune
zum Meer ist die sogenannte »Boca« östlich des Ortes Tacarigua de la Laguna. Dieser kleine, natürliche Kanal dient je nach
Gezeitenstand als Zu- oder Abfluß.
Während der Trockenzeit kommt es vor,
daß der Kanal verlandet. Je nach Jahreszeit
schwankt mit dem Zu- und Abfluß auch
der Salzgehalt in der Lagune, was für viele
Tiere von höchster Wichtigkeit ist.
Die große Zahl an Wasservögeln, die in
der Lagune nach Nahrung suchen, ist beeindruckend. Ihre Lebensgrundlage sind
vor allem die Fische, für die das durchschnittlich 60 cm tiefe Wasser ein hervor-
ragender Lebensraum ist. Das dichte Geflecht aus Mangrovenwurzeln bietet ideale
Bedingungen zum Ablaichen und für das
Heranwachsen der Jungfische. Von den
Anwohnern werden die Fische immer
noch mit der »Atarraya« , einem 3 m
großen Wurfnetz, gejagt. Diese traditio-
nelle Methode wird von der Nationalparkverwaltung toleriert.
Leider ist auch dieser Nationalpark nicht
von Problemen verschont geblieben. Neben der oben erwähnten Gefahr der Ver-
landung gibt es immer wieder Auseinan-
dersetzungen mit der Tourismusindustrie.
So wurde vor einigen Jahren ein Mangro-
venstreifen einfach mit Herbiziden be-
sprüht, um schneller eine Baugenehmi-
gung für eine Feriensiedlung zu erhalten.

Der Braunpelikan ist der einzige Stoßtaucher unter den
Pelikanen.

Die Ferienhäuser waren vor allem für die Bewohner von Caracas gedacht, für die der lange Sandstrand ein beliebtes Wochenendziel ist.

Problematisch ist auch die illegale Fischerei in der Lagune. Sogar Parkwächter wurden beim Fischen mit den verbotenen Kiemennetzen erwischt. Bei aller Kritik am Personal der Nationalparks sollte man aber immer die extrem schlechte Bezahlung dieser Personen bedenken. Und wird nicht auch im deutschen Nationalpark Wattenmeer nach Öl gebohrt?

Pflanzen und Tiere.

Die Pflanzenwelt dieses Nationalparks ist nicht sehr artenreich. Auffallend sind natürlich die Mangroven (überwiegend die Rote Mangrove, S. 42), die rund um die Lagune einen dichten grünen Kranz bilden. Sie sind wichtige Rast- und Brutplätze für die Wasservögel. Wie oben erwähnt, werden am Einfluß des Caño Madre Casañas die Mangroven zunehmend verdrängt. Dafür bilden sich Röhrichte, die vor allem aus Rohrkolben bestehen. Charakteristisch für die Vegetation der Sandstrände sind die Ziegenfußwinden mit ihren leuchtend rotvioletten Blüten. Die salzresistente Meertraube trägt diesen Namen wegen ihrer traubenförmigen Früchte. Der bis zu 6 m hohe Baum, dessen Stämme oft grotesk verdreht sind, stammt eigentlich von den Westindischen Inseln. Die Kokospalmen, die zusammen mit den Meertrauben auf der Restinga wachsen, sind angepflanzt und werden jetzt nur noch zum Teil genutzt.

△ Der Silberreiher fliegt wie alle Reiherarten mit s-förmig gebogenem Hals.

◁ Die Laguna de Tacarigua mit Scharlachibissen.

▽ Typisch am Sandstrand: die Ziegenfußwinde.

Laubabwerfenden Wald findet man vor allem südlich der Lagune. Hier leben noch Kapuziner- und Brüllaffen. Da dieses Gebiet landwirtschaftlich genutzt wurde, ist es von savannenähnlichen Stellen und Sekundärwäldern durchsetzt.
Wesentlich spektakulärer als die Pflanzenwelt präsentiert sich die Tierwelt im Park. Herausragend ist sicher der leuchtend rot gefärbte Scharlachsichler (auch sein weißer Verwandter, der Schneesichler, lebt an der Karibikküste Venezuelas). Wie die zahlreichen Silberreiher sind sie gewöhnlich tagsüber in Gruppen unterwegs auf Nahrungssuche. Ein besonderes Schauspiel präsentiert sich dem Besucher

Der Schlangenhalsvogel unterscheidet sich vom Kormoran durch seinen langen Hals und den spitzen Schnabel.

Nationalpark Laguna de Tacarigua

gegen Abend kurz vor Sonnenuntergang. Dann kommen aus allen Himmelsrichtungen die Vögel angeflogen, um gemeinsam die Nacht auf ihrem Schlafbaum zu verbringen. Wie die Scharlachsichler und Silberreiher versammeln sich dort auch die schwarzen Biguascharben, enge Verwandte der europäischen Kormorane. Es sind immer nur ganz wenige Bäume, oft nur einer oder zwei, die sogenannten »Garceros«, die regelmäßig von den Vögeln aufgesucht werden. Offensichtlich sind die Einzeltiere in den großen Gruppen besser geschützt oder können wichtige Informationen besser austauschen.

Vor allem im westlichen Teil der Lagune, an der Mündung des Rio Guapo, trifft man häufig auf Gruppen der scheuen Flamingos, die dort mit ihren dicken Schnäbeln kleine Salzkrebschen aus dem Wasser filtrieren. Die rosa Färbung der Flamingos geht auf die in den Krebschen enthaltenen roten Carotinoide zurück (zu diesen Farbstoffen gehört auch das Pigment der Karotten). In Zoos erhalten Flamingos deshalb synthetische Carotinoide ins Futter, um die rosa Färbung der Tiere zu erhalten. Die Rosalöffler sind ähnlich gefärbt wie die Flamingos. Ihr breiter, löffelförmiger Schnabel macht sie unverwechselbar. In den Mangroven brüten die Braunpelikane. Sie sind die einzigen Sturztaucher unter den 8 Pelikanarten der Welt. Wie überall an der venezolanischen Küste sind auch in Tacarigua die eleganten Prachtfregattvögel (s.S. 44) oft zu sehen.

Neben diesen großen Vogelarten leben in der Umgebung der Lagune viele kleinere Arten wie Eisvögel und die auch in Europa heimischen Fluß- und Zwergseeschwalben.

Zwischen und auf den Mangrovenwurzeln finden viele Kleintiere einen idealen Lebensraum, z.B. Krebse, Garnelen, Muscheln und Borstenwürmer. Besonders auffallend sind die Winkerkrabben. Bei ihnen ist eine der Scheren besonders groß ausgebildet.

Das Spitzkrokodil ist leider schon fast ausgerottet. Nur an abgelegenen Stellen, gewöhnlich in unzugänglichen Mangrovenkanälen im Osten der Lagune (z.B. im Caño Chiguirre oder im Caño San Nicolas) leben noch einige Exemplare.

Der lange Strand der Restinga wird zwischen Mai und September von den drei heimischen Meeresschildkrötenarten (Suppenschildkröte, Unechte und Echte Karettschildkröte) zur Eiablage aufgesucht. Obwohl alle Arten streng geschützt sind, werden doch immer wieder Eier von den Einheimischen ausgegraben. Probleme gibt es während dieser Zeit natürlich auch durch die Störungen, die durch Badegäste verursacht werden.

Im Gebiet unterwegs

Bevor man die Lagune aufsucht, stattet man am besten dem Büro der Nationalparkbehörde Inparques am östlichen Rand des Ortes Tacarigua de la Laguna ① einen Besuch ab. Dort befindet sich ein kleines **Informationszentrum** und man erhält Auskünfte zum Gebiet.

Tacarigua de la Laguna ist der Hauptausgangspunkt für **Bootsfahrten** auf der Lagune. Es gibt dort einen hauptberuflichen Tour-Veranstalter (Laguna Tours), oder man fragt einfach einen der vielen Fischer. Gewöhnlich beschränken sich die Rundfahrten auf die Mangroven und den westlichen Teil der Lagune ②. Man sieht dort die meisten der beschriebenen Vogelarten, oft in erstaunlicher Nähe zur Siedlung. Sehr zu empfehlen ist eine Rundfahrt kurz vor Sonnenuntergang, wenn die Vögel zu ihren Schlafbäumen zurückkehren. Die Bootsführer kennen die besten Plätze. Wer zum östlichen Teil der Lagune ③ will, muß eine lange Anfahrt und höhere Preise in Kauf nehmen. Da es sehr unwahrscheinlich ist, dort Krokodile zu sehen, lohnt sich diese Tour kaum.

Vor allem bei Badegästen beliebt ist die Fahrt zum Club Miami ④. Für Naturinteressierte bietet sich dort eine weitere Möglichkeit, die Strandgebiete der Restinga zu erkunden. Man kann diese Zone aber auch von Tacarigua de la Laguna oder von Machurucuto aus zu Fuß erreichen.

Kaum besucht werden die **Wälder** ⑤ des Parks. Es bestehen Pläne, dort Lehrpfade anzulegen. Bis jetzt ist man auf die wenigen Trampelpfade der Einheimischen angewiesen, die in südlicher Richtung von der Zufahrtsstraße nach Tacarigua de la Laguna abgehen und in die Wälder führen.

Meertrauben sind sehr salzresistent; sie werden auch als Zierbäume gepflanzt.

Praktische Tips

Anreise
Von Caracas aus fährt man über die Küstenstraße durch Guatire und Caucagua bis zur Abzweigung bei El Guapo. Von dort sind es noch 20 km bis Rio Chico und etwa 35 km bis Tacarigua de la Laguna. Die Lagune ist auch mit öffentlichen Verkehrsmitteln erreichbar. Por Puestos fahren vom westlichen Teil des Nuevo-Circo-Terminals in Caracas mehrmals täglich nach San José de Rio Chico. Von dort aus gibt es weitere Por Puestos nach Rio Chico und Tacarigua de la Laguna.

Klima/Reisezeit
Das Gebiet steht unter dem ganzjährigen Einfluß des Nordostpassates. Regenmonate sind vor allem Mai bis Dezember (Jahresniederschlag um 1000 mm). Teile der westlichen Lagune können dann mit Was-serpflanzen bedeckt sein. Die Temperaturen sind ganzjährig hoch, tagsüber meist 30–35°C. Es gibt keine bevorzugte Reisezeit, aber man sollte die Ferienmonate Juli und August meiden.
Mückenschutz nicht vergessen!

Unterkunft
In Tacarigua de la Laguna gibt es einfache Zimmer zu mieten. Einfache Hotels befinden sich in Rio Chico, 15 km von der Lagune entfernt. Übernachten kann man auch in den Anlagen des Club Miami.

Blick in die Umgebung

Ebenfalls im »Barlovento« , westlich von Higuerote, liegt die zweitgrößte Höhle Venezuelas, die **Cueva Alfredo Jahn**. Man erreicht dieses Naturmonument vom Ort Birongo aus.
Etwa 50 km östlich der Laguna de Tacarigua liegt die **Laguna de Unare**. Sie besitzt eine ähnliche Pflanzen- und Tierwelt und ist vom Ort Boca de Uchire aus zu erreichen.

5 Nationalpark Cueva del Guácharo

Größtes Höhlensystem Venezuelas;
Tropfsteinhöhlen; riesige Fett-
schwalmkolonie; Fledermäuse; spezialisierte Höhlenfauna; Bergregenwald.

Im Osten Venezuelas, inmitten einer ab-
wechslungsreichen Gebirgslandschaft,
liegt die Höhle Cueva del Guácharo. Mit
einer (bekannten) Gesamtlänge von über
10 km ist sie die größte Höhle Venezuelas
und eine der bedeutendsten weltweit.
Allerdings machen weniger die Tropfsteinformationen oder die Größe diesen Ort so
einzigartig, sondern das massenhafte Vor-

kommen der eigentümlichen Fettschwalme (»Guácharos«). Man schätzt, daß
mehr als 30000 Fettschwalme die Höhle
bewohnen! Ihren Namen verdanken diese
mit rund 1 m Spannweite recht großen Vögel der Tatsache, daß das Fettgewebe der
jungen Tiere in früheren Jahren von den
Chaima-Indianern der Umgebung zur Ölgewinnung benutzt wurde. Allerdings
wagten sich die Indianer nur in den vor-
dersten Teil der Höhle, denn für sie lag in
den hinteren Höhlenteilen der Eingang zur
Hölle. Seit 1658 war die Höhle den Spani-
ern bekannt, und im Jahr 1799 beobachte-
te der große Forschungsreisende Alexander von Humboldt die »Ernte« der jungen
Fettschwalme. Er schrieb:« Jedes Jahr um
den Johannistag gehen die Indianer mit
Stangen in die Cueva del Guácharo und
zerstören die meisten Nester. Man schlägt
jedesmal mehrere tausend Vögel tot, wobei die Alten, als wollten sie ihre Brut verteidigen, mit furchtbarem Geschrei den Indianern um die Köpfe fliegen. Die Jungen,
die zu Boden fallen, werden auf der Stelle
ausgeweidet. Ihr Bauchfell ist stark mit Fett
durchwachsen, und eine Fettschicht läuft
vom Unterleib zum After und bildet zwischen den Beinen des Vogels eine Art
Knopf....Dieses Fett ist unter dem Namen
Guácharoschmalz oder -öl bekannt; es ist
halbflüssig, hell und geruchlos. Es ist so
rein, daß man es länger als ein Jahr aufbewahren kann, ohne daß es ranzig wird. In
der Klosterküche zu Caripe wurde kein
anderes Fett gebraucht als das aus der
Höhle...« .
Heute sind die Vögel geschützt, das Interesse an ihnen besteht aber weiter. Die Fettschwalme besitzen nämlich ein einzigartiges Ortungssystem, das ähnlich wie die
Ultraschallortung der Fledermäuse funk-

23 m hoch ist der Eingang zur Höhle.

Grühnhäher sieht man häufig in den Bergregenwäldern Venezuelas.

Fettschwalme besitzen ähnlich wie die Fledermäuse ein Echo-Ortungssystem.

tioniert. Im Gegensatz zu den Ultraschall-signalen der Fledermäuse ist der Klicklaut, den die Vögel zur Ortung verwenden, auch für den Menschen hörbar. Die Fett-schwalme nutzen dieses System sowohl um sich in der Dunkelheit der Höhle zu-rechtzufinden als auch um nachts ihre Nahrung zu suchen. Sie sind die einzigen nachtaktiven Vögel, die sich von Früchten (vor allem von denen der Palmen) ernäh-ren. Licht brauchen sie zur Nahrungssu-che nicht, sie meiden es sogar. So scheiter-ten Versuche, die Höhle mit Lampen zu beleuchten, da die Vögel daraufhin ihre Nester verließen. Nach wie vor tragen da-her die Führer kleine Lampen, um die Vö-gel nicht zu stören.

Die Höhle ist heute als »Monumento Na-tural Alejandro de Humboldt« geschützt und die Umgebung, insgesamt über 15500 ha, wurde zum Nationalpark er-klärt. Man schätzt, daß es in Venezuela noch etwa 30 weitere Höhlen gibt, die Fettschwalme beherbergen.

Der Salto El Paila ist einfach zu erreichen.

5 Nationalpark Cueva del Guácharo ⎯⎯⎯⎯⎯⎯⎯⎯⎯⎯⎯⎯⎯⎯⎯⎯ 61

Pflanzen und Tiere

Die Höhle liegt im Gebiet der Bergregenwälder. Hier wachsen z.B. »Copeys« (s.S. 51), deren Früchte auch von den Fettschwalmen gefressen werden. Im Februar und März sind die blühenden Korallenbäume kaum zu übersehen. Die Bäume besitzen dann keine Blätter, so daß die leuchtend roten Blüten extrem hervortreten. Korallenbäume werden als Schattenbäume für Kaffeepflanzungen verwendet und sind daher oft außerhalb der Wälder bei den Siedlungen zu sehen. Die Waldzonen entlang der Straßen sind meist stark vom Menschen beeinflußt, was man z.B. an Bananenstauden oder Helikonien (s.S. 72) im Unterwuchs erkennen kann. Besonders auffallend sind die Pflanzen, die in der Höhle wachsen. Die Fettschwalme würgen unverdauliche Samen in der Höhle aus, die dann in dem feuchten Klima keimen und eine ganz eigenartige Krautschicht aus dünnen, gelblichen Stengeln ausbilden. Da jedoch das zum Wachstum nötige Licht fehlt, sterben die Keimlinge bald ab.
Viele Kleintiere der Höhle ernähren sich von diesen Pflanzen. Darunter finden sich Arten, die ganz speziell an das Höhlenleben angepaßt sind, wie Grillen, Spinnen, Hundertfüßer und Krabben. Ihre Augen sind zurückgebildet, dafür ist z.B. der Tastsinn stark entwickelt, was man an den extrem langen Fühlern der Grillen sehen kann. Man bezeichnet solche speziell an

das Höhlenleben angepaßten Tiere als »Troglobionten«. Im Gegensatz zu vielen anderen Höhlen, in denen sie sich wegen der dauernden Beleuchtung zurückgezogen haben, ist es in der Cueva del Guácharo noch relativ leicht, diese seltsamen Tiere in Spalten oder am Boden zu entdecken. In den hinteren Kammern der Höhle befinden sich große Fledermauskolonien. Außerhalb der Höhle, bei den Gebäuden, fallen die farbenprächtigen Grünhäher auf. Sie werden dort gefüttert und sind daher leicht zu beobachten. In ganz Venezuela sind sie in Bergregenwäldern häufig zu sehen.
Auffallend ist die Vielzahl der Schmetterlinge, die sich in der Umgebung des Höhleneinganges befinden. In den Wäldern um die Höhle leben auch die großen, blauschillernden Morphofalter (s.S. 30).

Im Gebiet unterwegs

Die **Höhle** ① bietet mit ihrem 28 m breiten und 23 m hohen Eingang schon von außen einen beeindruckenden Anblick. Das Innere (d.h. die ersten 1000 m) kann nur in Gruppen mit einem Führer besichtigt werden, der meist nur Spanisch spricht. Taschenlampen und Blitzgeräte sind verboten, um die Vögel nicht zu erschrecken. Fotografieren ist nur mit Stativ im Eingangsbereich möglich. Wegen der Ausscheidungen der Vögel ist es in der Höhle dreckig und, besonders nach Regenfällen, sehr rutschig. Neben guten Schuhen ist auch ein Pullover zu empfehlen, da es in der Höhle kühl ist.
Die Fettschwalme befinden sich nur im vorderen Teil der Höhle, vor allem im sogenannten »Salón Humboldt«. Im hinteren Teil ab der »Galería del Siléncio« gibt es nur noch Fledermäuse. Nach dem ohrenbetäubenden Kreischen der Vögel im vorderen Teil der Höhle herrscht hier absolute Ruhe, daher der Name.
Wenn irgendwie möglich sollte man ver-

suchen, vor Sonnenaufgang bzw. kurz nach Sonnenuntergang an der Höhle zu sein. Erst wenn man die Unmenge an Vögeln ausfliegen bzw. zurückkehren sieht, kann man sich ein Bild von der Größe der Kolonie machen. Dabei kann man auch die verschiedenen Laute der Vögel unterscheiden: In der Höhle ein Klicken und außerhalb ein lautes Kreischen.

Zusätzliche Informationen erhält man in dem kleinen **Museum** am Höhleneingang. Hier gibt es auch einen Kiosk.

Auf der anderen Straßenseite führt ein Weg zum 25 m hohen **Wasserfall Salto El Paila** ②. Die 30 Minuten lange Wanderung führt durch ein beeinflußtes Waldgebiet, die Reste der Pflanzungen wie Bananenstauden oder Orangenbäume sind allerdings gar nicht so leicht zu erkennen.

Vom Wasserfall aus führt ein schlüpfriger Pfad aufwärts in den noch unberührten Bergwald, den man jedoch nur mit einem Führer begehen sollte.

Da keine Karten über die Pfade existieren, ist man für alle weiteren Ausflüge in die Wälder der Gegend auf ortskundige Führer angewiesen. Sie warten bei den Gebäuden am Höhleneingang auf Kundschaft. Oft handelt es sich dabei um Jugendliche, die vom Nationalparkpersonal geschult werden. Mit Führer kann man nicht nur die Wälder erkunden, sondern auch in einer langen Tagestour die Sierra Negra besteigen, den mit 2430 m höchsten Berg der Gegend. Bei schönem Wetter kann man von diesem Gipfel bis zur Karibik sehen. Angeboten werden auch Touren zu einer Kaffee-Hacienda.

Alexander von Humboldt

Zu den bedeutendsten Wissenschaftlern, die Venezuela erforschten, gehört Alexander von Humboldt (1769–1859). Zu einer Zeit, als Malaria, Gelbfieber und andere Krankeiten eine tödliche Bedrohung waren, bereiste er zusammen mit seinem französischen Begleiter Aimé Bonpland von 1799–1804 Amerika, davon über ein Jahr lang Venezuela. Er entdeckte unzählige neue Pflanzen- und Tierarten, bestieg als erster die Silla bei Caracas (s.S. 69), studierte die Sprachen mehrerer Indianervölker und beschrieb als erster die Höhle der Fettschwalme. Zu seinen größten Leistungen gehört die Entdeckung des Casiquiare, der Flußverbindung zwischen Amazonas und Orinoco (s.S.119). Kaum ein anderer Forscher hat das Wissen seiner Zeit so erweitert wie dieses Universalgenie. Er verfügte über exzellente Kentnisse in Geographie, Botanik, Zoologie, Metereologie und Astronomie. Dazu war er auch politisch sehr interessiert und kämpfte gegen die zu dieser Zeit noch alltägliche Sklaverei. Er hatte Kontakt zu Goethe, Schiller und auch zu Simon Bolivar, dem Befreier Venezuelas.

Die Venezolaner haben Humboldt und Bonpland viele Denkmäler errichtet. Der Name Humboldt ist als Straßenname oft zu finden, und einer der höchsten Berge Venezuelas trägt den Namen dieses hervorragenden Forschers.

Praktische Tips

Anreise

Die schnellste Verbindung von Caracas aus führt über Cumaná (550 km). Für die Anreise mit dem Bus sollte man 2 Tage rechnen (Umsteigen in Cumaná notwendig), mit dem Auto sind es rund 10 Stunden von Caracas aus.

Von Caripe aus verkehren Por Puestos bis zum Ort El Guácharo; die restlichen 2 km muß man zu Fuß zurücklegen.

Klima/Reisezeit

Das Klima in diesem Teil Venezuelas ist relativ kühl (Durchschnittstemperatur 21 °C) und regenreich. Niederschläge fallen vor

Die leuchtend rot blühenden Korallenbäume werden oft als Schattenbäume gepflanzt.

Im feuchten Höhleninneren keimen die Samen, die die Fettschwalme fallenlassen.

allem zwischen Mai und September. Regenkleidung und Pullover sind sehr zu empfehlen. Am besten besucht man die Höhle außerhalb der Regenzeit.

Von März bis Juni erstreckt sich die Brutzeit der Fettschwalme. Während und kurz

Spezielle Oberflächenstrukturen verursachen die blaue Farbe der Morphofalter.

nach dieser Zeit kann man oft aus dem Nest gefallene Jungvögel aus der Nähe betrachten.

Unterkunft

Der nächste Ort mit Hotels ist Caripe, das etwa 12 km von der Höhle entfernt ist. Näher liegt das Hotel Guácharo, das etwas nördlich der Höhle an der Straße nach Cumaná liegt.

Blick in die Umgebung

Östlich von Caripito liegt, ziemlich unzugänglich, die Laguna de Guanoco. Es handelt sich nicht um eine Lagune, sondern um den größten Asphaltsee der Welt (4,4 km² Fläche). Bis zum Beginn des 20. Jahrhunderts wurde dort Asphalt abgebaut. Abenteuerlustige mit Erfahrung und guter Ausrüstung können den Asphaltsee per Boot und zu Fuß von Caripito aus erreichen.

6 Caracas und Nationalpark El Avila

Interessante Parks, Zoo und Botanischer Garten in Caracas; Bergregenwald, Nebelwald und Gebirgsvegetation im Nationalpark El Avila; viele Möglichkeiten zum Bergwandern.

Caracas, Hauptstadt Venezuelas und mit 4 Mio. Einwohnern eine der größten Städte Südamerikas, liegt in einem Hochtal der Küstenkordillere auf 960 m Höhe. Aufgrund der Höhenlage ist das Klima hier etwas kühler und sehr gut geeignet, um sich in Venezuela einzugewöhnen. Caracas ist heute eine moderne Stadt, fast alle kolonialen Gebäude mußten modernen Hochhäusern weichen. Trotz des Baus einer (auch für europäische Verhältnisse) vorbildlichen U-Bahn ist nach wie vor der

chaotische Verkehr eines der Hauptprobleme der Stadt. Die weiten Armenviertel (»Ranchos«) am Stadtrand verdeutlichen jedem Touristen, daß der Prunk der Innenstadt nur für wenige erschwinglich ist. Für alle, die Südamerika zum erstenmal besuchen, bieten die Parks der Stadt eine gute Möglichkeit, die tropische Natur kennenzulernen.

Das Tal von Caracas wird durch die Bergkette des Avila von der Karibik-Küste getrennt. Diese Bergkette ist Teil des östlichsten Andenausläufers, der in der Paria-Halbinsel im Nordosten Venezuelas seine Fortsetzung findet. Der Pico Naiguatá ist mit 2765 m der höchste Gipfel der Küstenkordillere; trotz der Nähe zur Karibik können dort oben die Temperaturen bis auf den Gefrierpunkt sinken. Um den Avila, die »grüne Lunge« der Hauptstadt, zu schützen, wurde 1958 das ganze Gebiet

Direkt hinter Caracas erhebt sich die bewaldete Bergkette des Avila.

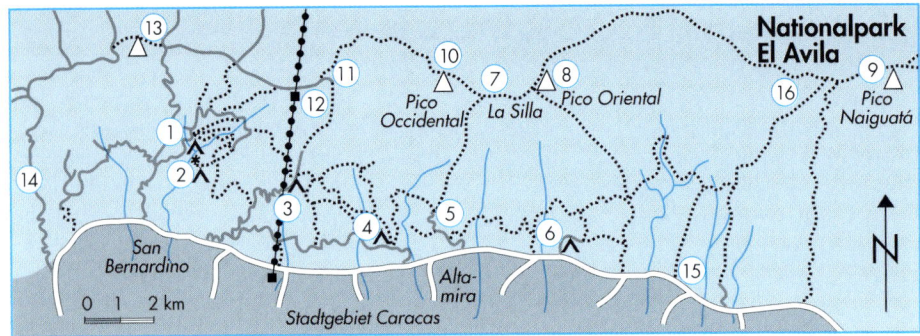

zum Nationalpark erklärt. Der Park hat immerhin eine Ost-West-Ausdehnung von 86 km! Wegen seiner Nähe zur Hauptstadt ist der Avila-Nationalpark sehr gut erschlossen und bietet mit einem fast 200 km langen Wegenetz die wohl vielfältigsten Wandermöglichkeiten Venezuelas. Von den Gipfeln hat man bei schönem Wetter Ausblick auf die Karibik, den Stadtgiganten Caracas und auf die teilweise bewaldeten Hügel südlich der Stadt. Im Avila-Nationalpark befinden sich auch einige historische Monumente wie z.B. die alte spanische Straße.

Die Seilbahn auf den Avila ist leider schon länger außer Betrieb, allerdings wird immer von baldiger Reparatur gesprochen. Teile des Avila-Gebietes wurden schon frühzeitig verändert. So führt z.B. die Autobahn zur Küste und zum Flughafen Maiquetia direkt durch den Nationalpark, und bei Galipán, das ebenfalls im Nationalpark liegt, wurden große Blumenfelder angelegt. Doch trotz der Nähe zur Hauptstadt leben im Park noch erstaunlich viele Tier- und Pflanzenarten.

Pflanzen und Tiere

In den Parks von Caracas findet man trotz des extremen Verkehrs und der Verschmutzung in der Stadt viele der häufigen und typischen Vögel Venezuelas.
Der Schwefeltyrann wird wegen seines auffälligen Rufes auch Bentevi (übersetzt: »ich habe dich genau gesehen«) genannt. Er ist der häufigste Vogel Venezuelas und einer der Charaktervögel Südamerikas. Etwa jede zehnte Vogelart Südamerikas gehört wie er zur Familie der Tyrannen. Diese Vogelfamilie ist nur in Amerika vertreten und entspricht den europäischen Grasmücken und Fliegenschnäppern. Die einzelnen Tyrannenarten sind oft recht ähnlich gefärbt und daher schwer zu bestimmen. Hauptunterscheidungsmerkmal ist die aufgrund der Ernährung unterschiedliche Schnabelform.

Fast so häufig wie der Schwefeltyrann ist die blaugrau gefärbte Bischofstangare anzutreffen. Tangare sind typisch für die Neotropen und gehören zur großen Familie der Ammern. Viele Tangare zeichnen sich durch auffällige Färbungen aus. Sicherlich wird man in den Parks von Caracas einige der pfeilschnellen Kolibris sehen (achten Sie auf hohe Schwirrgeräusche oder laute, abgehackte »zick-zick« -Laute). Der Trauergrackel erinnert beim ersten Hinsehen aufgrund seiner Färbung an unsere Amsel. Er gehört aber zu den Stärlingen, deren Vertreter oft auffällige Beutelnester (S. 25) bauen. Viele Arten dieser Familie erkennt man an ihrem langen, konisch zulaufenden Schnabel.

Im Avila-Nationalpark kann man eine ganze Reihe verschiedenartiger Biotope kennenlernen. In den tieferen Zonen des

Nordabhanges, bis etwa 500 m Höhe, wächst ein niederer Trockenwald, wie er für die gesamte Karibikküste typisch ist. Charakteristisch sind vor allem verschiedene Kakteenarten (s. S. 50). Daran anschließend, bis etwa 1000 m Höhe, findet man einen feuchteren Waldtyp. Die Bäume werfen hier zum Großteil ihre Blätter während der Trockenzeit ab. Auf der Caracas zugewandten Südseite des Parkes ist diese Zone durch Weidewirtschaft und Brände größtenteils verändert, häufig wurden Eukalyptusbäume angepflanzt. Zur Familie der Bignoniaceen, die in Mitteleuropa keinen Vertreter hat, gehört der Nationalbaum Venezuelas, der »Araguaney«. Gegen Ende der Trockenzeit, meist zwischen März und Mai, bildet der Baum seine glockenförmigen, leuchtend gelben Blüten. Da der Baum zu dieser Zeit keine Blätter besitzt, sind die Blüten extrem auffällig. Ab 1000 m (auf der Südseite ab 1500 m) hat sich ein artenreicher Bergregen- und Nebelwald mit den dafür typischen Pflanzen wie Baumfarnen, Bambus, Bromelien usw. entwickelt.

Die höchsten Zonen des Parkes schließlich sind mit einer niederen Vegetation bedeckt, dem sogenannten »Matorral andino« . Diese Zone erinnert an die Páramos um Merida, und tatsächlich findet man auch hier am Avila die für die Páramos so typischen Espeletien (s. S. 84). Sehr häufig ist der auch bei uns heimische Adlerfarn. Er ist typisch für offene Flächen und oft dort zu finden, wo die ursprüngliche Vegetation abgebrannt oder sonstwie verändert wurde.

Natürlich sind die Bergwälder ein Vogelparadies. Kolibris, Grünhäher (s. S. 62), Stärlinge, Morgenammern (s. S. 186) und verschiedene Hühnervögel bewohnen neben vielen anderen (insgesamt über 200 Vogelarten) vor allem die relativ ungestörten höher gelegenen Zonen.

Seltener zu sehen sind, wie immer, Säugetiere und Reptilien. Allerdings bestehen gute Chancen, in den höheren Lagen des

Avila auf ein Neunbinden-Gürteltier zu stoßen. Es besitzt von allen Gürteltieren den weitesten Verbreitungsbereich und kommt inzwischen sogar in Nordamerika vor. Daneben kann man mit Glück auch viele der Waldtiere sehen, die in den anderen Kapiteln beschrieben sind.

Im Gebiet unterwegs

Wer seine Venezuelareise in Caracas beginnt, sollte zunächst die Parks der Stadt aufsuchen, um sich mit der tropischen Natur etwas vertraut zu machen.

Ein Besuch im **Botanischen Garten** mit seinen über 2200 Pflanzenarten ist empfehlenswert. Leider liegt der Park direkt an einer vielbefahrenen Stadtautobahn und die Beschilderung der Pflanzen läßt zu wünschen übrig. Trotzdem lohnt der Besuch, nicht zuletzt wegen der vielen Vogelarten, die man dort beobachten kann.

Ruhiger geht es an Wochentagen im **Parque del Este** zu (montags geschlossen). Auch hier kann man viele Vogelarten beobachten, die zum Teil von den Bergen des Avila herunterkommen. Außerdem beherbergt der Park einen kleinen Zoo, ein Planetarium (nur an Wochenden in Betrieb) und ein interessantes Schlangenhaus.

Auch der **Zoo** im Südwesten der Stadt (U-Bahnstation Zoológico) verfügt über einige Sehenswürdigkeiten, z.B. freilaufende Kapuzineraffen. Mehrere andere Parks der Stadt beherbergen ebenfalls Tiere, allerdings oft unter erschreckenden Bedingungen.

Gute Informationen über Naturreisen in Venezuela bekommt man im Büro der **Audubon-Gesellschaft**. Diese Naturschutzorganisation verkauft Naturbücher und organisiert Exkursionen. Die Mitarbeiter übernehmen außerdem die Reservierung für spezielle Naturreiseziele. Man sollte sich allerdings finanziell revanchieren und damit die Naturschutzaktivitäten der Organisation unterstützen.

Das Neunbinden-Gürteltier konnte seinen Lebensraum nach Nordamerika ausweiten.

Nationalpark El Avila: Um diesen Park kennenzulernen, gibt es eine Vielzahl von Möglichkeiten. Die meisten der über 60 beschriebenen Wanderrouten findet man auf der Südseite, nur diesen Bereich zeigt unsere Karte. Man sieht, daß neben den Hauptrouten viele Möglichkeiten zu eigenen Unternehmungen bestehen. Für die Ost- und Nordseite des Parkes besorgt man sich am besten eine Karte im Büro der Naturschutzbehörde Inparques (s. Adressen). Von den vielen Wandermöglichkeiten

wollen wir hier nur einige kurz vorstellen. Man kann sich auch an das »Centro Excursionista Caracas« wenden, eine Art »Alpenverein«. Diese Gruppe führt organisierte Wanderungen im gesamten Parkgebiet durch.

Die Südgrenze des Nationalparks markiert die Avenida Boyaca (bekannter unter dem Namen »Cota Mil«), die sich auf 1000 m Höhe am Avila entlangzieht. Von hier wandert man zu den Rangerstationen, welche Ausgangspunkte für den weiteren

Einer der Charaktervögel Südamerikas ist der weit verbreitete Schwefeltyrann.

Der Bananaquit oder Zuckervogel lebt in Sekundärvegetation und auch in Gärten.

Die Bischofstangare ist einer der häufigsten Vögel Venezuelas.

Als Puderquastensträucher werden viele *Calliandra*-Arten bezeichnet.

Aufstieg sind. Die wichtigsten Ranger-stationen (mit Campingmöglichkeit) in diesem Gebiet sind: **Los Venados** ①: Hier befindet sich ein **Besucherzentrum**, ein Museum und die Verwaltung des Nationalparks.

In Richtung Osten schließen sich an: La Zamurera ②, Pabelón ③, Chacaito ④, Sabas Nieve ⑤ und Sebucan ⑥.

An den Rangerstationen erhält man auch Auskünfte über Wegverhältnisse und die Genehmigungen fürs Übernachten im Park.

Die meisten Rangerstationen liegen noch in den unteren, vom Menschen stark veränderten Gebieten. Von dort aus führen die recht steilen Wege in die faszinierende Regen- bzw. Nebelwaldzone.

Die (relativ) leichte Tagestour zur **Silla** ⑦ führt durch alle Vegetationszonen. Man startet am Parkeingang im Stadtteil Altamira (100 m westlich vom Restaurant Tarzilandia) und wandert durch abgebrannte Flächen zur Station Sabas Nieves ⑤. Von

Zur Blütezeit ist der »Araguaney« mit leuchtend gelben Blüten bedeckt.

dort führt der Weg steil bergauf durch den Wald und zur Silla ⑦. Dieser 2350 m hohe Sattel zwischen dem Pico occidental ⑩ und dem Pico oriental ⑧ wurde zum erstenmal von Alexander von Humboldt bestiegen. Von hier aus kann man dem Pfad nach Osten folgen zum Pico oriental ⑧ und weiter zum Pico Naiguatá ⑨, dem mit 2765 m höchsten Gipfel der Gegend.

Für eine Tour zum Pico Naiguatá sollte man am besten 2 Tage einplanen (reine Gehzeit 10–12 Std.). Gute Kondition und Ausrüstung sind unbedingt notwendig! Wer nicht den langen Weg über die Silla gehen will, erreicht den Gipfel auch über den Weg, der beim Autobahnzubringer El Marqués ⑮ beginnt. Von dort wandert man zum Parkposten La Julia und steigt dann hinauf zum Hauptkamm (Topo Galindo ⑯, 2550 m, 4–5 Std.). Von dort ist es noch ungefähr eine Stunde zum Gipfel des Pico Naiguatá. Unterhalb des Gipfels gibt es einen Platz zum Zelten.

Eine weitere Wandermöglichkeit von der Silla aus ist der Weg nach Westen zum Pico occidental ⑩ und weiter zum 2160 m hoch gelegenen Hotel Humboldt ⑪ und der Seilbahnstation ⑫. Dieser Weg führt weiter Richtung Westen zum Picacho de Galipán ⑬, einem der schönsten Aussichtspunkte im Park. Eine historische Besonderheit ist die alte spanische Straße, der »Camino de los Españoles« ⑭, der bei Puerta de Caracas beginnt und nach Maiquetia führt. Von 1632 bis 1845 war dieser 24 km lange Weg die einzige Verbindung zwischen Caracas und der Küste. Teile des Kopfsteinpflasters und die Ruinen einiger Forts sind noch erhalten. Auf dieser Route wird man kaum unberührte Natur sehen, da entlang des Wegs viele kleine Farmen existieren. Obwohl die geringe Steigung bis auf maximal 1500 m die Wanderung weniger anstrengend macht als die anderen Touren im Park, sollte man trotzdem einen ganzen Tag einplanen. Von der Küste gelangt man mit Bussen oder Por Puestos zurück nach Caracas.

ACHTUNG: Wie in den Alpen gelten auch hier die üblichen Vorsichtsmaßnahmen: Die Wege nicht verlassen! Trotz der Nähe zur Hauptstadt verlaufen sich jedes Jahr Wanderer in dem riesigen Gebiet.

Vorher genau informieren und nur mit passender Ausrüstung (gutes Schuhwerk, Regenkleidung) und bei gutem Wetter gehen! Sonnenschutz und Trinkwasser nicht vergessen!

Früh losgehen, weil viele der Pfade im unteren Bereich relativ steil und ohne Schatten sind. Da die untere Zone stark vom Menschen verändert wurde, sollte man auf jeden Fall eine Tour in die Wälder der höheren Lagen machen.

Praktische Tips

Klima/Reisezeit

Regenzeit ist von Mai bis Dezember, die höheren Lagen sind auch außerhalb der Regenzeit oft in Wolken gehüllt. Zwischen Januar und April besteht große Brandgefahr in den unteren Lagen des Parks! Die Temperaturen im Nationalpark schwanken je nach Höhelage. Höchsttemperaturen in Caracas liegen um 30°C, auf den Gipfeln sinken die Temperaturen manchmal bis auf den Gefrierpunkt. An Wochenenden sollte man den Nationalpark meiden, weil ihn dann viele Bewohner der Stadt aufsuchen.

Adressen

➪ Sociedad Conservacionista Audubon, Centro Comercial, Paseo Las Mercedes, Sección La Cuadra, Tel. (02)913813, Aptd. 80450, Caracas 1080-A

➪ Nationalparkverwaltung: Instituto Nacional de Parques (Inparques), Avenida Romulo Gallegos, direkt bei der Metro-Station Parque del Este

➪ Centro Excursionista Caracas, Jesús Pereira, Tel. (02) 7511974

7 Nationalpark Guatopo

Großes Bergregenwaldgebiet in der Nähe von Caracas; gute Wandermöglichkeiten; artenreiche Tier- und Pflanzenwelt; alte Zuckerrohrmühle und Kaffee-Hacienda.

Etwa 50 km südöstlich von Caracas liegt der Nationalpark Guatopo. Er ist wie eine grüne Insel in einer Gegend, die vom Menschen schon sehr stark verändert wurde. Der über 920 km² große Park liegt in einer hügeligen Landschaft, deren größte Erhebung, der Cerro Azul, 1430 m aufsteigt. Die in Ost-West-Richtung verlaufenden Höhenzüge bilden eine Barriere für die feuchte Luft, die von der Karibik einströmt. Um die Berge zu überwinden, muß die Luft aufsteigen. Sie kühlt sich dabei ab, die enthaltene Feuchtigkeit kondensiert und

Der Mahagonibaum hat auffällige Früchte; er ist auch als Zierbaum beliebt.

bildet Wolken und Nebel. Niederschläge und Nebel sind deshalb in den höheren Lagen häufig und begünstigen eine üppige, immergrüne tropische Vegetation. Durch die Ausweisung dieses Nationalparks wollten die Behörden nicht zuletzt diese reichen Niederschläge nutzen. Der Park ist heute Teil eines großen Wasserschutzgebiets für den Großraum Caracas, zu dem inzwischen vier Stauseen in der Region gehören.
Vor der Gründung des Nationalparks wurde an einigen Stellen Kaffee und Zuckerrohr angepflanzt. Noch heute kann man eine alte Zuckerrohrmühle und die Gebäude einer Kaffee-Hacienda besichtigen. Inzwischen ist Guatopo der einzige Nationalpark Venezuelas, in dem keine Menschen wohnen. Nach der Gründung des Parks im Jahr 1958 wurden 4100 Familien, viele davon italienischer Abstammung, umgesiedelt.
Im Gegensatz zu vielen anderen venezolanischen Parks verfügt Guatopo auch über etwas Infrastruktur für die Besucher, die vorwiegend am Wochenende von Caracas hierher kommen. So gibt es einige Wanderpfade, Picknickplätze und Badestellen an den sauberen Bergbächen. Sogar ein kleines Informationszentrum wurde für die Besucher eingerichtet.

Pflanzen und Tiere

Die Vegetation des Nationalparks besteht im wesentlichen aus tropischen Regenwäldern und, vor allem im zentralen, hochgelegenen Teil, auch aus Nebelwald. In den oberen Lagen, wo die Wälder immer dichter werden, erreichen die Bäume Höhen bis zu 35 m. Ein großer Reichtum an Farnen, Epiphyten und Palmen zeichnet diese Zone aus. Charakteristisch ist das

Fast lückenlose Regenwälder bedecken die Hügel im Nationalpark Guatopo.

△ Königsgeier erreichen bis 2 m Spannweite; sie segeln oft in großer Höhe.

▽ Hundertfüßer haben entweder 21 oder 23 Beinpaare; viele betreiben Brutpflege.

Vorkommen von Balsa- und Mahagonibäumen. Eine Spezialität ist der kauliflore (s.S.16) Kanonenkugelbaum. Sowohl die kugelförmigen, rund 10 cm großen Früchte als auch die großen orangefarbenen Blüten sind kaum zu übersehen. Entlang der Straße sind die hohen Bambusstangen und die Stauden der Helikonien besonders auffällig. Die attraktiven Helikonien findet man oft in den Wäldern an lichten und feuchten Stellen, z.B. an Bachläufen oder dort, wo umgefallene Bäume ein Loch in das Kronendach gerissen haben. Die auffälligen Deckblätter (nicht die Blütenblätter) und reichlich Nektar dienen dazu, kleine Vögel, vor allem Kolibris, zur Bestäubung anzulocken. Wie an den Blättern und Blüten leicht zu sehen ist, gehören die Helikonien (von den 30 venezolanischen Arten findet man hier vor allem die Art *Heliconia bihai*) zur Familie der Bananengewächse. Verwandt ist auch die Strelitzie, eine beliebte Zierpflanze, die allerdings nur in Südafrika vorkommt. Vor allem die südlichen Randbereiche des Nationalparks weisen trockenere Vegetationstypen auf. Hier gehen die feuchten Wälder allmählich in die Llanos des Orinoco (s.S.96) über.

Im Gegensatz zu anderen Parks gibt es relativ viele Informationen über die Tierwelt in Guatopo. So lebt hier noch das ganze Spektrum der in Regenwäldern heimischen Säuger, z.B. Jaguar, Puma, Flachlandtapir, Zweifingerfaultier, Ameisenbären und mehrere Affenarten. Auch die Vogelwelt ist mit zahlreichen Arten vertreten. Neben Kolibris, Tukanen, Papageien und verschiedenen Waldhühnern lebt hier auch die seltene Harpyie, der größte Greifvogel Südamerikas (s.S. 136). Zu den auffälligsten Vögeln gehören sicher auch die orangefarbenen und dunkelblauen Goldbauchorganisten und die grünblauen Kappennaschvögel, die sich oft in der Nähe des Informationszentrums aufhalten. Bei den Picknickstellen, wo der Wald offen ist, kann man die ganze Vielfalt der farbenprächtigen Vogelarten beobachten. Vor allem blühende Bäume ziehen viele interessante Arten an.

In Guatopo konnten wir auch einen Riesenhundertfüßer entdecken. Diese bis zu 20 cm langen Tiere können mit ihren starken Klauen schmerzvolle Bisse austeilen. Allerdings leben sie sehr zurückgezogen, meistens in morschen Bäumen oder im Laub.

△ Helikonien wachsen an besonnten Stellen, z.B. an Straßenrändern oder Bächen.

▽ Flechten und Moose, aber auch Orchideen wachsen als Epiphylle, d.h. auf Blättern.

Im Gebiet unterwegs

Der Park wird von einer guten Teerstraße in Nord-Süd-Richtung durchquert. Ein Leihwagen ist günstig, da man dann das Gebiet mit seiner landschaftlichen Schönheit als bequeme Tagestour von Caracas aus besuchen kann. Es ist aber auch möglich, die 58 km lange Straße im Park per Anhalter, mit dem Por Puesto (schwierig am Wochenende) oder teilweise zu Fuß zurücklegen.

Wer von Caracas kommt, fährt nach dem Ort Santa Teresa zunächst am Rio Tuy entlang. Die Straße steigt dann an bis zur Abzweigung nach Caucagua, wo der **Aussichtspunkt Alpes del Tuy** ① liegt. Von hier aus hat man einen herrlichen Überblick über die mit lückenlosem Wald überzogenen Hügel des Nationalparks.

9 km weiter liegt links das **Informationszentrum La Macanilla** ②. Die Austellung dort gibt einen Überblick über die Natur des Parkes, insbesondere über die Tierwelt. Etwa 100 m weiter südlich führt rechts ein Pfad in den Wald. Dieser Weg führt auf den 650 m hohen Bergrücken der **Filha La Macanilla**. Über 120 Jahre alt sind Teile dieses Weges, der von Präsident Guzmán Blanco erbaut wurde. Der 9 km lange Weg, der durch phantastischen Urwald führt, endet 4 km südlich von La Macanilla an der Hauptstraße. Der Weg ist nicht markiert und manchmal schwer zu finden. Man sollte sich unbedingt am Informationszentrum über den Zustand des Weges erkundigen und für alle Fälle Bescheid sagen!

Vom Ende des Weges sind es noch 8 km bis zum **Rio Agua Blanca** ③ und dem gleichnamigen Erholungsgebiet, das größte im Park. Neben Kiosks und Toiletten gibt es hier auch eine alte Zuckermühle, ein »Trapiche« , die man besichtigen kann.

Zwischen Agua blanca und Santa Crucita, dem nächsten Picknickplatz, gibt es ebenfalls einen **Waldweg**. Auch hier gilt: Vorher erkundigen, ob der Weg nicht zugewachsen ist. In Santa Crucita ④ findet man, neben einer kleinen Lagune, einen kleinen Lehrpfad.

Ein weiteres Erholungsgebiet und die Parkverwaltung befinden sich bei Quebrada Guatopo ⑤ in der Nähe des südlichen Parkausgangs.

Außerhalb des Nationalparks liegt der **Stausee Guanapito** ⑥ mit Bade- und Campingmöglichkeit.

Altagracia de Orituco liegt schon am Rand der Llanos des Orinoco in einem landwirtschaftlich stark genutzten Gebiet. Von hier aus führt eine Nebenstraße Richtung Osten. Nach 7 km biegt man links ab und fährt Richtung San Francisco de Macaira. Rechts der Straße ragen die **Morros de Macaira** ⑦ auf, die als Naturmonument ausgewiesen sind. Diese steilen, aus Korallenkalk aufgebauten Felsen liegen in einer Zone mit Trockenwald. In den zerklüfteten Felsen gibt es viele Höhlen und unterirdische Flüße.

Etwa 14 km hinter Altagracia zweigt der nicht gute Weg zur Hacienda La Elvira ⑧ links ab, die nun wieder im Nationalpark Guatopo liegt. Diese ehemalige Kaffee-Farm wurde renoviert und gibt einen guten

»Chemische Kampfstoffe«

Trotz der Vielfalt der pflanzenfressenden Insekten zeigen die wenigsten Blätter im Regenwald starke Freßspuren. Heißt das, daß die Pflanzen die Tiere sozusagen »unter Kontrolle« gebracht haben? Ein wichtiger Grund zur Erklärung dieses Phänomens liegt in den »Drogen«, den Abwehrstoffen der Pflanzen.

Die häufigsten Abwehrstoffe sind die **Alkaloide**, von denen allein 4000 Typen aus 7500 Pflanzenarten bekannt sind. Zu ihnen gehören auch Genußmittel bzw. Narkotika wie Cocain, Morphin, Coffein oder Nikotin. Coffein ist z.B. ein wirkungsvolles Insektizid der Kaffeepflanze gegen die Raupen eines speziellen Schädlings, d.h. unser geliebter Kaffee hat nur deshalb eine so angenehme Wirkung, weil die Pflanzen mit dem Coffein die sie sonst schädigenden Raupen abhalten.

Im Maniok kommen wasserlösliche **Blausäure-Verbindungen** (Cyano-Glykoside) vor, weshalb er vor der Zubereitung stark gewaschen werden muß. Maniokmehl ist die Hauptnahrung vieler Indianervölker und wird als »Farinha« oder »Farofa« in Amazonien über fast jedes Essen gestreut.

Terpenoide (zu denen viele Substanzen von ätherischen Ölen gehören) haben molekulare Ähnlichkeit mit Wachstumshormonen von Insekten, sind aber als solche unwirksam und blockieren so das Insektenwachstum.

In Aronstabgewächsen (z.B. *Philodendron*) kommt eine **Kristallsubstanz** vor (Oxalat, wie im Rhabarber), die sich hervorragend gegen Freßfeinde bewährt hat, denn die Blätter der Aronstabgewächse gehören sicherlich zu den größten, aber am wenigsten geschädigten überhaupt.

Der **Gummi**, den z.B. die Gummibäume produzieren, verhindert durch seine Klebrigkeit die Freßtätigkeit der Insekten, aber auch vieler Mikroorganismen. Tropische Bäume können sich aber auch passiv, d.h. mechanisch verteidigen, denn ihr Holz ist oft so hart, daß Insekten keinerlei Möglichkeiten haben, sich hineinzubohren.

In den insektenreichen Tiefland-Tropen besitzen fast alle Pflanzen chemische Abwehrstoffe, in den Hochlagen der Anden nur wenige (vergleichbar zu unseren Breiten). Die meisten Abwehrstoffe entwickeln Pflanzen der nährstoffarmen oder sandigen Böden, da sie dort an ihrem Existenzminimum leben und eine zusätzliche Schädigung durch Pflanzenfresser kaum überleben würden. Teilweise müssen sogar die Mikroorganismen des Bodens vor der Zersetzung der abgefallenen Blätter erst darauf warten, daß die »chemischen Kampfstoffe« ausgewaschen werden.

Eindruck über die Architektur und den Kaffeeanbau im letzten Jahrhundert.

Praktische Tips

Anreise

Die Anreise von Caracas (etwa 60 km) erfolgt zunächst über die Autobahn Richtung Maracay. An der zweiten Ausfahrt nach der Mautstelle biegt man ab Richtung Santa Teresa. Von dort aus führt die Straße quer durch den Park nach Altagracia de Orituco (87 km). Santa Teresa und Altagracia de Orituco sind von Caracas auch per Bus zu erreichen. Von beiden Orten aus kann man mit Por Puestos in den Park gelangen.

△ Die großen Früchte des Kanonenkugelbaums hängen direkt am Stamm.

▽ Kapuzineraffen sind relativ häufig.

Hohe Bambusstangen säumen die Straße, die durch den Nationalpark führt.

Klima/Reisezeit

Das Gebiet ist ziemlich regenreich, mit Jahresniederschlägen zwischen 2000 und 3000 mm. März und April sind die trockensten Monate und daher die günstigste Reisezeit. Regenzeit ist von Oktober bis Dezember. In den höheren Lagen ist es während des ganzen Jahres oft neblig. Die Temperaturen sind, nicht zuletzt durch fast ständigen Wind, recht angenehm. Sie steigen in den tieferen Lagen bis auf 32°C, in den höheren Zonen können sie bis auf 14°C sinken.

Unterkunft

Hotels findet man in Altagracia de Orituco, oder man besucht den Park als Tagestour von Caracas aus. Zum Übernachten im Park braucht man eine Genehmigung, die man im Inparques-Büro in Caracas besorgt (Adresse S. 70), eventuell bekommt man sie auch von den Parkwächtern vor Ort). Problemloser ist das Zelten auf dem Campingplatz beim Guanapito-Stausee südlich des Nationalparks.

8 Nationalpark Henri Pittier

Einzigartiger Nebel- und Wolken-
wald; extremer Vogelreichtum; Paso
Portachuelo als Zugroute für Vögel;
Karibikstrände.

Nördlich der Stadt Maracay, nur etwa
2 Stunden Fahrt von Caracas entfernt, befindet sich der älteste Nationalpark Venezuelas. Der über 1000 km² große Park
wurde schon 1937 unter der Bezeichnung
»Rancho Grande« eingerichtet. Seinen
heutigen Namen verdankt der Park dem
Naturkundler Henri Pittier, der durch seine
unermüdliche Arbeit die Behörden von
der Schutzwürdigkeit des Gebietes über-
zeugte.
Der Park liegt im zentralen Teil der Küstenkordillere (»Cordillera de la Costa«) und
damit im Übergangsbereich zwischen den

nördlichen Andenausläufern und der Kari-
bik. Direkt hinter den Sandstränden und
Mangrovengebieten erheben sich die bis
zu 2430 m hohen Gipfel der Kordillere.
Die Berge sind mit dichtem Wald bewachsen, der eine ganze Reihe von Besonder-
heiten aufweist. Der deutsche Botaniker
Vareschi, der viele Jahre lang in Venezuela
lebte und arbeitete, bezeichnete diesen
Wald als Wolkenwald. Im Gegensatz zum
Nebelwald, der an vielen Stellen in den
Tropen wächst, gibt es diesen Wolkenwald
(soweit bekannt) nur noch in den Cameron
Highlands in Malaysia. Während Nebelwälder in Höhen von 2300–3800 m vorkommen, wächst der Wolkenwald von
Rancho Grande zwischen 1400 und
2400 m Höhe. Seine Entstehung beruht
vor allem auf den speziellen klimatischen
Bedingungen, die hier herrschen. Die Luftmassen des Nordostpassats steigen über

Die Hochlagen im Nationalpark Henri Pittier sind mit dichtem Wald bewachsen.

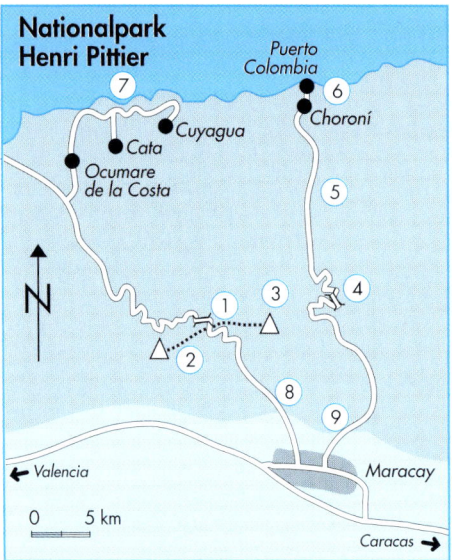

Nationalpark Henri Pittier

Pflanzen und Tiere

Im Park findet man die für die Küstenkordillere typische Höhengliederung der Vegetationszonen.

An die Strandzone (stellenweise mit Mangroven) schließen sich Trockengebüsch und karibische Trockenwälder an. Ab 150 m Höhe gehen sie in Saisonregenwälder über, die bis etwa 350 m reichen. Bis 700 m bestimmt savannenartige Landschaft das Bild, die dann in Regenwald und ab 1400 m in dichten, epiphyten- und palmenreichen Wolkenwald übergeht. Der Nationalpark Henri Pittier ist vor allem wegen seines Vogelreichtums berühmt. Über 40% aller in Venezuela festgestellten Vogelarten finden sich in den Wäldern, davon allein 77 Zugvogelarten aus Nordamerika.

Auf dem Emblem der biologischen Station Rancho Grande ist das Bild des Jungferntrogon dargestellt, der im Gebiet um die Paßhöhe relativ häufig vorkommt. Auch eine verwandte Art, der Glanztrogon, lebt hier. Beide sind aber schwer zu sehen, weil sie meistens regungslos auf einem Ast sitzen. Direkt im Hof der Station kann man die lebhaften Braunhauben-Stärlinge an ihren Beutelnestern beobachten.

Hühnervögel sind typisch für die Krautschicht der tropischen Wälder. Neben anderen Arten findet man hier sogar den seltenen Helmhokko, der an einem rundlichen Fortsatz über dem Schnabel leicht zu erkennen ist.

Allein 6 Schwalben- und 9 Seglerarten finden sich rund um die Station Rancho Grande. Im Flug sind sie allerdings sehr schwer zu unterscheiden. Segler fliegen viel schneller als Schwalben und sie sitzen, im Gegensatz zu den Schwalben, nie auf Drähten und Zweigen. Die auffälligsten Vögel am Portachuelo-Paß sind sicher die Halsbandsegler. In Gruppen von bis zu 200 Tieren zischen sie so schnell über den Paß hinweg, daß es kaum möglich ist, sie mit dem Fernglas zu verfolgen und den

den heißen, vegetatioslosen Karibikinseln auf. Als heißer Fallwind, d.h. als Föhnwind, erreicht der Passatwind die Küste, steigt dort wieder auf und bildet um die Gipfel der Küstenkordillere eine dichte Wolkenkappe. Die dauernde Feuchtigkeit in diesen Wolken schafft ideale Lebensbedingungen für Pflanzen. Dazu kommt ein Boden, der relativ günstige Eigenschaften aufweist. Der Wald zeichnet sich daher durch eine extreme Diversität aus, wie sie nicht einmal in den amazonischen Wäldern erreicht wird. Allein in diesem Park wurden bisher 567 Vogelarten beobachtet, und die Zahl der Pflanzenarten schätzt man auf über 1100!

Mit dem Portachuelo-Paß besitzt der Nationalpark eine weitere Besonderheit. Für viele Vogel- und Schmetterlingsarten ist dieser Paß eine wichtige Zugroute. Sie passieren ihn nicht nur auf ihren jährlichen Wanderungen zwischen Nord- und Südamerika, sondern zum Teil auch täglich auf dem Flug zur Küste. Vor allem zur Zugzeit, d.h. September/Oktober und März/April ist dieser Paß natürlich ein idealer Beobachtungspunkt.

typischen weißen Halsring zu erkennen. Viele der kleineren Bergsegler haben ihre Nester unter den Balkonen der Station Rancho Grande. Von März bis August brüten dort in den Mauern auch die Schwalbentangare. Sie sind die einzigen Vertreter ihrer Familie, die mit den Tangaren nahe verwandt ist. Im Gegensatz zu den Tangaren haben sie aber einen breiten, flachen Schnabel und spitze, schwalbenartige Flügel.

Vor allem durch seinen Ruf fällt der Flechtenglöckner auf. Dieser fast 30 cm große, weißbraune Vogel mit den Hautlappen unter dem Schnabel sitzt meistens im Kronendach. Seinen kurzen, glockenartigen und unverwechselbaren Ruf (hört sich an wie »bock«) kann man sehr weit hören.

Die Flechtenglöckner machen im Lauf des Jahres eine vertikale Wanderung. Die Brutzeit verbringen sie im Hochland, danach ziehen sie in baumbestandene Zonen der tieferen Lagen.

Unter den vielen anderen Vögeln sind z.B. die Tyrannen mit mehr als 60 Arten vertreten. Mehrere Papageiearten findet man in den Wäldern um die Station z.B. den Blutohrsittich oder den seltenen Siebenfarbenpapagei. Häufig sieht man auch die blaugelben Organisten (*Euphonia*), die mit den Ammern verwandt sind.

Natürlich leben im Wolkenwald auch eine Reihe von Reptilien und Säugetieren, u.a. Flachlandtapire (S. 24), Opossums (S. 20), Agutis (S. 147), Stachelschweine und Brüllaffen.

Gesänge und Laute im Regenwald

Vor allem im tropischen Regenwald kann man Geräusche oft gar nicht mehr bestimmten Tiergruppen zuordnen. Viele Rufe könnten sowohl von Vögeln, Fröschen, Insekten oder gar Säugetieren stammen! Manche Tiere wie die Papageien rufen äußerst auffallend und kreischend. Andere Arten wie die Stärlinge haben (für unsere Ohren) sehr wohlklingende, weich flötende Gesänge.

Rufe stehen in Abhängigkeit von der Geländebeschaffenheit und den Umgebungsgeräuschen. Im **Waldinnern** herrschen meist weiche, melodiöse Töne vor, die wenig verschnörkelt sind und meist um etwa 1 kHz tiefer liegen als ähnliche Gesänge in der offenen Landschaft (sie bewegen sich zwischen 1500 und 2500 kHz). Unter dem Laubdach der tropischen Wälder singen die Vögel vor allem in weichen, tiefen Tönen, um sich gegen den Insektenlärm durchzusetzen, denn die Insekten singen meist in sehr hohen Frequenzen. Im **offenen Grasland** sind hohe Triller günstiger, um gegen den Wind »anzukommen« und sich vom dauernden Brausen abzusetzen. Am **Meer** herrschen scharfe, rauhe Töne vor (man denke nur an die Möwen), da sonst wegen der Umweltgeräusche, vor allem dem Wind, wohl überhaupt keine Verständigung zwischen den Tieren mehr möglich wäre. Will ein Tier Aufmerksamkeit erregen, so produziert es einen kurzen Laut mit scharfem Ansatz. Ganz reine Flötentöne dagegen (Sinustöne) sind äußerst schwer lokalisierbar; der Rufer bleibt unerkannt und kann singen oder warnen, ohne gleich selbst entdeckt zu werden. Im Vergleich der menschlichen Kulturen kann man Ähnliches finden. Die Tropensprachen sind im allgemeinen vokalreicher und benützen die entspannteren Vokale a, o, u. Die Kaltklima-Völker (wie wir) bedienen sich eher der Konsonanten und der gespannten Vokale e, i, ü.

Im Norden des Nationalparks laden herrliche Strände zum Baden ein.

Im Gebiet unterwegs

Zwei Teerstraßen durchziehen den Park in Nord-Süd-Richtung und durchqueren dabei alle Vegetationszonen.

Die westliche Straße, die nach Ocumare de la Costa führt, überquert die Kordillere über den **Portachuelo-Paß** ①. 12 km sind es von Maracay bis zur Paßhöhe, die zwischen dem Pico Periquito und dem Pico Guacamaya auf 1128 m Höhe liegt. Direkt auf der Paßhöhe führt links ein Pfad in den Wald. Ein Stück der Vegetation wurde dort gerodet, um den Ornithologen das Beob-

achten der in Massen durchziehenden Vögel zu erleichtern. Der nach Regenfällen ziemlich rutschige, aber sehr schöne Weg führt aufwärts in den Wald und zum **Pico Periquito** ②. Kurz vor der Paßhöhe liegen rechts die Gebäude der biologischen Station Rancho Grande. Teile des ehemaligen Hotels werden jetzt von der Universität Maracay genutzt. In einem weiteren Gebäude, in dem auch ein Museum eingerichtet werden soll, befinden sich die Räume der Parkwächter. Wer Fragen zum Park oder zum Zustand der Waldwege hat, kann sich hier informieren.

Hinter dem Hotelgebäude gibt es einen Lehrpfad (ca.1 Std.) und Wege zum Pico Guacamayo (3–4 Std.) und zum **Cumbre de Rancho Grande** ③. Die Wege sind schlecht markiert, man braucht die Genehmigung der Parkwächter.

Besonders die östlich gelegene Straße, die zu dem schönen **kolonialen Ort Choroní** und nach Puerto Colombia führt, ist landschaftlich sehr reizvoll. Im mittleren Teil schlängelt sie sich in engen Kurven durch den Nebelwald, der sich wie ein Tunnel über die Straße wölbt. Da sie bis auf 1830 m ansteigt ④, ist der Wald hier dichter als am Portachuelo-Paß.

Eine weitere Möglichkeit, das Waldesinnere zu sehen, bietet sich etwa 10 km vor Choroní. Hier liegt rechts ein kleiner Damm ⑤ im Wald (nach »El dique« fragen). Auf der anderen Seite des Baches führt ein Pfad in den Wald. Obwohl entlang des Weges Kleinbauern Bananen und andere Früchte anbauen, kann man viel Interessantes entdecken. Auch beim Museo Cadafe (Cadafe ist die Elektrizitätsgesellschaft), 18 km vor Choroní, führt ein Pfad in den Wald.

Ein Abstecher lohnt sich zu den herrlichen **Stränden an der Karibik.** Einer der schönsten ist die Playa Grande in Puerto Colombia ⑥, aber auch die Strände bei Cata ⑦ sind einen Besuch wert.

Vor allem für Tagesbesucher gedacht sind die Erholungsgebiete Guamita ⑧ und Las Coquizas ⑨. Sie liegen etwa 15 km bzw. 7 km außerhalb von Maracay an den beiden Parkeingängen. Man kann dort zelten und in Guamita auch im Rio Limón baden. An Wochenenden sollte man beide Gebiete meiden.

Praktische Tips

Anreise

Maracay erreicht man in weniger als 2 Stunden von Caracas aus über die Autobahn via Los Teques. Maracay hat Busverbindungen zu allen größeren Städten Venezuelas. Wer über kein Auto verfügt, kann mit den Bussen, die vom Busterminal nach Puerto Colombia bzw. Ocumare de la Costa fahren, in den Park gelangen; die Busfahrer halten jederzeit.

Klima/Reisezeit

In den Hochlagen herrscht ein sehr gleichmäßiges Klima. Mit Ausnahme von Januar bis März sind Niederschläge häufig (Jahresdurchschnitt 1842 mm). Ab Mittag ist es fast immer neblig, oder es regnet (vor allem auf der Nordseite). Die Temperaturen können in den Hochlagen bis auf 12°C sinken. Warme Kleidung und Regenschutz nicht vergessen!

In den Tieflagen an der Küste ist es ganzjährig heiß und regenarm.

Wegen des Ausflugsverkehrs an die Küste sollte man das Gebiet nicht am Wochenende besuchen.

Unterkunft

Wer nicht in Maracay übernachten will, kann entweder auf den beiden Erholungsgebieten am Parkeingang zelten oder versuchen, einen Platz in der biologischen Station Rancho Grande zu bekommen. Die Genehmigung zum Aufenthalt und den Schlüssel für die Station erhält man bei Dr. Alberto Fernandez in Maracay. Lebensmittel muß man selbst mitbringen, Schlafsack ist empfehlenswert. Zur Ferienzeit ist es schwierig, einen Platz in der Station zu bekommen.

Eine letzte Möglichkeit (und sehr beliebt bei den Venezolanern im Urlaub) ist es, die Nacht in der Hängematte an einem der Strände zu verbringen. Normalerweise ist das nicht gefährlich. Natürlich sollte man nicht seine ganze Ausrüstung und Wertsachen mitnehmen und nicht allein dort übernachten.

Adressen:

⇨ Dr. Alberto Fernandez, Instituto de Zoología Agrícola, Universidad de Maracay, Tel. (043) 450153

Wappentier: der Jungferntrogon.

Schwalbentangare nisten in der Umgebung der biologischen Station Rancho Grande.

Regen- und Nebelwälder bis in 2000 m Höhe bewohnt die Goldkopftangare.

9 Mérida und Umgebung

Höchste Berge Venezuelas; höchste Seilbahn der Welt; Hochgebirgsvegetation der Páramos; artenreicher Nebelwald; letzte Vorkommen des Brillenbären in Venezuela.

Was die Höhe angeht, können die venezolanischen Anden nicht mit den über 6000 m hohen Gipfeln der peruanischen Hochanden konkurrieren. Dafür hat man in Venezuela die außergewöhnliche Möglichkeit, in einem Tag von der Karibikküste auf fast 5000 m hohe Gipfel zu gelangen. Touristisches Zentrum ist die Stadt Mérida, die auf 1650 m Höhe in einem fruchtbaren Tal liegt. Südlich der Stadt erhebt sich der 5007 m hohe Pico Bolívar, der höchste Berg Venezuelas, und auch die umgebenden Gipfel erreichen fast eine Höhe von 5000 m. Trotz der Lage in den Tropen existieren direkt unterhalb der Gipfel Gletscher, und Schneefall ist nicht selten. Diese Berge gehören zur 500 km langen Cordillera de Mérida, einem Andenausläufer, der in Kolumbien von der Hauptkordillere der Anden Richtung Osten abzweigt.
Neben den Wandermöglichkeiten und der landschaftlichen Schönheit sind vor allem die Nebelwälder und die Hochgebirgsvegetation der Páramos für Naturliebhaber von Interesse. Besonders die Blumenpracht der Páramos unterscheidet die venezolanischen (und kolumbianischen) Hochanden von den eher kargen Gebieten der sogenannten Puna in Peru, Ecuador und Bolivien.
In der Umgebung von Mérida existieren noch eine Reihe relativ naturnaher Gebiete, von denen vor allem der Nationalpark Sierra Nevada südlich von Mérida von Bedeutung ist. Erst 1989 wurde der nördliche

Teil, die Sierra La Culata, als Nationalpark ausgewiesen.
Was Mérida so einmalig macht ist nicht zuletzt die Seilbahn auf den Pico Espejo. Mit einer Länge von 12,5 km und der Gipfelstation auf 4765 m ist sie sowohl die längste als auch die höchste Seilbahn der Welt. Rund eine Stunde dauert die Fahrt vom subtropischen Talgrund in die Gletscherwelt des Pico Espejo.

Baumfarne und Bromelien sind in den Nebelwäldern bei Mérida häufig zu sehen.

Die *Tillandsia*-Bromelien (z.B. Greisenbärte) siedeln sich sogar auf Stromleitungen an.

Pflanzen und Tiere

In den Tallagen sind die Korallenbäume (s.S. 62) zur Blütezeit unübersehbar. Viele Bäume um Mérida sind mit den langen Greisenbärten behangen – ein Zeichen für hohe Luftfeuchtigkeit. Es ist kaum zu glauben, daß diese Pflanze, die wie eine Flechte aussieht, mit der Ananas verwandt ist und zur Familie der Bromelien gehört! An Bachläufen findet man die Humboldtweide. Sie ist die einzige Weidenart, die in Südamerika vorkommt. Auch die Erlen sind eigentlich auf die kühlen Zonen der Nordhalbkugel beschränkt. Nur die Andenbacherle ist in Venezuela häufig und kommt dort vor allem an Bachläufen bis zu 3200 m Höhe vor.
Die Berghänge sind mit dichten Wäldern bewachsen. Während die Waldgrenze in Europa bei etwa 1900 m liegt, gedeihen die tropischen Nebelwälder noch bis in Höhen von über 3000 m. Sie weisen eine enorme Vielfalt an Pflanzen- und Tierarten auf. In der Gegend um Merida fällt vor allem der Reichtum an Epiphyten und Baumfarnen auf. Hier sieht man auch einige der bei uns als Zimmerpflanzen beliebten und hier wildwachsenden *Philodendron*-Arten oder auch das Fensterblatt (*Monstera*).

In den Nebelwäldern wachsen Stielfruchteiben, die einzigen Nadelbäume Venezuelas (zu sehen z.B. zwischen den Seilbahnstationen La Montaña und La Aguada). Ganz besonders eine Art, *Podocarpus rospigliosii*, ist in manchen Wäldern sehr dominierend.
Mit zunehmender Höhe wird der Wald immer niedriger und geht schließlich in die Hochgebirgslandschaft der Páramos über. Diese spezielle Hochandenvegetation ist typisch für Venezuela, Kolumbien und den Norden Ecuadors. Sie breitet sich bis über 4600 m Höhe aus, bevor das rauhe Klima kein Pflanzenwachstum mehr zuläßt. Die Schneegrenze liegt bei etwa 4800 m.
Die Páramos sind vor allem ein Blumenparadies. Nicht zu übersehen sind die Espeletien, die »Frailejones«. Übersetzt bedeutet das »Riesenmönche«, weil der Umriß der bis zu 4 m hohen Pflanzen im häufigen, dichten Nebel an einen dicken Mönch erinnert. Die Espeletien gehören zur Familie der Korbblütler und sind mit 54 Arten in Venezuela vertreten. Sie sind die Charakterblumen der Páramos. Besonders im Oktober und November sind die Berghänge mit ihren großen gelben Blüten übersät. Die alten Blätter der Espeletien und einiger anderer Arten fallen nicht ab, sondern klappen nur nach unten. Sie bilden dadurch einen Kälteschutz für die Pflanze. Wegen der Kälte wachsen die Pflanzen natürlich sehr langsam, nur etwa 0,4 mm pro Jahr! Da der Frost auch die Wasserversorgung erschwert, haben viele Pflanzen kleine oder behaarte Blätter, um die Verdunstung zu drosseln.
Nach der Wuchsform bezeichnet man die Espeletien und einige andere Arten der Páramos als Schopf- oder Wollkerzenpflanzen. Vertreter dieser Gruppe (die zu völlig verschiedenen Pflanzenfamilien gehören) findet man ebenso auf den Hochlagen des Kilimandscharo und auf Hawaii. In den Páramos wachsen viele Arten, die Verwandte in den Alpen haben, darunter Greiskraut-, Mohn- und Heidelbeerarten.

Kolibris

Von Alaska bis Feuerland besiedeln 319 Kolibriarten alle erdenklichen Lebensräume; die meisten Arten kommen in den Bergnebelwäldern mit ihrem unermeßlichen Epiphytenreichtum vor. Die deutschen Namen vieler Kolibris weisen auf diese Märchenwälder hin: Bergnymphen, Zwergelfen, Riesengnome, Sonnenengel, Wollhöschen, Sylphen, Bergjuwelen. Zu den Kolibris gehören die kleinsten warmblütigen Tiere überhaupt: Die Bienenelfe ist nicht größer als eine Hummel!

Da kleine Tiere relativ zum Körpervolumen eine größere Körperoberfläche als große Tiere haben, verlieren sie schneller Wärme. Kolibris haben deshalb den höchsten Energieverbrauch aller Tiere (bezogen auf das Körpergewicht). Als Anpassung an diesen Energieverbrauch und an den Schwirrflug sind ihre Lunge und ihr Herz im Verhältnis dreimal so groß wie bei anderen Vögeln! Im Schwebflug vor den Blüten rotieren die Kolibriflügel um 180 Grad und das winzige Herz schlägt 1300 mal pro Minute; manche Arten schaffen 90 Flügelschläge pro Sekunde!

Die Nahrung der Kolibris besteht aus Kleintieren (Spinnen, Insekten) und Nektar. Die proteinreiche Tiernahrung ist wichtig für den Körperaufbau, der zuckerhaltige Nektar liefert die Energie fürs Fliegen. Aufgrund des hohen Energieverbrauchs müssen Kolibris in sehr kurzen Abständen wieder nachtanken. Manche Arten, vor allem in den Andenhochlagen, haben einen besonderen Trick zur Energieeinsparung. Sie schalten (vor allem nachts) einfach ihren Stoffwechsel ab. Dadurch sinkt die Körpertemperatur fast bis auf Umgebungstemperatur ab (ähnlich machen dies auch Fledermäuse oder Hamster).

Kolibris sind wichtige Bestäuber von Pflanzen, da sie wie Bienen auf ihren Nahrungsflügen den Pollen einer Blüte zur nächsten transportieren. Manche Pflanzen nützen dies geschickt aus, indem sie nur in einigen Blüten den energiereichen Nektar produzieren und so die Kolibris zwingen, viele Blüten zu besuchen und damit zu bestäuben.

Einige pflanzensaugende Milben reisen per »Kolibri-Anhalter« von einer Blüte zur nächsten, indem sie sich in den Nasenlöchern der Vögel einquartieren.

Doch umgekehrt nützen auch Kolibriarten Wanzen, um an den Saft von Bäumen zu kommen: die Kolibris zwicken einfach den Körper der Wanzen ab, lassen aber den Rüssel als »Strohhalm« im Baum stecken und können so die heraustretenden Tropfen ablecken.

Meist wird man auf die Kolibris durch die Schwirrgeräusche ihrer Flügel oder ihre hohen Zischlaute aufmerksam, die sie bei ihren Luftkämpfen ausstoßen. Viele dieser Luftzwerge verteidigen nämlich »ihre« Bäume der Nahrung wegen gegen Eindringlinge. Die glänzend-irisierende Färbung der Kolibris kommt durch Lichtbrechung an den Federchen zustande. Im Gegensatz zu den meistens glänzend grün oder rot gefärbten Männchen sind die Weibchen oft recht schmucklos. Auch die Eremiten-Kolibris besitzen meist eine unauffällige grünbraune Färbung.

Normalerweise bauen Kolibris tassenartige Nester aus weichem Material in Astverzweigungen. Doch gibt es auch Arten, die ihre Nester an die Unterseite von großen Blättern anheften und für den Zusammenhalt des Nestmaterials Spinnweben benutzen.

Halsbandarassaris gehören zu den Tukanen.

Grünbauchamazilie

Auch ein Kolibri: der Graubrusteremit.

In die Moose der Quellmoore eingebettet und kaum zu sehen sind die winzigen Pflanzen der *Altensteinia*-Orchideen. Sie wachsen noch in 4400 m Höhe und sind damit wahrscheinlich die am höchsten vorkommenden Orchideen überhaupt. In der Páramozone wächst ein spezieller Niederwaldtyp mit den typischen »Coloradito«-Bäumen, das Chirivitál (s.S. 92). Rund um die Laguna La Coromoto und auf dem Weg nach Los Nevados kann man diesen Waldtyp sehen. Die Wälder um Mérida bieten noch Lebensraum für die ganze Vielfalt der südamerikanischen Tierwelt. Auch die großen und selteneren Arten wie Flachlandtapir (S. 24), Brüllaffe, Puma und viele andere sind hier zu finden. Sogar der sehr seltene, bis 180 kg schwere Brillenbär lebt noch hier, meist in Höhen zwischen 2500 und 3000 m. Er frißt gerne Palmfrüchte und hat die seltsame Angewohnheit, sich aus Zweigen und Blättern eine Art Nest zu bauen. Zur Zeit laufen Projekte, um eine fortpflanzungsfähige Population der einzigen Bärenart Südamerikas zu erhalten. Häufiger sind aber die kleineren Säuger wie Pakas (S. 171), Agutis (S. 147), Stachelschweine, Gürteltiere und Faultiere. Die feuchten Wälder bieten natürlich einen idealen Lebensraum für Amphibien und Reptilien. Ein Paradies für Vogelfreunde sind die Nebelwälder der Anden. Hunderte von Vogelarten leben hier, davon viele, die durch ihre Farbenpracht auch dem weniger interessierten Besucher auffallen werden. Einer der schönsten ist sicher der Kammtrogon. Er ist mit dem mittelamerikanischen Quetzal eng verwandt, der oft als schönster Vogel der Welt bezeichnet wird. Trogons (S. 81) sitzen meist unbeweglich in den Bäumen und sind dann schwer zu sehen. Am farbenprächtigsten sind die Kolibris und die Tangare. Von beiden Familien

Der Gipfel des Pico Bolivar ist ganzjährig mit Schnee ▷ bedeckt.

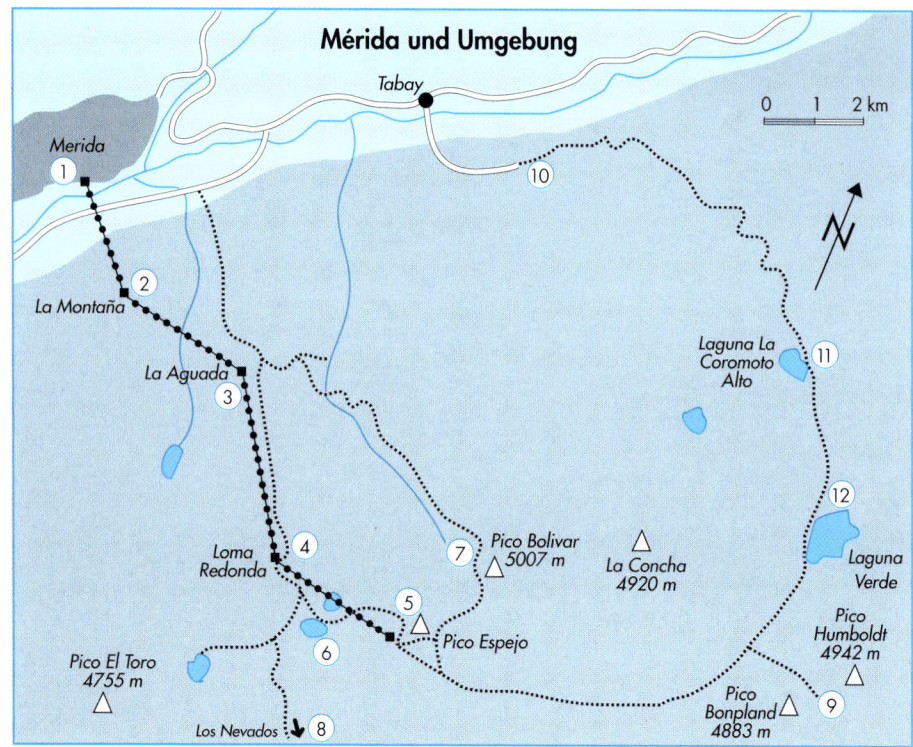

Mérida und Umgebung

Tabay

0　1　2 km

Merida
①

⑩

La Montaña
②

Laguna La
Coromoto
Alto
⑪

La Aguada
③

⑫

Loma
Redonda
④

⑦ Pico Bolivar
△ 5007 m

La Concha
4920 m

Laguna
Verde

⑤

Pico Espejo
△

Pico
Humboldt
4942 m

Pico El Toro
4755 m
△

⑥

Pico
Bonpland △
4883 m

⑨

Los Nevados ⑧

kommen mehrere Arten in den Wäldern vor. Man kann sie am besten an Stellen beobachten, an denen der Wald etwas offener ist, z.B. an Wegen oder Bachläufen. In den Hochlagen konzentriert sich die Tierwelt, die überwiegend aus Vogelarten besteht, auf die Wälder des Chirivitáls. Hier findet man erstaunlich viele Kolibriarten (s.S. 93), dazu eine Reihe von anderen Vögeln, die sich auf die Hochlagen spezialisiert haben, wie den Paramopieper (ein Verwandter der europäischen Bachstelze) oder die Schlankschnabelcatamenie, ein graubrauner Fink mit gelblichem Schnabel.

Im Gebiet unterwegs

Die **Seilbahn zum Pico Espejo** ist zweifellos der Hauptanziehungspunkt Méridas. Für die Fahrt benötigt man auf jeden Fall warme Kleidung. Für Kleinkinder oder Erwachsene mit schwachem Kreislauf ist der Aufenthalt auf über 4000 m Höhe gefährlich. Möglichst früh hochfahren, die letzte Gondel geht schon um 13 Uhr zurück! Vor allem an Wochenenden oder zur Ferienzeit sollte man Tickets für die Seilbahn über ein Hotel oder Reisebüro reservieren lassen oder sehr früh (5–6 Uhr) anstehen. Die Fahrt führt von der Talstation (1577 m, ①) über die Stationen La Montaña (2442 m, ②), La Aguada (3452 m, ③) und Loma Redonda (4045 m, ④) schließlich zur Station am Pico Espejo (4765 m, ⑤). Während der Fahrt (Gesamtfahrzeit etwa 1 Stunde.) kann man gut die einzelnen Vegetationszonen unterscheiden, auch wenn entlang der Seilbahntrasse vieles nicht mehr im Naturzustand ist.

Weißes Andenferkelkraut

Die Seilbahn-Stationen sind durch kleine **Fußwege** miteinander verbunden und je nach Ausdauer kann man eine oder mehrere der Seilbahn-Etappen zu Fuß zurücklegen. Die erste Etappe zur Station La Montaña ② ist nicht besonders interessant, außerdem ist es schwierig, den Anfang des Wegs zu finden.

Für **Ausflüge** besonders geeignet ist die Station **Loma Redonda** ④. Von hier hat man bei schönem Wetter einen phantastischen Blick auf den Pico Bolivar mit dem kleinen Gipfelgletscher. In einem Tal unterhalb des Gipfels liegen die Lagunen Los Anteojos ⑥, die man zu Fuß erreichen kann. An der Station Loma Redonda ist der Ausgangspunkt für die sehr beliebte Tour zu dem kleinen **Bergdorf Los Nevados** ⑧. Etwa 5–6 Stunden dauert die Wanderung über die Páramos (an der Station kann man meistens Mulis für die Tour mieten). Am Weg liegen die typischen »Coloradito«-Wäldchen. In Los Nevados gibt es einfache Übernachtungsmöglichkeiten. Wer nicht den gleichen Weg zurückgehen will, kann weiterwandern nach El Morro (6 Stunden) und von dort mit dem Jeep zurück nach Mérida fahren. Gelegentlich gibt es auch Jeeps von Los Nevados nach Mérida. Von der Gipfelstation der Seilbahn gibt es zwei Routen auf den Pico Bolivar ⑦; Dauer etwa 3 Stunden, nur für erfahrene Kletterer. Am besten nimmt man sich dazu einen Führer oder man erkundigt sich genau an der Station. Seil und Steigeisen sind zu empfehlen, Vorsicht bei Nebeleinbrüchen. Die Zwillingsgipfel des Pico Bonpland und Pico Humboldt ⑨ sind entweder vom Pico Espejo aus erreichbar oder über den sogenannten **Humboldt-Trail** ⑩. Dieser Pfad ist wahrscheinlich der faszinierendste Wanderweg der ganzen Gegend. Er führt, ausgehend vom Ort Tabay, zunächst zum Haus der Parkwächter bei La Mucuy ⑩ (bis hierher gibt es Por Puestos, die vom Marktplatz in Tabay abfahren). Von dort wandert man durch die verschiedenen Waldtypen bergauf, bis man nach 4–5 Stunden Wanderung schließlich die Páramo-Zone erreicht. Vorbei an der Laguna La Coromoto ⑪ und der Laguna Verde ⑫ geht es schließlich zu den Gipfeln. Der Pfad ist teilweise zugewachsen und schlecht zu erkennen. Man sollte sich unbedingt bei den Parkwächtern nach dem Zustand erkundigen, vor allem, wenn man weiter als bis zur ersten Lagune will. Für die gesamte Tour sollte man 2–3 Tage rechnen. Zelt, Schlafsack und Regenkleidung sind auf jeden Fall notwendig. Möglich ist auch eine Rundtour zum Pico Humboldt und dann weiter zur Seilbahnstation am Pico Espejo. Diese sollte man nur mit Führer, guter Ausrüstung und Notreserven machen.

Bei Wanderungen in der Bergwelt muß man folgendes beachten:

❏ Mit Ausnahme der Wege in der Nähe der Seilbahnstationen sollte man etwas Erfahrung mitbringen; für diese Wege ist eine Genehmigung der Nationalparkbehörde Inparques erforderlich (erhältlich an der Talstation, wird nicht an Einzelpersonen vergeben).

❏ Höhen über 3000 m erfordern gute Kondition und eine entsprechende Akklimatisierung!

❏ Vorher genau über den Zustand der Wege und der Schutzhütten informieren (z.B. an der Talstation der Seilbahn); es gibt eine relativ gute Karte für das Gebiet, erhältlich bei der Casa de Montanistas (s. Adressen). Dort kann man auch Ausrüstung ausleihen und Führer anmieten. Die Karte gibt es ebenfalls (billiger) im Büro von Inparques (s. Adressen).

❐ Immer mit Nebel rechnen, für größere Touren Kompaß mitnehmen.
Veranstalter in Mérida bieten eine Reihe von geführten Touren zu den interessantesten Punkten an. Ausrüstung wird meistens gestellt oder kann gemietet werden. Es gibt auch spezielle Angebote für Eis- und Felskletterer.

Praktische Tips

Anreise
Die schnellste Verbindung von Caracas aus führt über die Llanos-Route (Caracas-Valencia-Barinas-Mérida, 682 km), die auch die Direktbusse (nur nachts) benutzen. Wesentlich interessanter ist die Route über Valera und den 4007 m hohen Paso El Aguila (s.S. 92). Es bestehen Busverbindungen nach San Cristobal und zur kolumbianischen Grenze. Mérida ist auch per Flugzeug von Caracas aus zu erreichen.

Klima/Reisezeit
Mérida hat wegen seiner hohen Lage (1600 m) ein für Venezuela relativ kühles, aber für Europäer angenehmes Klima (durchschnittlich 19°C, August ist der kälteste Monat). Die Tagestemperaturen liegen meistens bei 20–25°C.
Die Páramos haben ein Tageszeitenklima. Vormittags ist es meist schön, am Nachmittag ziehen oft Wolken oder Nebel auf. Die Temperaturen bewegen sich dort zwischen 1 und 10°C.
Die meisten Niederschläge fallen zwischen Mai und November. Von Juli bis September kann es in den Hochlagen auch Schneestürme geben. Zwischen September und Dezember liegt die Hauptblütezeit in den Páramos. Für Besuche sind die Monate Dezember bis Februar wegen der geringen Bewölkung am besten geeignet. Auf jeden Fall braucht man für längere Touren warme Kleidung, Schlafsack und Zelt.

◁ Die Páramos sind dicht mit Espeletien bewachsen.

▽ Häufig zu sehen ist das Astergreiskraut.

Unterkunft

In Mérida gibt es eine große Auswahl an Hotels. Zelten kann man mit Erlaubnis im Nationalpark und bei La Mucuy am Start des Humboldt-Trails.

Adressen

⇨ Nationalparkbehörde Inparques, Avenida Urdaneta, Calle 51, Nr. 3/30, Mérida

⇨ Für Ausrüstung, Führer und Karten: Grupo Condor, Casa de Montanistas, Calle 24, Merida, gegenüber der Seilbahnstation

Blick in die Umgebung:

Interessant ist ein Ausflug nach Lagunillas, etwa 35 km westlich von Mérida. Dort findet man ein typisches andines Trockental mit vielen Kakteen und Trockenvegetation. Die Laguna de Urao am Ortsrand von Lagunillas ist ein Sodasee. In der Umgebung kann man viele interessante Vogelarten sehen.

Die Johanniskraut-Arten der Páramos ähneln den europäischen Arten.

10 Laguna Mucubají und Umgebung

Andine Hochgebirgslandschaft; gute Wandermöglichkeiten; höchste Paßstraße Venezuelas; Chirivitál-Vegetation; typische Vogelwelt der Hochanden.

Kennzeichnend für die Landschaft sind die vielen Lagunen; mehr als 200 gibt es allein im Staat Mérida. Sie entstanden, ähnlich wie die Seen des Voralpenlandes, durch die Aktivität von Gletschern, die die jetzt mit Wasser gefüllten Becken ausfräßten. Während der großen Eiszeiten, die sich auch in Südamerika bemerkbar machten, waren in den Anden weite Bereiche vergletschert. Erst vor etwa 10000 Jahren zog sich das Eis endgültig auf die höchsten Gipfel zurück und hinterließ dabei die herrliche Lagunenlandschaft.

Etwa 50 km östlich von Mérida befindet sich die Laguna Mucubají, die ein Teil des großen Nationalparks Sierra Nevada ist. Die Umgebung dieser Lagune gilt als einer der besten Plätze der Anden Venezuelas, um Vögel zu beobachten. Nur auf den Hochlagen bei Mérida hat man ähnlich gute Möglichkeiten, die hochandine Pflan-

zen- und Tierwelt kennenzulernen. Obwohl die Lagune auf rund 3500 m Höhe liegt, ist sie doch leicht über die Straße, die von Mérida nach Barinas führt, zu erreichen.

Nur wenige Kilometer von der Laguna Mucubají entfernt überwindet die Straße nach Valera den 4007 m hohen Paso El Aguila. Die weite, einsame Landschaft dort ist traumhaft! Diese Paßstraße, die höchste in ganz Venezuela, ist auch von geschichtlicher Bedeutung, weil hier Simon Bolivar, der Nationalheld Venezuelas, auf seinem Befreiungszug 1813 mit seinem Heer die Anden überquerte.

Pflanzen und Tiere

Die Umgebung der Lagunen ist typisches Páramo-Gebiet. Espeletien und andere andine Hochgebirgspflanzen bestimmen das Bild (S. 91).

Um die Lagunen ist das Chirivitál relativ häufig. Dieser Vegetationstyp, der nur hier in den Anden vorkommt, ist eine Art »Wald über dem Wald«. Oft liegt nämlich zwischen den Nebelwäldern der tieferen Lagen und dem Chirivitál in den Hochlagen eine baumfreie Zone. Meistens wird dieser hochandine, relativ artenarme (nur 30–50 Pflanzenarten) Niederwald nur 4–5 m hoch. Kennzeichnend ist neben baumförmigen Espeletien vor allem der »Coloradito«. Dieser Baum, erkennbar an der rotbraunen, leicht abblätternden Rinde, gehört zur Familie der Rosengewächse. Auf Geröllhalden bis in 4200 m Höhe wächst eine besonders verarmte Art des Chirivitáls, die fast nur aus »Coloradito«-Bäumen mit etwas Unterwuchs besteht. Nach dem lateinischen Namen des Baums werden sie gelegentlich als *Polylepis*-Wälder bezeichnet.

Dichte Behaarung schützt die Espeletienblätter vor Kälte und UV-Strahlung.

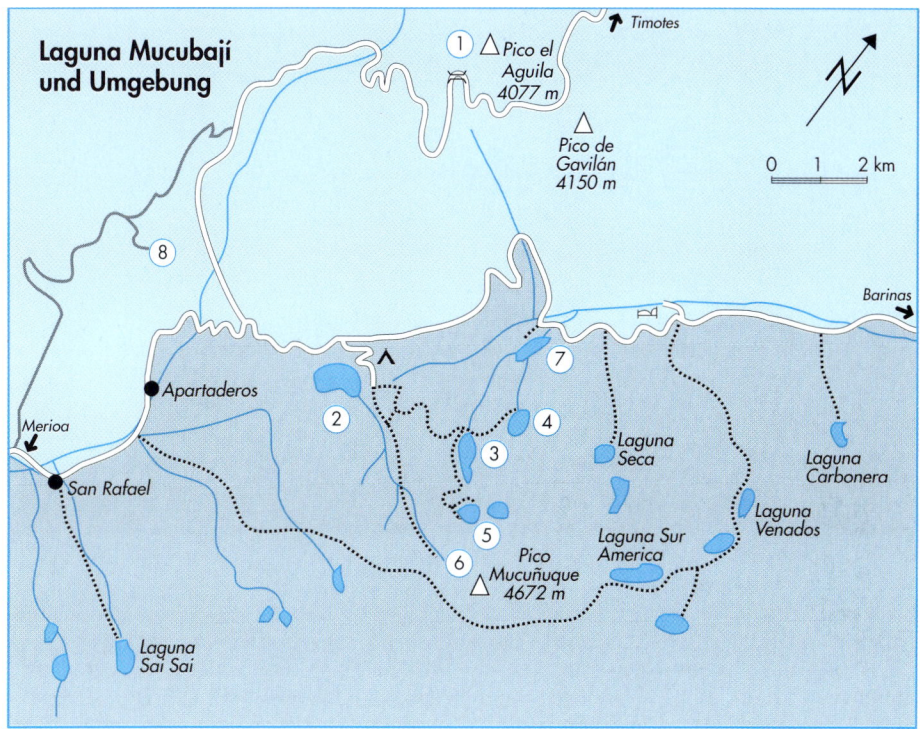

Trotz der großen Höhe leben in den Páramos und im Chirivitál erstaunlich viele Kolibriarten. Unverwechselbar ist der Helmkolibri mit seinem weißen Federschopf am Hinterkopf, dem kurzen Schnabel und der weißbraunen Färbung. Auch den Schwertschnabel kann jeder problemlos bestimmen, sein Schnabel ist mit bis zu 10 cm Länge fast so lang wie sein Körper. Andere Kolibriarten der Hochanden sind z.B. das Veilchenohr, der Buffon-Kolibri oder das Smaragdkehl-Glanzschwänzchen.

Im Gebiet unterwegs

Für Wanderungen im Gebiet gilt: Wer nicht an die Höhe angepaßt ist, sollte langsam gehen. In dem offenen Gelände ist es leicht, sich zu orientieren, aber Vorsicht bei Nebeleinbrüchen! Möglichst am Vormittag gehen, nachmittags ist das Wetter meistens schlechter. Das Büro der Nationalparkbehörde Inparques in Mérida (s.S. 91) verkauft eine Wanderkarte.
Der **Paso El Aguila** ① ist mit 4007 m Höhe die höchste Paßstraße Venezuelas. Die Fahrt durch die Páramos und über den Paß ist vor allem wegen der landschaftlichen Schönheit empfehlenswert.
Die bekannteste Lagune der Gegend ist die **Laguna Mucubají** ②. Dort sind natürlich auch die meisten Besucher, so daß man einen der anderen Bergseen aufsuchen sollte, wenn man ungestört sein will. An der Laguna Mucubají befindet sich ein Posten des Nationalparks. Man erhält dort Informationen und die Erlaubnis zum Zelten im Gebiet.
Die Laguna Mucubají ist Ausgangspunkt für Touren in der Umgebung. Wer will, kann dort Pferde und Führer mieten. Sehr

Im Nationalpark Sierra Nevada gibt es viele malerische Lagunen.

beliebt ist die 4 km lange Wanderung zur **Laguna Negra** ③. Um diese Lagune wachsen die typischen Chirivitál-Wälder, Vögel sind dort häufig zu sehen. Von hier aus kann man entweder in östlicher Richtung weitergehen zur **Laguna La Canoa** ④ oder man folgt dem Weg an der Westseite der Laguna Negra südlich zu den zwei kleinen Seen **Lagunas Los Patos** ⑤.

Ein weiterer Weg führt von der Laguna Mucubají Richtung Süden. Man geht über typische Páramos auf den Pico Mucuñuque ⑥ zu. Der Weg endet vor dem 4672 m hohen Berg.

Einige Kilometer östlich der Laguna Mucubají liegt südlich der Straße die **Laguna Victoria** ⑦. Dieser Bergsee ist nicht mehr ganz ursprünglich. Der Abfluß hatte nämlich den Moränenwall schon durchschnitten und die Lagune war leergelaufen. Erst nachdem dieses Loch gestopft war, erhielt die Lagune wieder ihre vorherige Ausdehnung.

Unsere Karte gibt einen Überblick über die wichtigsten anderen Bergseen, die man besuchen kann. Der Eigeninitiative sind hier kaum Grenzen gesetzt. Tips geben auch die Mitarbeiter des Nationalparks. Für längere Wanderungen ist eine Karte empfehlenswert, bei Nebel ist ein Kompaß unentbehrlich.

Das Flammenfähnchen gehört zur Familie der Braunwurzgewächse (Scrophulariaceen).

Der »Coloradito« ist der häufigste Baum der hochandinen Chirivitáls.

54 Espeletienarten gibt es in Venezuela, die meisten davon im Andenbereich.

Wegen der klaren Bergluft hat die Universität Mérida in der Nähe des Pico El Aguila, etwa 10 min. Autofahrt von Apartaderos, ein **astronomisches Observatorium** ⑧ eingerichtet. Es kann von Touristen besucht werden. Information über Vorführtermine erhält man unter der Telefonnummer (074) 792660 oder 791202.

Praktische Tips

Anreise
Die Laguna Mucubají ist mit den Bussen und Por Puestos zu erreichen, die Mérida und Barinas verbinden. Am interessantesten ist sicher die Anreise von Valera aus über den Paso El Aguila. Wer von Valera aus anreist, muß an der Kreuzung kurz vor Apartaderos aussteigen und die restlichen rund 3 km zur Lagune wandern.

Klima/Reisezeit: Siehe S. 90.

Am Bau der Blüten erkennt man, daß die Espeletien zu den Korbblütlern gehören.

Unterkunft
Hotels gibt es in Apartaderos und Mucuchies (an der Straße nach Mérida). Sehr beliebt ist das stimmungsvolle Hotel Los Frailes, das mitten in den Páramos liegt, etwa 3 km östlich der Laguna Victoria. Zelten kann man an der Laguna Mucubají und der Laguna Negra, oder mit Erlaubnis von Inparques überall in den Páramos.

11 Westliche Llanos

Tierparadies Venezuelas; Savannen-
landschaft mit extremer Artenvielfalt;
Überschwemmungsflächen des
Orinoco.

Zwischen den Ostausläufern der Anden
im Norden und dem Orinoco im Süden er-
strecken sich die Llanos des Orinoco. Das
spanische Wort »llano« bedeutet flach,
eben. Obwohl Teile der Llanos leicht ge-
wellt sind, trifft diese Beschreibung doch
weitgehend zu.
Man unterscheidet zwei Typen von Llanos:
❐ Die Llanos altos grenzen im Norden an
die venezolanischen Anden. Sie liegen
meist auf 100–200 m Höhe und werden
nicht überschwemmt. Die Städte Barinas,
Guanare und San Carlos liegen z.B. in dieser Zone.
❐ Auf die Tieflagen (50–100 m Höhe) beschränken sich die Llanos bajos. Diese
Zone grenzt im Süden an den Orinoco.
Zur Regenzeit, also zwischen Mai und November, tritt der Fluß und seine Seitenarme
über die Ufer und überflutet weite Flächen
der Llanos bajos.

Wasserschweine sind die größten Nagetiere; sie können
10 Min. lang tauchen.

Für die Wirtschaft Venezuelas sind die Llanos von großer Bedeutung. Ergiebige Öl-
quellen befinden sich vor allem in den östlichen Teilen rund um die Stadt El Tigre.
Dort wurden außerdem große Kiefernaufforstungen angelegt. Die Wälder der Llanos altos sind für die Holzindustrie von
großer Bedeutung, die Städte Barinas und
Guanare sind wichtige landwirtschaftliche
Zentren. Hier liegen die größten Acker-
baugebiete Venezuelas. In den Über-
schwemmungsbereichen der Llanos bajos
ist Ackerbau unmöglich, dafür gibt es riesige Rinderfarmen. Leider brennen viele Far-
mer gegen Ende der Trockenzeit, wenn die
Nahrung für die Rinder knapp wird, die Savannen ab. Nach den Bränden sprießt
zwar kurzfristig frisches Gras für die Rinder, gleichzeitig führt das Abbrennen aber
zu einer Verarmung der Pflanzenwelt.
Für europäische Verhältnisse ist die Größe
dieser Farmen (»Hatos«) unvorstellbar.
Flächen so groß wie unsere Landkreise
sind eher die Regel als die Ausnahme. Teilweise wurden Dämme gebaut, um die
Überschwemmungen zu mildern und das
Wasser zur Bewässerung (z.B. von Reisfel-
dern) während der Trockenzeit zu verwenden. Zu diesen Bauwerken gehören z.B.
der Guárico-Staudamm bei Calabozo oder
die »Módulos« bei Mantecal.
Vor allem die Überflutungsflächen der Llanos bajos beherbergen eine extrem artenreiche Tierwelt. Ganz sicher wird man nirgendwo sonst in Venezuela so viele Tiere
sehen wie in den Llanos! Sowohl von den
Umweltfaktoren als auch von den Tierarten her weisen die Llanos große Ähnlichkeit zum vielgepriesenen Pantanal in Brasilien (s.S. 166) auf. Besonders die Zonen
westlich von San Fernando de Apure sind
für ihren Tierreichtum berühmt. Allein auf
Hato Piñero, einer großen Farm, wurden
über 340 Vogelarten beobachtet! Noch

In den weiten Ebenen der Llanos wird auf riesigen Flächen Viehzucht betrieben.

auffälliger ist der Reichtum an Reptilien und Säugetieren. So sind z.B. Wasserschweine in den Llanos noch häufiger als im Pantanal; Kaimane sind fast ebenso häufig zu sehen. Leider wurden (und werden) auch in den Llanos die Tiere stark bejagt und so findet man heute den extremen Tierreichtum im wesentlichen auf einigen Farmen, die schon seit Jahrzehnten die Tiere auf ihrem Gebiet schützen. Viele dieser Farmen nutzen den Tierreichtum, um Touristen anzuziehen. Dort sind die Tiere relativ zutraulich und vor allem zur Trockenzeit ist es leicht, große Mengen an Tieren zu beobachten. Diese versammeln sich dann an den wenigen verbliebenen Wasserlöchern.

Pflanzen und Tiere

Die Vegetation der beiden Llanostypen unterscheidet sich stark voneinander. Die nördlichen Gebiete, die nicht überschwemmt werden, waren ursprünglich weitgehend mit Saisonregenwäldern bewachsen. Da sie im Einflußbereich der Passatwinde aus der Karibik wachsen, werden sie auch als Passatwälder bezeichnet. Sie wurden durch Land- und Holzwirtschaft schon stark dezimiert. Hier finden sich nämlich viele wirtschaftlich wichtige Arten wie Mahagoni (S. 71) und »Cedro«. Der Regenbaum (»Samán«) hingegen bleibt wegen seiner ausladenden Kronen oft als Schattenbaum stehen. Typisch ist

Die Flügelmuster sind wichtig für das komplizierte Balzverhalten der Sonnenralle.

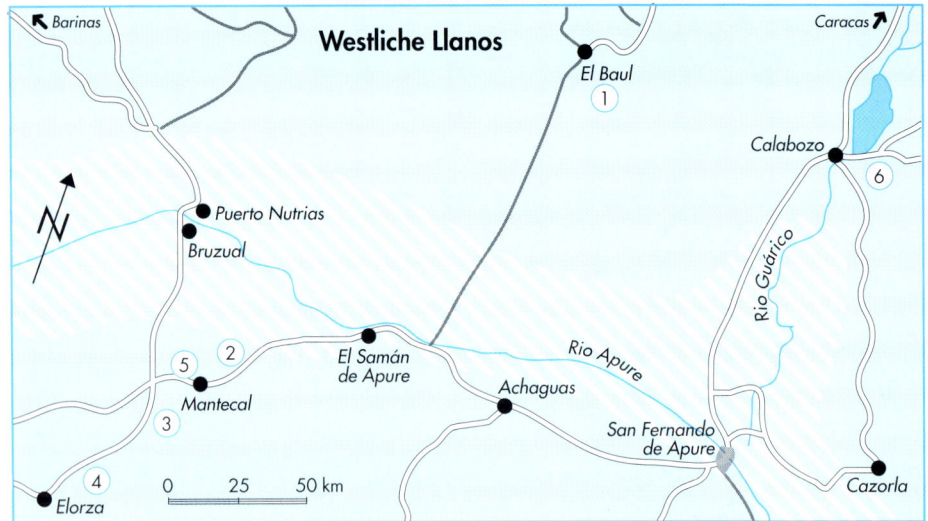

der Sandbüchsenbaum mit seinem dornigen Stamm, der eine giftige Milch enthält. Seinen deutschen Namen erhielt der Baum, weil die reifen Früchte mit einem lauten Knall platzen.

Je weiter man nach Süden in die Überschwemmungsbereiche kommt, desto mehr reduzieren sich die Wälder. Die alljährlich überschwemmten Flächen sind vor allem mit Gräsern bewachsen. Häufig sind Palmenhaine und Galeriewald entlang der Flußläufe. Typisch ist die »Moriche«-Palme und die ähnliche »Palma llanera« .

Wesentlich interessanter als die Pflanzen sind die Tiere der Llanos. Die unglaubliche Vielfalt ist natürlich bei den Vögeln am auffälligsten. Der feuchten Umgebung entsprechend gibt es eine Unmenge an Reihern, Ibissen, Enten und anderen Wasservögeln. Alle in Venezuela heimischen Ibis- und Storcharten, darunter der große Jabiru (s.S.170), kommen in den Llanos vor. Der Marmorreiher (S.107) wird wegen seines lauten Rufes von den Einheimischen als »Pájaro vaco« (Rindervogel) bezeichnet. Der urtümlich aussehende Hoatzin (S.106) ist entlang der Flüsse häufig zu sehen.

Von den Singvögeln ist sicher der leuchtendrote Purpurtyrann am auffälligsten, den man oft auf Drahtzäunen sitzen sieht. Nur das Männchen hat die auffällige rote Färbung, die Weibchen sind braunweiß und nur am Scheitel und am Bauch rötlich gefärbt. Auch der weißgraue Gabeltyrann ist leicht zu erkennen. Der gegabelte Schwanz dieser in ganz Venezuela häufigen Art ist manchmal doppelt so lang wie der Körper.

Besonders häufig in Viehzuchtgebieten zu finden sind der Rabengeier, der Karakara und die verschiedenen Arten der Ani-Kuckucke. Die beiden zuerst genannten ernähren sich hautsächlich von Aas, das natürlich bei den Farmen häufig ist. Rabengeier sind sehr oft in der Nähe von Dörfern und Städten zu sehen, wo sie die Müllhalden nach Freßbarem durchsuchen.

Die schwarzen Ani-Kuckucke ernähren sich von Insekten, die sie am Boden (oft auf den Rinderweiden) suchen. An ihrem dicken Schnabel, dem langen Schwanz und dem typischen Gleitflug kann man sie leicht erkennen. Im Gegensatz zu den einzelgängerischen europäischen Kuckucken sind sie keine Brutschmarotzer. Sie treten in Gruppen auf und meistens legen mehrere Weibchen ihre Eier in dasselbe Nest. Von den Säugetieren sind sicher die Wasserschweine am häufigsten zu sehen. Sie sind die größten Nagetiere der Welt und können über 1 m lang und 70 kg schwer werden. Im Pliozän (vor etwa 5 Mio. Jahren) erreichten Wasserschweinverwandte sogar die Größe eines Nashorns. Die heutigen Wasserschweine führen ein Leben, das an die Nilpferde Afrikas erinnert: Sie suchen ihre Nahrung vorwiegend in den Morgen- und Abendstunden an Land und verbringen die restliche Zeit im Wasser, wohin sie auch bei Gefahr flüchten. Sie können bis zu 10 Minuten tauchen und hervorragend schwimmen.

Ani-Kuckucke sind gesellig; sie brüten ihre Eier selbst aus.

Vor allem in der Woche vor Ostern werden Wasserschweine gejagt, weil ihr Fleisch als Fastennahrung in der Karwoche gegessen wird. Man glaubt nämlich, daß das Fleisch eines im Wasser lebenden Tieres das kirchliche Fastengebot erfüllt (aus dem gleichen Grund wurden früher in Europa Biber gejagt).

Wesentlich seltener als die Wasserschweine ist der Tamandua. Dieser Ameisenbär ist vor allem nachts aktiv und klettert auch auf Bäume, um dort Termiten zu fressen. Zur Abwehr stellt er sich auf die Hinterpfoten und klammert sich dann an seinem Gegner fest.

Zu den Säugetieren gehören auch die Flußdelphine, die im ganzen Orinocogebiet vorkommen. In den Flüssen leben, neben einer Vielzahl anderer Fische, Piranhas (s. S. 29) und die unangenehmen Stachelrochen, die sich gern im Uferschlamm vergraben und dann kaum zu sehen sind. Reptilien sind in den Llanos ausgesprochen häufig. Vor allem die Krokodil- oder Brillenkaimane (»Babas«) waren früher so zahlreich, daß sie oft von Autofahrern überfahren wurden. Leider wurden sie stark bejagt, sind aber immer noch häufig. Oft sieht man an den Tümpeln neben den Kaimanen auch die klei-

nen »Galápago«-Schildkröten (nicht zu verwechseln mit den Riesenschildkröten der Galapagos-Inseln!). Mit ihren paddelförmigen Beinen und dem abgeflachten Panzer sind sie gut ans Leben im Wasser angepaßt. Schon bei der kleinsten Störung verschwinden sie und tauchen im trüben Wasser unter. Die Köhlerschildkröten sind nur auf dem Land zu finden. Sie ernähren sich überwiegend von Früchten, Blättern

Die tagaktive Kanincheneule besiedelt Erdlöcher, die sie selbst vergrößert.

Rotstirn-Blatthühnchen sind an stehenden und langsam fließenden Gewässern häufig.

Karakaras sieht man oft an Straßen, wo sie nach Aas suchen.

und Wurzeln. Diese Schildkröten sind noch relativ zahlreich, da sie zweimal pro Jahr Eier legen und diese sowohl bei Tieren als auch bei den Menschen als Nahrung nicht sehr geschätzt sind (allerdings gilt das Fleisch als Delikatesse).

Die Anakonda (S. 27) ist immer am Wasser zu finden. Diese ungiftige Würgeschlange ist die größte Schlangenart der Welt. Allerdings wird ihre Größe immer wieder übertrieben. So mußte die Zoologischen Gesellschaft von New York, die 5000 $

Belohnung für eine 10 m große Anakonda ausgesetzt hatte, mehrere Jahre warten, bis im Orinoco-Delta ein Exemplar mit 11,40 m Länge entdeckt wurde. Die Anakonda gräbt sich, wie viele andere Tiere der Llanos auch, vor der Trockenzeit tief im Schlamm ein.

Immer noch häufig sind in den Llanos die in ganz Venezuela verbreiteten, bis zu 1,5 m großen Grünen Leguane. Sie leben vor allem an den Flußläufen und können sehr gut schwimmen. Grüne Leguane be-

Der nachtaktive Tamandua oder Kleine Ameisenbär lebt überwiegend auf Bäumen.

Der Maguaristorch ähnelt unserem europäischen Storch.

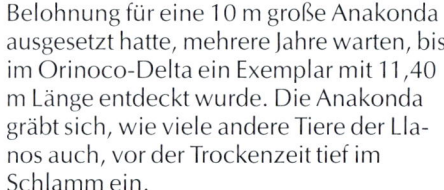

Die hier gezeigt Llanospalme ähnelt den häufigeren *Mauritia*-Palmen. Letztere werden in Venezuela als »Moriche«, in Brasilien als »Buriti« bezeichnet.

sitzen ein schmackhaftes weißes Fleisch. In Mittelamerika gibt es schon Leguan-Farmen, auf denen die Echsen zum Verkauf gezüchtet werden. Man möchte damit den Kleinbauern eine Alternative zur Rodung der Regenwälder bieten. Da die Leguane gute Kletterer sind und nur in Waldgebieten gehalten werden können, sind die Bauern dadurch selbst am Schutz der Regenwälder interessiert und haben noch dazu ein gutes Einkommen aus dem Verkauf der Leguane und deren Eier.

Im Gebiet unterwegs

Wer die Llanos besucht, sollte sich auf ein heißes und schwüles Klima vorbereiten. Vor allem zur Regenzeit sind Moskitos eine Plage, und bei Wanderungen durch das hohe Gras muß man immer mit Zecken rechnen (also immer lange Hosen tragen, Kleidung oft waschen). Trotzdem sollte es sich kein Naturfreund entgehen lassen, dieses Tierparadies zu besuchen. Um die Natur der Llanos wirklich kennen-

Unverwechselbar sind die leuchtend roten Männchen des Rubintyrannen.

Der Grüne Leguan ist noch relativ häufig; er wird bis 1,5 m lang.

zulernen, empfiehlt sich ein Aufenthalt auf einer der großen **Farmen**. Besonders diejenigen, deren Besitzer schon seit langem die Tiere auf ihrem Grund schützen, haben sich mit dem Tourismus ein zweites wirtschaftliches Standbein geschaffen. Leider ist der Aufenthalt dort nicht ganz billig. Etwa 100–200 DM pro Tag sollte man mindestens einplanen. Teilweise sind im Preis die Mahlzeiten und Tagesexkursionen eingeschlossen. Auf manchen Farmen verfügen die Gebäude über Klima-Anlagen und Schwimmbecken. Die Mitarbeiter wissen meistens sehr gut über die Natur der Llanos Bescheid, viele von ihnen sprechen Englisch. Farmaufenthalte kann man entweder in Reisebüros in Caracas buchen oder man läßt sich einen Platz von der Audubon-Gesellschaft (Adresse S. 70) reservieren.

Besonders die folgenden Farmen kommen für Besuche in Frage:

Hato Piñero ①, die bekannteste der Farmen, liegt nordwestlich von San Fernando in der Übergangszone zwischen den beiden Llanos-Typen. Der Besitzer hat neben einer touristischen Infrastruktur auch eine biologische Forschungsstation eingerichtet.

Der für Touristen zugängliches Teil des **Hato El Frio** ② wird von spanischen Biologen aus dem Coto Doñana betreut. Sie führen hier ihre Forschungsarbeiten durch und betreuen gleichzeitig die Touristen, um mit diesen Einnahmen ihre Forschungen zu finanzieren. Hato El Frio ist die billigste und einfachste der Farmen (man schläft in der Hängematte). Man kann die Wissenschaftler bei ihrer Arbeit beobachten und weiß, daß das Geld gut investiert wird.

Auch die luxuriösen Farmen **Hato El Cedral** ③ und **Hato Doña Barbara** ④ sind auf Tourismus eingestellt. Beide liegen in der Zone der Llanos bajos.

Wer über ein Auto verfügt, kann an vielen anderen Stellen der Llanos Tiere sehen, allerdings gewöhnlich nicht so viele wie auf den spezialisierten Farmen. Zu den lohnenswerten Gebieten, die nur mit dem Auto erreichbar sind, gehören die folgenden:

Die Dämme der »Módulos« bei **Mantequal** ⑤ wurden zur Hochwasserregulierung angelegt. Hier findet man natürlich vor allem eine Unmenge an Wasservögeln. Zur Regenzeit sind die Erdstraßen dort allerdings nicht befahrbar.

Auch in der Umgebung des Guárico-Staudamms ⑥ bei Calabozo sieht man viele Vögel (allerdings bei weitem nicht so viele wie auf den Farmen). Von Calabozo aus kann man auf interessanten Nebenstraßen die Llanos kennenlernen. Eine verläßt Calabozo in östlicher Richtung und gabelt sich nach etwa 10 km. Beide Straßen treffen nach 40 bzw. 60 km auf die Straße, die Richtung Norden nach El Sombrero führt. Eine andere Straße führt von Calabozo aus nach Süden zum Ort Cazorla. Von dort geht es Richtung Westen nach San Fernando.

Praktische Tips

Anreise

San Fernando erreicht man von Caracas aus über die Route Los Teques – San Juan de los Morros – Calabozo. Möglich ist auch die Anreise aus dem Westen Venezuelas über Barinas. Busverbindungen gibt es zu den Großstädten in Nord- und Westvenezuela, zur Trockenzeit auch nach Puerto Ayacucho. Tägliche Flugverbindung besteht nach Caracas und Puerto Ayacucho. Die Anreise zu den Farmen regelt man am besten bei der Reservierung (nur Hato El Frio ist leicht mit dem Bus von San Fernando nach Mantecal zu erreichen; die Busfahrer kennen die Farm).

Klima/Reisezeit

Zwischen Mai und November herrscht Regenzeit in den Llanos. Dann sind weite Bereiche überschwemmt und können per Boot befahren werden. Zu Beginn der Re-

Die Frucht des Sandbüchsenbaums.

genzeit, vor allem von April bis Juni, brüten die meisten Vogelarten. Allerdings machen Schlamm, Hitze und Moskitos den Aufenthalt während dieser Zeit nicht gerade angenehm. Weit besser ist ein Besuch zur Trockenzeit. Etwa ab Januar können fast alle Flächen befahren werden, die Tierwelt konzentriert sich dann an den übriggebliebenen Wasserstellen.
Das Klima ist heiß (im Durchschnitt 28°C), mit Maxima bis zu 38°C. Vor allem zur Regenzeit ist es sehr schwül.

Unterkunft
Wer nicht auf einer der Farmen übernachtet findet Hotels vor allem in San Fernando und Calabozo.

Adressen
Reservierung für Hato Piñero:
➪ Bio-Tours, Torre Diamen, Piso 1, Officina 1, Avenida La Estancia, Chuao, Apartado 64597, Caracas 1060 A, Tel.(02) 916965
Reservierung für Hato El Frio (nur in Spanisch):
➪ Sra. Maria, Sociedad La Salle, Caracas, Tel.(02) 7828711

Köhlerschildkröten bei der Paarung.

Blick in die Umgebung

Zwischen San Fernando und Puerto Ayacucho liegt der Nationalpark Cinaruco-Capanaparo (bzw. Santos Luzardo). Die typischen Llanos-Ebenen werden dort gelegentlich unterbrochen durch die »Galeras«, langgestreckte Sanddünen, die von den alten präkambrischen Gesteinen Südvenezuelas stammen. 320 Vogelarten wurden bisher im Park nachgewiesen. Die Straße von San Fernando nach Puerto Ayacucho führt mitten durch den Park, hier verkehren zur Trockenzeit auch Busse. Ansonsten besteht keine Infrastruktur.

Rabengeier sieht man oft bei Siedlungen.

12 Orinoco-Delta

Flußdelta mit vielen Kanälen; Regenwälder; kleine Seitenkanäle mit interessanter Tierwelt; Mangroven; Dörfer der Warao-Indianer.

Der Orinoco ist, nach dem Amazonas und dem Rio Paraná, der drittgrößte Fluß Südamerikas und der achtgrößte der Welt. Er entspringt im Inneren des venezolanischen Amazonasterritoriums (s. S. 119) und fließt dann 2500 km in einem weiten Bogen quer durch Venezuela. Mit seinen Ne-

benflüssen entwässert er eine Fläche, die fast dreimal so groß ist wie Deutschland. Das Einzugsgebiet umfaßt, neben dem Großteil Venezuelas, auch weite Gebiete des kolumbianischen Tieflandes. Nordöstlich von Ciudad Bolivar fächert sich der Orinoco in ein über 250 km breites Delta auf. Rund 18000 m³ Wasser pro Sekunde ergießen sich in den Atlantik; die mitgeführten Sedimente schieben die Küste jedes Jahr um 50 m weiter ins Meer vor. Der Rio Grande ist mit einer maximalen Breite von 28 km der Hauptmündungsarm des Orinoco. Der gesamte Schiffsverkehr

Araraunas oder Gelbbrustaras verbringen die meiste Zeit des Tages im Kronendach.

zum Industriezentrum Puerto Ordaz läuft über diesen riesigen Kanal. Andere Hauptarme (sie werden als »Caños« bezeichnet) des Orinoco sind der Macareo und Mánamo. Das ganze Delta ist von einem Gewirr aus Kanälen durchzogen und kaum besiedelt. Zu den Bewohnern des Deltas gehören rund 15000 Warao-Indianer, die schon seit Jahrtausenden dort leben. Sie sind in ihrem Lebensstil ganz an das nasse Element angepaßt, nicht umsonst bedeutet ihr Name soviel wie »die in Booten leben«. Leider wurden auch im Orinoco-Delta die Indianer stark zurückgedrängt und siedeln

Rotbrustfischer sind die häufigsten südamerikanischen Eisvögel.

jetzt vor allem an unzugänglichen Stellen im Osten des Gebiets. Einige der Dörfer, die von Missionaren betreut werden, kann man mit organisierten Touren besuchen. Da sich die Besiedlung vor allem auf die Zone um den Hauptort Tucupita und entlang der Hauptarme konzentriert, ist noch immer ein großer Teil der Wildnis im Delta

Der zentrale Teil des Orinoco-Deltas ist bisher noch weitgehend unberührt.

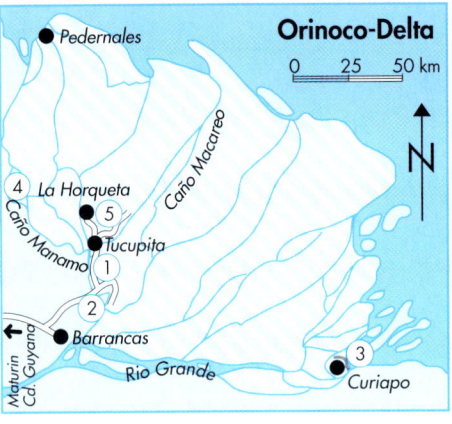

Orinoco-Delta

0   25   50 km

N

Pedernales

Caño Macareo

La Horqueta

Caño Manamo

Tucupita

Barrancas

Maturin
Cd. Guyana

Rio Grande

Curiapo

fäße und Hängematten aus den Fasern der jungen Blätter gemacht.

Die Vegetation entlang der Kanäle ist natürlich für Besucher am auffälligsten. Nicht zu übersehen sind die 3–4 m hohen Stengel von *Montrichardia arborescens*. Diese Pflanze, die zur Familie der Aronstabgewächse (Araceen) gehört, bildet regelrechte Monokulturen entlang der Kanäle, sogenannte »Rabanales« . An den Stengeln kann man leicht erkennen, wie hoch der Gezeitenunterschied ist; die regelmäßig unter Wasser stehenden Teile sind nämlich meistens mit grauem Schlamm überzogen. In der Nähe der Kanalmündungen, wo das Wasser schon salzhaltig ist, wachsen Rote Mangroven entlang der Kanäle. Leicht zu sehen sind die Schwimmpflanzen. Vor allem Wasserhyazinthen (S.173), Wasserkohl und die kleinen, runden Blätter des Schwimmfarns treiben häufig auf der Wasseroberfläche. Der Charaktervogel des Deltas ist der eigenartige Hoatzin. Dieser äußerst interessante Vogel wohnt immer an den Flußläufen und ist z.B. auch in den Llanos (s.S.96) häufig. Im Orinoco-Delta kann man fast garantieren, daß man ihn in den *Montrichardia*-Wäldern sehen wird. Obwohl er in Größe und Aussehen an ein etwas altertümliches Huhn erinnert, ist er doch näher mit den Kuckucken verwandt. Seine Nahrung besteht ausschließlich aus Blättern von Aronstabgewächsen wie der *Montrichardia*. Aus diesem Material formt der Hoatzin in seinem Kropf eine Kugel, die dann (ähnlich wie im Magen von Wiederkäuern) allmählich verdaut wird. Dabei verströmt der Vogel einen ziemlich unangenehmen Geruch, der ihn recht gut vor (menschlichen) Jägern schützt. Seine Jungen, die sehr gut schwimmen und tauchen können, besitzen, ähnlich wie der Urvogel *Archaeopteryx*, Krallen am Flügelbug. Mit ihrer Hilfe klettern sie durch das Pflanzengewirr an den Kanälen und lassen sich bei Gefahr einfach ins Wasser fallen. Bemerkenswert sind auch die großen Ara-

relativ unberührt. Seit 1991 ist ein unzugänglicher Teil des nordöstlichen Deltas als Nationalpark ausgewiesen.

Ähnlich wie am Amazonas werden auch hier weite Bereiche zur Regenzeit (Juni bis September) überschwemmt. Nur in den höher gelegenen Uferbereichen wird Landwirtschaft betrieben. Der Wasserspiegel schwankt, je nach Jahreszeit, um mehrere Meter. Es bildeten sich Steilufer, die dem Ort Barrancas am Westende des Deltas seinen Namen gaben.

Pflanzen und Tiere

Im Delta findet man zwei Hauptvegetationstypen: zum einen bis 25 m hohe Regenwälder, zum anderen niedrige Strauch- und Krautgesellschaften. Da man jedoch auf den Kanälen reist, wird man davon nur die ans Wasser grenzenden Zonen sehen. Auffallend sind die vielen Palmen in den Wäldern, die für die Bevölkerung sehr wichtig sind. So werden die Wachstumskegel der Assaipalmen geerntet, die als Palmherzen bei Feinschmeckern beliebt sind. Wie für die Pemón-Indianer der Gran Sabana (s.S.111) ist auch für die Waraos die »Moriche«-Palme (s.S.101) eine der wichtigsten Lebensgrundlagen. Neben vielen anderen Gegenständen werden Ge-

raunas oder Gelbbrustaras. Sie lieben die Sumpfzonen, wo sie gewöhnlich immer paarweise zu sehen sind. Die reichlich vorhandenen Palmfrüchte sind ihre Lieblingsnahrung. Wie alle Aras benutzen auch sie den Schnabel als drittes »Bein« z.B. zum Klettern.

Insgesamt wurden im Orinoco-Delta bisher 324 Vogelarten nachgewiesen. Besonders häufig sind natürlich Wasservögel wie Eisvögel, Reiher und Ibisse.

Nicht nur im Amazonas, sondern auch im Orinoco leben die scheuen Seekühe und Flußdelphine. Vor allem letztere kann man hin und wieder in den Kanälen sehen.

Von den Landtieren wird man wahrscheinlich nur Affen sehen, die sich gelegentlich entlang der Wasserläufe aufhalten. Dabei handelt es sich fast immer um Brüllaffen oder Kapuzineraffen (S. 76).

Der braune Marmorreiher ist relativ zutraulich.

Im Gebiet unterwegs

Bisher ist der Tourismus im Orinoco-Delta wenig entwickelt. Spanischkenntnisse sind daher von großem Nutzen, vor allem, wenn man selbst eine Tour organisieren will.

Hauptort und Verwaltungssitz des »Territorio Federal Delta Amacuro« , wie das Delta offiziell heißt, ist die Kleinstadt **Tucupita** ①. Der Ort ist, abgesehen von der Kathedrale und den Faultieren, die in den Bäumen auf dem Marktplatz hängen, nicht besonders interessant.

Da bisher keine große touristische Infrastruktur besteht, muß man sich selbst nach Touren erkundigen. Delta-Tours bietet Rundfahrten an. Billiger sind Touren mit nichtprofessionellen Veranstaltern. Am besten fragt man im Hotel, am Marktplatz oder direkt am Fluß. Folgendes sollte man beachten:
❒ Unbedingt vorab festlegen, daß möglichst oft kleine Seitenkanäle befahren werden, denn vor allem dort sieht man Tiere. Am besten nur den halben Preis anzah-

len und den Rest bei Einhaltung aller Abmachungen zahlen.
❒ Zwischendrin auch den Motor ausmachen lassen, um die Tiere nicht zu verjagen.
❒ Bei billigen Touren übernachtet man meist in Hängematten bei Kleinbauern am Fluß. Unbedingt Moskitonetz mitbringen; es heißt, daß die Kühe dort zur Regenzeit keine Milch geben, weil die Moskitos sie nicht schlafen lassen!
❒ Sonnenschutz nicht vergessen!
Je nach zur Verfügung stehender Zeit gibt

Wasserkohl bildet zusammen mit Wasserhyazinthen schwimmende Pflanzenteppiche.

Hoatzins sind mit den Kuckucken verwandt; sie ernähren sich ausschließlich von den Blättern der Aronstabgewächse, z.B. der abgebildeten *Montrichardia arborescens.*

es zwei Hauptrichtungen für Bootstouren. Wer 3–5 Tage Zeit hat, kann die **Warao-Missionen** im Osten des Deltas bei Curiapó ③ besuchen. Diese Touren starten beim Polizeikontrollpunkt Volcán ② etwa 20 km südlich von Tucupita. Allerdings fährt man bei diesen Touren relativ lange auf den breiten und uninteressanten Haupt-kanälen.

Touren für 2–3 Tage führen meistens Rich-tung Norden auf den **Caño Manamo** ④ und seine Seitenkanäle. Allerdings muß man auch hier einige Stunden Fahrzeit auf dem Hauptkanal einrechnen. Bei diesen Touren werden gelegentlich einige **Indianerdörfer** in der Nähe besucht. Hier bekommt man ein gutes Bild vom trostlosen Leben der In-dianer Südamerikas – von Romantik keine Spur. Die »Zivilisation« zerstörte ihre ei-gene Kultur, konnte aber keine neuen Per-spektiven aufzeigen. So müssem diese In-dianer heute von den Almosen des Staates leben.

Wer wenig Zeit hat fährt am besten die 23 km nach **La Horqueta** ⑤. Dort kann man schon für einige Stunden Boote mieten und bekommt trotzdem einen recht guten Eindruck von der Natur des Deltas.

Praktische Tips

Anreise
Sowohl von Caracas als auch von Puerto Ordaz fahren mehrmals täglich Busse nach Tucupita. Flüge gibt es nach Caracas, Porlamar und Guiria.

Klima/Reisezeit
Regenzeit ist von April bis September. Während dieser Zeit kommt es immer wie-der zu Überschwemmungen; Moskitos sind dann eine Plage! Die trockensten und am besten für Besuche geeigneten Monate sind Februar und März. Während des ganzen Jahres ist es heiß (30–35°C) und schwül.

Adressen
Tourveranstalter:
➪ Delta Tours, Calle Pativilca 75,
   Tel. (087) 22986, Tucupita

13 Gran Sabana

Einzigartige Tafelberge mit spezieller Vegetation; herrliche Landschaften mit vielen Wasserfällen; höchster Wasserfall der Welt; Schwarzwasserflüsse; Pemón-Indianer; Goldgräber.

Eine der eigentümlichsten Landschaften Südamerikas ist die Gran Sabana im Süden Venezuelas. Aus dieser Hochebene, die so groß ist wie Baden-Würtemberg, erheben sich riesige, bizarre Tafelberge, die sogenannten Tepuis. Das Wort stammt aus der Sprache der hier lebenden Pemón-Indianer und bedeutet »Haus der Götter« . Die fast senkrechten Wände der Tepuis ragen teilweise mehr als 2000 m über das 1000 – 1200 m hoch gelegene Umland hinaus. Als »lost world« des englischen Schriftstellers Conan Doyle fanden sie sogar Eingang in die Literatur. Noch heute sind viele der unzugänglichen Tepuis weiße Flecken auf der Landkarte oder wurden erst in den letzten Jahren genauer erforscht. Dabei fand man enorm viele bisher unbekannte Pflanzen- und Tierarten, die oft nur auf einem einzigen dieser Tafelberge vorkommen. Man nimmt an, daß etwa 70% der Pflanzenarten auf den Tepuis endemisch sind, d.h. nur dort vorkommen. Durch das spezielle Klima auf den Hochplateaus und die große Höhendifferenz zum Umland sind die Tafelberge so isoliert wie Inseln im Meer. Da diese Isolation schon seit Millionen von Jahren andauert, konnten sich für den jeweiligen Tafelberg charakteristische Pflanzen- und Tierarten entwickeln. Ähnliche Verhältnisse mit vielen endemischen Arten, die nur auf einem kleinen, eng begrenzten Areal vorkommen, findet man nur an wenigen anderen Orten der Welt, z.B. auf den Galápagos-Inseln.

Zur landschaftlichen Schönheit der Gran Sabana tragen neben den Tepuis vor allem die vielen Wasserfälle bei. Zu den Superlativen und Hauptanziehungspunkten Venezuelas zählt auf jeden Fall der Salto Angel, der höchste Wasserfall der Welt. Etwa

Der Roraima-Tepui liegt am Dreiländereck zwischen Brasilien, Venezuela und Guyana.

Eine typische Ameisenpflanze: die *Tococa*.

1000 m tief (die Höhenangaben sind unterschiedlich) stürzen die Wassermassen vom Auyán-Tepui, dem flächenmäßig größten der insgesamt 97 Tafelberge. Daneben gibt es noch viele weitere sehenswerte Wasserfälle.

Die gesamte Gran Sabana liegt in einem Gebiet, das von Geologen als Guyanaschild (s.S.12) bezeichnet wird. Mit einem Alter von mindestens 1,7 Mrd. Jahren gehören die Gesteine dieser Gegend mit zu den ältesten Sedimentgesteinen, die auf der Erde bisher gefunden wurden. Die normalerweise angewandte Methode zur Altersbestimmung mit Hilfe von Fossilien versagte hier, weil sich in dem Gestein keine Reste von Lebewesen fanden. Erst über Radioaktivitätsmessungen an Gesteinen, die im geschmolzenen Zustand in den Sandstein eingedrungen waren, konnte man das ungefähre Alter bestimmen. Zu der Zeit, als diese Gesteine entstanden, war das Leben noch kaum entwickelt. Südamerika war damals noch fest mit Afrika verbunden (s.S.10); in Nordafrika findet man auch ähnliche Sandsteinformationen. Nach der heute akzeptierten Erklärung entstanden die Tepuis aus den Sandmassen, die sich vor einigen Mrd. Jahren am Grund eines flachen Meeres abgelagert hatten. Diese Sedimente verfestigten sich zu Sandstein, wurden durch geologische Prozesse angehoben und durch Wind- und Wassererosion zu den heutigen Tafelbergen geformt. Stellenweise kommt der unter dem Sandstein liegende Granit an die Oberfläche und bildet sogenannte »Lajas«. Diese Hügel oder Felsen sind vor allem um Puerto Ayacucho (s.S.121) häufig zu sehen.

Die Böden, die aus dem Sandstein der Gran Sabana entstanden, sind extrem nährstoffarm und sauer (pH 3–4). Das Schwarzwasser (s.S.133) der Flüsse dieser Gegend ist daher sehr arm an Nährstoffen und Lebewesen. Um trotzdem in dieser Umwelt überleben zu können, haben sich viele Pflanzenarten darauf spezialisiert, tierisches Eiweiß als Zusatznahrung zu nutzen. Nirgendwo sonst auf der Welt gibt es soviele fleischfressende Pflanzenarten wie auf den Tepuis und in der Gran Sabana.

Die ursprünglichen Bewohner der Gran Sabana Venezuelas und des angrenzenden brasilianischen Gebietes sind die Pemón-Indianer. Sie haben sich relativ gut ins »moderne« Leben eingefügt und viele von ihnen sprechen neben ihrer eigenen Sprache auch Spanisch und Portugiesisch. In Sta. Elena erscheint sogar eine Zeitung in diesen drei Sprachen.

Um die einzigartige Natur zu schützen, wurde 1962 fast die gesamte Gran Sabana als Nationalpark Canaima (der drittgrößte Nationalpark der Welt) unter Schutz gestellt. Leider kam es in den letzten Jahren zu vielen Zerstörungen auf dem Roraima, einem der wenigen einfach zu besteigenden Tepuis. Daher wurde generell das Betreten dieser einmaligen Tafelberge verboten und bis zur Einrichtung geeigneter Infrastruktur sollte sich auch jeder Naturfreund an dieses Verbot halten.

Pflanzen und Tiere

Nur der südöstliche Bereich der Gran Sabana besteht wirklich aus Savannen, im Norden und Westen wachsen dagegen vor allem Regenwälder. Diese artenreichen Wälder bilden den Nordrand der amazo-

Goldgewinnung

Die Gebiete der alten Schildlandschaften (s.S.12) sind reich an Gold und anderen Bodenschätzen. Viele der Ärmsten hoffen, in den Goldminen schnell zu Reichtum zu kommen – eine Hoffnung, die sich fast nie erfüllt.

In den großen Goldminen wird zuerst das Erdreich mit einem scharfen Wasserstrahl ausgewaschen (Bagger werden kaum eingesetzt). Diese Brühe läßt man dann durch eine Reihe von Wasserbecken laufen, die als eine Art »Wassertreppe« angeordnet sind. Dabei setzen sich die schwereren Goldpartikel zusammen mit Steinen am Boden der Becken ab. Dieser Bodensatz wird mit Quecksilber versetzt. Das Gold löst sich im Quecksilber auf und kann aufgrund der hohen Dichte des Quecksilbers von der übrigen wäßrigen Suspension abgetrennt werden. Die Gold/Quecksilbermischung wird dann erhitzt. Dabei verdampft das Quecksilber und das reine Gold bleibt zurück. Es wäre kein Problem, die Quecksilberdämpfe wiederzugewinnen. Da aber das Quecksilber vom Betreiber der Mine und nicht von den Arbeitern bezahlt wird, haben diese kein Interesse an der Wiedergewinnung des giftigen Metalles.

Einzelschürfer können sich hingegen das teure Quecksilber kaum leisten. Sie waschen das Gold daher immer noch mit der Waschpfanne aus dem Boden. Durch die Goldgewinnung werden in Südamerika große Urwaldflächen zerstört; Gewässer und Luft werden durch die Quecksilberrückstände vergiftet.

Goldminen hinterlassen leblose Wüsten.

nischen Wälder. Die Tepui-Plateaus (die man höchstens beim Rundflug zum Salto Angel sehen wird) sind meist mit einer moorähnlichen Vegetation oder mit niederen Wäldern bewachsen (S.17).

Zu den auffälligen Gräsern der relativ artenarmen Savannen gehört das *Bulbostylis*-Gras, das nur nach Bränden blüht. Die Stockschöpfe dieser Art wachsen vor allem in flachen Senken. Bis heute ist sich die Wissenschaft noch nicht sicher, ob die Grasflächen der Gran Sabana natürlichen Ursprungs sind, oder ob sie durch Abrodung des Waldes durch die Indianer entstanden sind.

Für die Pémon-Indianer ist vor allem die »Moriche« -Palme von großer Bedeutung (s.S.101). Stamm und Blätter dieser Fächerpalme sind wichtige Baumaterialien; die Früchte sind so reich an Vitamin C wie Orangen und aus dem Fruchtmark wird nach dem Abpressen des Öls (das viel Vitamin A enthält) Stärke zum Brotbacken gewonnen. Die kleinen Körbchen, die z.B. in Sta. Elena zum Kauf angeboten werden, sind aus Fasern der jungen Palmblätter gefertigt. Die Savannen sind relativ arm an Tierarten. Dagegen kann man in den Waldgebieten fast die ganze Vielfalt der amazonischen Tierarten sehen.

Eine der bemerkenswertesten Vogelarten des Gebietes ist der Felsenhahn, den man mit Glück an der Escalera, dem Aufstieg zur Gran Sabana, sehen kann. Die Männchen dieser Art, die die Gebiete südlich des Orinoco besiedeln, fallen durch die leuchtend orange Färbung und den bizarren Federkamm auf Schnabel und Kopf sofort auf. Auf regelrechten Tanzplätzen im Wald führen manchmal bis zu 55 Männchen Tänze auf, um den unauffällig braun gefärbten Weibchen zu imponieren, die hier ihren Partner aussuchen. Da die auffälligsten Männchen meistens die besten Fortpflanzungschancen haben, hat sich im Lauf der Evolution das seltsame Aussehen der Männchen herausgebildet. Ein ähnliches Verhaltensmuster (die sogenannte »Arenabalz«) findet man auch bei vielen anderen Arten der Schmuckvögel (zu denen der Felsenhahn gehört) und der Schnurrvögel. Im Gebiet um die Escalera hört man manchmal die glockenartigen Rufe des Flechtenglöckners (s.S.79), einem weiteren Vertreter der Schmuckvögel. In Canaima sollte man immer wieder mal einen Blick in die Kronen der Mangobäume werfen. Vor allem wenn die Früchte reif sind, sieht man dort die Tukane, die mit ihren langen Schnäbeln versuchen, die Mangos zu pflücken.
Zu den größeren Säugetieren der Gegend gehören z.B. Agutis (S.147), Pakas (S.171) und die großen Flachlandtapire (S.24). Gelegentlich sieht man an Flußläufen »Tunnels« in der Vegetation, die von Tapiren angelegt werden. Sogar auf den Tepuis wurden Tapire und andere größere Tiere entdeckt. Bis heute kann niemand erklären, wie sie dorthin gelangten.
Zu den gefürchteten Insekten der Gegend gehört die 24-Stunden-Ameise. Der Biß dieser bis zu 2 cm großen Ameise verursacht etwa für einen Tag sehr starke Schmerzen. Am besten schaut man immer genau, was man mit den Händen berührt.

Im Gebiet unterwegs

Canaima-Camp: Bisher ist der Nordwest-Teil der Gran Sabana mit dem Canaima-Camp ① am besten touristisch erschlossen. Die Hotelanlage (von der Fluggesellschaft Avensa betrieben) und der gleichnamige kleine Ort liegen nicht, wie oft behauptet, in dichtem Urwald, sondern in einer savannenähnlichen Landschaft am Ufer des Rio Carrao. Dieser typische Schwarzwasserfluß bildet direkt am Camp, unterhalb des malerischen Wasserfalls Salto Hacha, eine schöne Lagune mit weißem Sandstrand. Baden ist hier (wie in den meisten Schwarzwasserflüssen) problemlos möglich. Leider sind die Möglichkeiten zur Naturbeobachtung direkt am Camp recht begrenzt, es existieren kaum Pfade für eigene Erkundungen. Möglich sind kurze Wanderungen am Rio Carrao flußaufwärts an die Oberkante der Wasserfälle und auch flußabwärts. Ansonsten ist man weitgehend auf organisierte Touren angewiesen, die man vor Ort buchen kann. Interessant ist die Tour zum **Salto El Sapo**. Ein Weg führt dort hinter den Wasserfall!
Canaima ist Ausgangspunkt für Touren zum höchsten Wasserfall der Welt, dem **Salto Angel** bzw. Churún merú, wie ihn die Indianer nennen ②. Drei- bis fünftägige Touren per Boot führen zur leider nicht mehr ursprünglichen Isla La Orquídea und an den Fuß des Salto Angel. Wem diese Touren zu lang oder zu teuer sind, der kann auch einen Rundflug zum Wasserfall unternehmen. Lohnenswert ist das allerdings nur zwischen Juni und November, wenn der Fall genügend Wasser führt. Während der übrigen Monate sieht man nur einen dünnen Wasserschleier anstelle des Wasserfalls.
Am besten bucht man einen Aufenthalt in Canaima von Caracas aus. Zelten ist zwar im Camp nicht erlaubt, in der Umgebung wird man aber sicher einen Platz finden.

Mit über 1000 m Höhe ist der Salto Angel der höchste Wasserfall der Welt.

Felsenhähne tanzen in einer Balzarena.

Bulbostylis-Gras blüht nur nach Bränden.

Eine Bromeliengattung, die vor allem auf den Tepuis vorkommt, deren Vertreter aber auch in der Gran Sabana wachsen, ist *Broccinia*. Früher vermutete man, daß diese Pflanzen fleischfressend seien, was aber inzwischen widerlegt wurde. Ihre langen Blattkelche sieht man an feuchten Stellen, z.B. an der Quebrada Pacheco. Dort sollte man auch zwischen den Grasbüscheln nach den nur wenige Millimeter großen, fleischfressenden Sonnentaupflanzen Ausschau halten.

Besondere Anpassungen besitzen auch Vertreter der Gattung *Tococa* aus der Familie der Schwarzmundgewächse. Diese Pflanzen beherbergen in den Blasen am Blattgrund Ameisen, die sie vor Freßfeinden schützen.

In den Galeriewäldern entlang der Flüsse (z.B. am Salto Kamá) sind die Bäume der Gattung *Clusia* (s.S. 51), die an ihren annähernd runden, fleischigen Blättern zu erkennen sind, häufig.

Die Gran Sabana zählt zu den orchideenreichsten Gegenden der Welt. Die Vegetation einiger Tepuis besteht zu mehr als der Hälfte aus Orchideen, und auch in den Wäldern und Gebüschen der Tieflagen sind sie häufig.

Von El Dorado nach Sta. Elena de Uairen:

Weitaus mehr Möglichkeiten zur Eigeninitiative bestehen im östlichen Teil der Gran Sabana an der Route von El Dorado nach Santa Elena de Uairen. Während der letzten Jahre hat sich diese Strecke zu einem beliebten Touristenziel entwickelt. Die Hauptstraße wurde geteert und viele Sehenswürdigkeiten sind jetzt ausgeschildert. Obwohl dadurch das Reisen wesentlich einfacher wurde, muß man doch folgendes beachten:

Eine von vielen Orchideen-Arten der Gran Sabana ist die *Encyclia*.

Dieser Blick auf den Salto Hacha bietet sich dem Besucher des Canaima-Camps.

– Die Gran Sabana ist nur dünn besiedelt, es gibt wenig Tankstellen und Versorgungspunkte.
– Nebenpisten sind meist nur mit Allrad oder nach Regen überhaupt nicht zu befahren; unter Umständen muß man Stunden warten, bis Hilfe kommt.
– Oft führen Pfade an den Flüssen entlang und laden zu Abstechern ein. Aber Vorsicht, auch hier kann man auf Schlangen stoßen.
– Vor allem an den Flüssen gibt es viele lästige Sandfliegen (»Puripuris«);
– Da das gesamte Gebiet im Grenzbereich zu Guyana und Brasilien liegt, gibt es viele Polizeikontrollen; immer alle Papiere bereit halten.
– Wegen der vielen Goldgräber im Gebiet nehmen die Malariafälle zu; Hinweise im Kapitel »Reiseplanung« befolgen.
Kurz hinter den Orten Las Claritas und KM 88 (der Ortsname gibt gleichzeitig die Entfernung zur Brücke am Ortsrand von El Dorado an) mit ihrer interessanten Goldgräber-Atmosphäre beginnt der Aufstieg zur Gran Sabana ③. Die Wälder zu beiden Seiten der als **Escalera** bezeichneten Stei-

gung beherbergen viele interessante Vogelarten. Kurz nach dem steilen Stück der Escalera, bei km 123, führt links ein etwas rutschiger Pfad in den Urwald zum 40 m hohen **Salto El Danto**, einem malerischen Wasserfall. Wenige Kilometer später erreicht man das Hochland der Gran Sabana mit seinen märchenhaften Tepuis. Lohnenswert ist ein Abstecher von der Hauptstrecke bei km 148 zum Franziskanerkloster Kavanayén ④. Diese kleine Siedlung kann man als das Herz der Gran Sabana bezeichnen, umgeben von den eindrucksvollen Tafelbergen Ptari-Tepui, Sororopán-Tepui und Torón-Tepui.

Die röhrenförmigen *Broccinia*-Bromelien gibt es nur in der Gran Sabana.

Vom Kloster aus kann man Ausflüge zum 100 m hohen Salto Aponguao (Chinák-Merú, ⑤ und zum Salto Karuái ⑥ unternehmen.

Etwa auf halber Strecke zwischen Escalera und Sta. Elena, direkt neben der Straße, kann man bei km 211 den **Salto Kamá** oder Kamá-merú ⑦ bewundern. Dieser Wasserfall fällt über 50 m senkrecht in die Tiefe. Ein kleiner Pfad führt auf der Westseite an den Unterlauf des Flußes.

Ein weiterer Wasserfall direkt neben der Straße bei km 237 ist die **Quebrada Pacheco** ⑧, die auch als Salto La Laja bezeichnet wird. Oft wird der zweite Teil der Wasserfälle auf der rechten Seite der Straße übersehen. Neben einem Posten der Park-

wächter gibt es eine kleine Hütte, um die Hängematte aufzuhängen (auch Zelten möglich). Bei km 247 liegt östlich der Straße der **Salto Yuruani** (deutlich von der Brücke über den Fluß zu sehen). Südlich der Brücke führt ein Weg zu den Fällen. Beim Ort San Francisco zweigt die Piste ab, die nach Paraitepui und von dort zum Roraima ⑨ führt. Der Berg ist offiziell von der Nationalparkbehörde für Besucher gesperrt.

Ein besonderes Kleinod ist die **Quebrada Jaspe** ⑩. Das Bett dieses flachen Baches besteht aus dem roten Halbedelstein Jaspis, dessen Farbe einen besonderen Kontrast bildet zum dunklen Grün des umgebenden Waldes. Der Weg dorthin (etwa 10

Minuten Gehzeit) zweigt bei km 289 von der Hauptstraße nach Osten ab.

Grenzort zu Brasilien ist die Kleinstadt **Sta. Elena de Uairén** ⑪. Der Ort war lange Zeit nur für Goldgräber von Bedeutung, ist aber inzwischen der Hauptort für den Tourismus in der Gran Sabana. Wer eine der vielen Goldminen der Gegend besuchen will, sollte einfach im Hotel fragen. Gelegentlich trifft man am Marktplatz Fahrer, die Versorgungsfahrten zu den Minen machen und auch Touristen mitnehmen.

Von Sta. Elena aus gibt es eine 110 km lange **Allrad-Piste nach Icabarú** ⑫. Sie führt teilweise durch herrliche Urwälder, die für Vogelfreunde ein Paradies sind. Dieses Gebiet, das außerhalb des Nationalparks liegt, ist vor allem von Gold- und Diamantensuchern bevölkert. Hier wurde 1942 auch der mit 154 Karat größte Diamant Venezuelas gefunden. Neben Goldnuggets (»Cochanos«) wird viel feiner Goldstaub aus dem Boden gewaschen. Interessanter als Icabarú ist der Ort El Pauji ⑫, 70 km von Sta. Elena. Neben einigen Wasserfällen in der Gegend ist vor allem die Wanderung zum »**Abismo**« lohnenswert. Von der Oberkante dieses Abgrunds hat man einen herrlichen Blick über die Wälder Amazoniens, die hier beginnen.

Eindrucksvoll zeigt sich die Schönheit der Gran Sabana auch von oben. Die Fluglinie Aeropostal fliegt regelmäßig auf ihren Postflügen von St. Elena nach Ciudad Bolivar auch kleine Siedlungen an. Wegen der geringen Flughöhe kann man die Aussicht auf die Landschaft besonders genießen.

Praktische Tips

Anreise

Nur eine Teerstraße, die von Ciudad Bolivar nach Sta. Elena führt, durchzieht die Gran Sabana. Von Ciudad Guyana, Ciudad Bolivar und Boa Vista in Brasilien gibt es regelmäßige Flug- und Busverbindungen nach Sta. Elena.

Canaima ist (abgesehen von einer abenteuerlichen und kaum befahrenen Piste) nur mit dem Flugzeug zu erreichen.

Klima/Reisezeit

In der Gran Sabana existiert keine ausgeprägte Regenzeit, Regenfälle sind immer möglich. Die Zeit von Dezember bis März ist am trockensten, Juli und August sind die kältesten und regenreichsten Monate. Vor allem zu dieser Zeit sind die Nebenstrecken kaum befahrbar.

Tagsüber liegen die Temperaturen meistens zwischen 20 und 30°C, nachts können die Temperaturen bis auf den Gefrierpunkt sinken.

Während der Ferienzeit von September bis Ende Oktober sind viele Hotels in Sta. Elena belegt.

Unterkunft

Hotels gibt es in den Orten Las Claritas (das teure Campamento Anaconda), KM 88 und El Pauji (nur sehr einfache Unterkünfte) und natürlich in Sta. Elena. Unterkünfte gibt es auch im Kloster Kavanayén. Campingplätze befinden sich bei Luepa (km 145) und bei der Quebrada Pacheco. In Canaima ist das Übernachten außer in der Hotelanlage auch im Zelt bzw. mit Hängematte möglich (obwohl Reisebüros oft das Gegenteil behaupten). Dann Lebensmittel am besten selbst mitbringen (sind dort sehr teuer).

Blick in die Umgebung

Von El Dorado aus werden Exkursionen in die Wälder und zu Goldgräbercamps durchgeführt.

Wer vom Norden anreist, passiert 50 km südlich von Upata die Abzweigung nach El Palmar und zum Campamento Rio Grande. Diese Orte liegen in der Imataca-Waldreserve, einer der besten Gegenden Venezuelas, um Vögel zu beobachten. Leider gibt es dort Probleme wegen Abholzungen.

14 Puerto Ayacucho und Amazonas-Territorium

Savannenlandschaft am Orinoco; amazonische Regenwälder; eigentümliche Flußverbindung zwischen Orinoco und Amazonas; Indianervölker; Stromschnellen des Orinoco.

Das Amazonas-Territorium (»Territorio Federal Amazonas«) bedeckt fast ein Viertel der Fläche Venezuelas. Der Hauptort dieses riesigen Gebiets ist Puerto Ayacucho, das noch außerhalb der Amazonaswälder liegt. Der Ort verdankt seine Existenz den Stromschnellen des Orinoco (»Raudales de Atures«), den nördlichsten einer Reihe von Stromschnellen. Sie machen eine durchgehende Schiffahrt auf dem Orinoco unmöglich. Alle mit dem Schiff transportierten Güter für die Orte im Amazonas-Territorium werden deshalb in Puerto Ayacucho ausgeladen, per LKW nach Samariapo transportiert und dort wieder eingeschifft.

Nördlich des Rio Ventuari zeigt die Landschaft noch große Ähnlichkeiten zur Gran Sabana (s. S. 109), die Berge erreichen immerhin Höhen von über 1000 m. Typisch für die Umgebung von Puerto Ayacucho sind die als »Lajas« bezeichneten Granithügel. Sie sind Teil des Guyanaschilds

Den Blauscheitelmotmot erkennt man an den typischen keulenartigen Schwanzfedern.

(s.S.12), der im Gebiet der Gran Sabana fast überall durch Sandstein überdeckt ist. Der Südteil des Amazonas-Territoriums dagegen gehört geologisch und biologisch schon zum Amazonasbecken.

Die Amazonaswälder Venezuelas beherbergen einige der sonderbarsten Naturphänomene der Welt, die allerdings nur unter großem Aufwand im Rahmen einer Expedition besucht werden können. Die größte Besonderheit ist sicher der Casiquiare, ein Fluß, der eine natürliche Verbindung zwischen dem Orinoco und dem Rio Negro und damit dem Amazonas bildet. Die Existenz dieser Flußverbindung war lange Zeit umstritten, bis Alexander von

Humboldt durch seine Expedition im Jahr 1800 endgültige Beweise lieferte. Erst vor einigen Jahren wurde entdeckt, daß die Wasserscheide zwischen den beiden Flußsystemen genau in der Mitte des Orinoco verläuft und damit ein Teil des Orinocowassers als Casiquiare zum Amazonas strömt. Man kann also mit dem Boot von Puerto Ayacucho nach Manaus fahren; hin und wieder werden solche Touren auch angeboten.

Äußerst exotisch sind auch die »Simas de Sarisariñama« . Dabei handelt es sich um 350 m tiefe und über 300 m breite, kreisrunde Löcher in der ebenen Oberfläche des Sarisariñama-Tepui. Dieser Tafelberg liegt in der Südwestecke des Staates Bolivar.

Im äußersten Südosten des Amazonas-Territoriums, nahe der brasilianischen Grenze, liegt die Quelle des Orinoco. Lange Zeit gab es Diskussionen über die genaue Lage des Ursprungs, die erst durch aufwendige Expeditionen in den letzten Jahren beendet werden konnten.

Puerto Ayacucho ist von Savannen umgeben; weiter südlich beginnt der Regenwald.

Ethnobotanik

Ethnobotanik bezeichnet einen neuen Wissenschaftsbereich, der sich mit den überlieferten pflanzlichen Medikamenten der Ureinwohner der Regenwälder beschäftigt. Norman Myers, einer der großen Tropenspezialisten, schrieb vor einigen Jahren über das Potential an Arzneipflanzen: »Allein in Lateinamerika haben wir von den 90 000 potentiellen Medizinalpflanzen erst 10 000 auf ihre Wirksamkeit getestet. Aus unserer Erfahrung können wir sagen, daß von den verbleibenden 80 000 Arten etwa 8000 Arten wirksame Substanzen gegen Krebs enthalten sollten, von denen wiederum 3 als › Superstar‹-Arzneien wirksam wären«.

Ein Beispiel eines wichtigen Medikaments ist die Chinarinde, deren Inhaltsstoff lange Zeit das einzige wirksame Medikament gegen Malaria lieferte. Wir könnten also unglaublich viel von den Ureinwohnern der Regenwälder lernen, die allein 260 Pflanzen zur Geburtenkontrolle kennen. Zum Glück hat sich in den letzten Jahren die Einsicht durchgesetzt, daß dieses Wissen für uns alle von enormer Wichtigkeit ist. Inzwischen gehen einige Forscher – vor allem botanisch geschulte Völkerkundler – mit Medizinmännern der Indianerstämme zum Pflanzensammeln und lernen das Sammeln, die Zubereitung und Anwendung der Heilpflanzen. Die Schwierigkeit dabei ist, daß nicht alle Bäume einer Art auch wirklich das Heilmittel produzieren und/oder nicht zu allen Jahreszeiten. Das Wissen der Indianer ist in dieser Hinsicht unverzichtbar, und es wäre geradezu dumm, nicht möglichst viele dieser traditionell überlieferten Kenntnisse zu nutzen und die Wälder allein aus diesem Grund zu schützen. Diskutiert wird noch über die Entlohnung der Indios. Ökonomisch und ökologisch wichtig wäre weiterhin, daß wir von den Indianern die beste Form des landwirtschaftlichen Anbaus in den Tropenwäldern lernen. Dieses Wissen würde die von den Kleinbauern Amazoniens praktizierte Brandrodung überflüssig machen.

Das Amazonasgebiet Venezuelas ist bisher wohl auch deshalb von extremer Zerstörung verschont geblieben, weil nur rund 50 000 Menschen in dem 175 000 km² großen Gebiet wohnen, davon die meisten in Puerto Ayacucho. Inzwischen sind fast ein Drittel der Fläche als Nationalpark ausgewiesen. Wegen der Unzugänglichkeit der Wälder wird das Holz kaum genutzt. Nördlich von Puerto Ayacucho treten Zerstörungen durch den Abbau von Bauxit auf. Probleme bereitet im Augenblick vor allem das Eindringen brasilianischer Goldsucher in die Serra Tapirapecó an der Südgrenze Venezuelas.

Die weiten Wälder Amazoniens gehören zu den wenigen Stellen, wo Indianervölker noch relativ ungestört sind. Hier leben z.B. die Piaroa, in deren Stammesgebiet Puerto Ayacucho liegt, die Yekuana (Maquiritare), die Corripacos und die Guahibos. Auch die Yanomamis, die in letzter Zeit z.B. durch die Aktionen des Abenteurers Rüdiger Nehberg ziemlich bekannt geworden sind und die zu den ursprünglichsten Stämmen gehören, leben in diesem Gebiet. Im angrenzenden Brasilien wurde sogar 1991 trotz heftiger Proteste von Militärs und Goldsuchern ein Schutzgebiet von der Größe Portugals für die Indianer eingerichtet.

Wer allerdings erwartet, in Puerto Ayacucho Horden von wilden Indianern zu sehen, wird enttäuscht sein. Viele Indianer

sind in Kleidung und Lebensart kaum von den übrigen Venezolanern zu unterscheiden.
Leider kann Puerto Ayacucho nicht mit den brasilianischen Amazonasstädten wie Manaus oder Belém konkurrieren. Man vermißt vor allem die für Brasilien typische Atmosphäre mit Flußbooten und Märkten mit amazonischen Früchten und Fischen. Puerto Ayacucho ist aber der einzige venezolanische Ausgangspunkt für Touren in die amazonischen Wälder und wird daher oft besucht.

Pflanzen und Tiere

In vielen Reiseführern wird Puerto Ayacucho als eine Stadt im Urwald beschrieben. In Wirklichkeit liegt der Ort in einer Zone mit savannenartiger Landschaft, die sich als schmaler Streifen an der Südseite des Orinocos hinzieht. Ähnliche, nicht vom Menschen verursachte Savannen gibt es auch innerhalb der sonst geschlossenen Waldgebiete, vor allem entlang des Rio Ventuari. Einer der häufigsten Bäume in dieser Savannenzone (und auch in Zentralbrasilien) ist der »Chaparro«. Dieser knorrige Baum ist ziemlich unempfindlich gegen Brände und daher vor allem auf

früher abgebrannten Flächen zu finden, wo er ohne Konkurrenz wachsen konnte. Bei den südlich an die Savannen angrenzenden Wäldern handelt es sich teilweise noch um Saisonregenwälder. Weiter im Süden beginnen dann die typischen immergrünen Regenwälder Amazoniens. Gelegentlich kommt es im Amazonasgebiet zu einer Erscheinung, die als »Sauerstoffherbst« bezeichnet wird. Vor allem im November und Dezember, also am Ende der Regenzeit, fällt dieses Phänomen auf. Dabei verfärben sich normalerweise immergrüne Bäume oder werfen sogar ihre Blätter ab. Grund dafür ist der Sauerstoffmangel im Wurzelbereich der Bäume, der durch langandauernde Überschwemmungen verursacht wird.
Die Granitfelsen (»Lajas«) in der Umgebung von Pt. Ayacucho sind besonders für Pflanzenfreunde interessant. Auf ihnen findet man, neben Kakteen, Palmen und Bromelien auch Vertreter der Familie der Vellosiaceen, deren Verwandte vor allem in den Savannen Brasiliens wachsen. Sehr viele Pflanzen der »Lajas« sind endemisch.
Im Amazonasgebiet wächst die Nationalblume Venezuelas, die Orchidee *Cattleya violacea*. Ihre großen violetten Blüten sind zwischen Februar und Mai zu sehen.

Der Schildkrötenfels (Piedra tortuga) ist ein typisches Beispiel für eine »Laja«.

Fast unüberschaubar ist die Artenvielfalt der Vögel Amazoniens; 680 Vogelarten wurden bisher in diesem Teil Venezuelas gefunden. Allerdings leben viele von ihnen in den Baumkronen, wo sie kaum zu sehen sind.

Eigenartigerweise bildet der Orinoco eine scharfe Verbreitungsgrenze für viele Vogelarten, die entweder nur südlich oder nur nördlich des Stromes vorkommen. Auch viele andere Flüsse Amazoniens wirken als Barriere für Vogelarten, obwohl sie leicht überflogen werden könnten und auch die Waldtypen an beiden Ufern dieselben sind.

Wie in anderen tropischen Wäldern bevorzugen auch hier einzelne Vogelgruppen bestimmte Stockwerke des Waldes. Am Waldgrund leben verschiedene hühnerähnliche Vögel wie die Steißhühner oder der Graurücken-Trompetervogel. Dieser bis zu 50 cm große, mit den Kranichen und Rallen verwandte Vogel ist ziemlich gesellig und bildet Gruppen bis zu 100 Tieren. Waldindianer halten ihn gelegentlich als »Wachhund«, wozu er durch seine lauten Rufe gut geeignet ist. Auch viele der unauffällig gefärbten und schwer zu unterscheidenden Ameisenvögel bevölkern den Waldgrund.

Die mittleren Stockwerke des Waldes sind der bevorzugte Lebensraum von so artenreichen Familien wie Trogons, Glanzvögel, Kolibris, Schnurr- und Schmuckvögel. Die Baumkronen werden von vielen farbenprächtigen Vögeln bevölkert, darunter Tukane, Papageien und Tangare. Wissenschaftlich belegt ist die Tatsache, daß die Farbenpracht der Vögel und auch der Schmetterlinge von unten nach oben stark zunimmt. Allerdings gibt es auch hier Ausnahmen. So kann man die leuchtend blauen Morpho-Schmetterlinge (S. 64) auch am Waldgrund beobachten.

Gelegentlich entdeckt man bizarre Raupen.

Der »Sapo minero«, ein Baumsteigerfrosch.

Das bemerkenswerteste Reptil der Orino-
co-Gegend ist die Arrauschildkröte. Sie ist
die größte Süßwasserschildkröte Südamerikas und erreicht Größen bis zu 1 m und
ein Gewicht bis zu 60 kg. Die Arrauschild-
kröten machen jährliche Wanderungen
von bis zu 160 km, um die Inseln im Orinoco zu erreichen, auf denen sie ihre Eier
ablegen. Früher waren sie im Amazonas-
und Orinocogebiet häufig, aber durch das
Sammeln der Eier zur Ölgewinnung wurden sie stark dezimiert. Henry Bates beschrieb im Jahr 1892 die Eierernte:» Am
Ende des zweiten Tages konnte man riesige Eierberge – einige 1 bis 1,5 m hoch – an
der Seite eines jeden Hauses beobachten...« . Er schätzte, daß im oberen Amazonas jährlich 48 Mio. Eier zu Öl gepreßt
wurden – die Ablage von rund 400 000
Schildkröten!

Cattleya-Orchideen

Im Gebiet unterwegs

Mit Ausnahme der Gebiete in der näheren
Umgebung von Puerto Ayacucho sind die
Möglichkeiten für eigene Ausflüge ziem-
lich begrenzt. Die meisten Bereiche des
Amazonas-Territoriums sind unzugänglich
und nur mit Expeditionen zu erreichen.
Für solche Unternehmungen benötigt man
eine Genehmigung von der Behörde für
Indianerangelegenheiten ORAI (in Puerto
Ayacucho am Marktplatz). Bei organisier-
ten Touren wird sie vom Veranstalter be-
sorgt. Sehr gute Möglichkeiten zum Ken-
nenlernen der Natur bieten spezielle
Touristen-Camps, die meistens in relativ
ursprünglichen Gegenden liegen.
Um wirklich naturbelassene Gebiete zu
sehen, ist man in den meisten Fällen auf
Tour-Organisationen angewiesen. Die
Führer besitzen leider im Gegensatz zu
denen in Manaus in Brasilien meistens

Auf den "Lajas" wachsen Vellosiaceen.

Puerto Ayacucho

↗ Ciudad Bolivar

① Puerto Ayacucho
②
③ Gavilán
④
⑤ Coromoto
⑥ Tobogán de la Selva
⑦ Samariapo

Orinoco

Morganito

N

0   15 km

kein genaues Wissen über Pflanzen und Tiere.

Bevorzugte Tourziele sind die Umgebung des Cerro Autana im Süden und der Rio Parguaza im Norden von Pt. Ayacucho. Gelegentlich werden auch Touren angeboten, die in die kolumbianischen Llanos führen.

Puerto Ayacucho ① mit seinen vielen Mangobäumen ist Ausgangspunkt für alle Aktivitäten im venezolanischen Amazonasgebiet (hier sind auch die Büros aller Tourveranstalter). Sehenswert ist in der Stadt das Indianermuseum und der Aussichtshügel auf die Stromschnellen des Orinoco.

31 m Höhenunterschied überwindet der mächtige Orinoco bei den Stromschnellen »Raudales de Atures« ②. Der Tourveranstalter Aventura Autana bietet Rafting-Touren auf den Stromschnellen an.

Südlich der Stadt kann man indianische Felsmalereien ③ bewundern. Man fragt die Einheimischen am besten nach den »Petroglifos« .

Die Form der beiden Felsen der Piedra Tortuga ④ erinnern an eine Schildkröte, daher auch der Name. Sie sind ein typisches Beispiel für die Granitfelsen der »Lajas« . Man kann problemlos auf und um die Felsen

herumwandern und die charakteristische, eigentümliche Vegetation erkunden.

Ein typisch »zivilisiertes« Indianerdorf ist Coromoto ⑤. Dieser Ort wird von den Guahibo-Indianern bewohnt, die kunsthandwerkliche Gegenstände für Touristen (»Artesanias«) herstellen und verkaufen.

Eine Art Erholungsgebiet ist der Parque El Tobogan de la Selva ⑥. Ein Gebirgsbach mit einer natürlichen Felsrutsche lädt zum Baden ein. Von hier aus kann man die Wälder am Oberlauf des Baches und der Umgebung erkunden (es gibt aber leider keine richtigen Wege). Das Gebiet ist am Wochenende ein beliebtes Ausflugsziel.

Samariapo ⑦ ist der Endpunkt der Teerstraße. Von hier aus kann man mit kleinen Booten übersetzen zur Flußinsel Isla Raton.

Die Ziele ① bis ⑦ kann man viel billiger als mit den angebotenen Touren auch selbst besuchen, indem man einfach ein Taxi für den ganzen Tag mietet.

Ein bevorzugtes Ziel für Dreitagestouren ist das Gebiet des Rio Parguaza ⑧ nördlich von Puerto Ayacucho. Man verbringt viel Zeit auf dem Fluß, die meisten Veranstalter machen aber auch Abstecher in den Wald (vorher ausmachen). Meistens übernachtet man in Hängematten in Indianerdörfern.

Gewöhnlich braucht man 3 Tage Zeit für die Touren zum Tafelberg Cerro Autana ⑨, dessen senkrechten Wände 1400 m aus der Umgebung aufragen. Allerdings ist das Gebiet um den heiligen Berg der Piaroa-Indianer für Besucher gesperrt, man sieht den Cerro Autana also immer nur aus der Entfernung.

Manche Touren besuchen auch die Yanomami-Dörfer Tamatama und La Esmeralda ⑩. Wir halten solche Touren nicht für sinnvoll, da man die wenigen noch ursprünglich lebenden Indianer nicht wegen ein paar Erinnerungsfotos stören sollte. Sinnvoller sind Besuche in den »zivilisierten« Dörfern, weil man dort sieht, wie der Großteil der Indianer wirklich lebt.

Der **Casiquiare** ⑪ wird nur selten von Booten befahren. Touren dauern etwa 20 Tage, zur Regenzeit auch weniger. Gelegentlich bieten Veranstalter in Puerto Ayacucho Touren zum Casiquiare an. Schon in Deutschland oder in Caracas muß man einen Aufenthalt in den **Touristen-Camps** des Amazonasgebietes buchen. Da sie meist in ziemlich unberührten Gegenden liegen, bieten sie sicher die besten Möglichkeiten, die Wälder auf eigene Faust zu erkunden oder die Tierwelt zu beobachten. Allerdings sind diese Ausflüge nicht gerade billig, nicht zuletzt deshalb, weil die Camps nur per Flugzeug zu

Die gelbe *Allamanda* ist eine der farbenprächtigsten Kletterpflanzen Venezuelas.

erreichen sind. Die bekanntesten der Camps sind Yutaje ⑫ und Camani ⑬ östlich von Puerto Ayacucho bei San Juan de Manapiare und die Manaka-Lodge ⑭ im Süden bei Santa Barbara.

Praktische Tips

Anreise
Am schnellsten erreicht man Puerto Ayacucho mit dem täglichen Flugzeug von Caracas über San Fernando. Busverbindungen bestehen nach Ciudad Bolivar und Caracas (nur Nachtbusse mit Klima-Anlage, warme Kleidung nicht vergessen). Während der Trockenzeit besteht auch eine Busverbindung nach San Fernando.

Klima/Reisezeit
Das Klima im gesamten Gebiet ist ganzjährig heiß (Tagestemperaturen zwischen 30 und 35°C) und schwül. Zwischen April und November fallen die meisten Niederschläge, mit Regen muß aber immer gerechnet werden (Jahresdurchschnitt 3250 mm). Beste Reisezeit ist die Trockenzeit.

Unterkunft
Hotels gibt es nur in Puerto Ayacucho. Während der Touren und in den kleineren Ortschaften übernachtet man gewöhnlich in Hängematten.

15 Manaus und Umgebung

Zentrum Amazoniens; ideal für Touren in den Regenwald; Zusammenfluß von Rio Negro und Rio Solimões; Igapó- und Várzea-Wälder; Interessanter Markt und Hafen.

Manaus wird immer als Großstadt mitten im Regenwald beschrieben. Das stimmt nur bedingt, denn um die Stadt herum und entlang der Straßen und Flüsse ist der Wald weitgehend abgeholzt. Dort wohnen vor allem die »Caboclos«, Mischlinge aus Weißen, Schwarzen und Indianern, die Landwirtschaft für den Eigenbedarf betreiben. Trotz der Besiedlung ist Manaus wegen seiner Infrastruktur der beste Ort, um den amazonischen Regenwald zu sehen und zu erleben.

Die Stadt liegt genaugenommen nicht, wie oft behauptet, am Amazonas, sondern am Rio Negro. Im Unterlauf ist dieser mächtige Strom, der über den Casiquiare (s.S. 119) mit dem Orinoco in Venezuela verbunden ist, über 3 km breit. Erst 15 km

südöstlich von Manaus vereinigt er sich mit dem Rio Solimões, der in den peruanischen Anden entspringt, zum Amazonas. Am »Encontro das Águas« treffen sich die hellgrauen Fluten des Rio Solimões und die tiefbraunen des Rio Negro. Wegen der verschiedenen Fließgeschwindigkeiten und Wassertemperaturen vermischen sich die Wassermassen jedoch erst nach mehreren Kilometern. Wenig bekannt ist, daß der Amazonas vor etwa 50 Mio. Jahren genau in die entgegengesetzte Richtung floß (s.S. 10).

Heute ist Manaus das wirtschaftliche Zentrum Amazoniens. Die Stadt liegt im Schnittpunkt der wichtigsten Verkehrswege Amazoniens: Die »V 8«, die Verbindungsstraße zwischen Porto Velho und Boa Vista überquert bei Manaus den Amazonas. Obwohl es bis zur Atlantikmündung über 1600 km sind, können große Schiffe bis zu 5000 t den »schwimmenden Hafen« von Manaus anlaufen. Da der

Die Erzspitznatter ist ungiftig.

Wasserstand des Rio Negro je nach Jahreszeit um bis zu 9 m schwankt, bestehen die Kais aus großen, schwimmenden Pontons. Um die wirtschaftliche Entwicklung voranzutreiben, wurde Manaus zur zollfreien Zone erklärt. Die Stadt wurde daneben in den letzten Jahren zu einem Zentrum der Regenwaldforschung.

Manaus verdankt seinen Aufschwung dem Kautschuk-Boom Ende des 19. Jahrhunderts, der nicht zuletzt durch die Erfindung der Autoreifen im Jahr 1888 verursacht wurde. Erst kurz vor dem ersten Weltkrieg konnte ein Engländer die Kautschukbaum-Samen aus dem Land schmuggeln. Durch den billigeren Kautschuk aus den engli-

Der Schneckenweih ernährt sich ausschließlich von ▷ Schnecken.

◁ Wie ein Mosaik aus vielen Grüntönen präsentiert sich der Regenwald von oben.

Forschung im Regenwald

Die Erforschung der Tropenwälder bringt andauernd Neuigkeiten, die unsere Vorstellungen vom Lebensprozeß bereichern. Ein Beispiel ist die Artentstehung bzw. die Artenvielfalt im Regenwald: Carl von Linné, der als erster die Arten wissenschaftlich ordnete, benannte und beschrieb, kannte 1758 etwa 9000 Tier- und Pflanzenarten. Zur Zeit sind etwa 1,8 Mio. Arten bekannt, und die Schätzungen über die gesamte Artenzahl gehen von 3–50 Mio. Die hohen Schätzwerte basieren vor allem auf Untersuchungen im Kronenbereich der Tropenwälder. Durch gezielte Insektizidbesprühungen konnte ein Großteil der Insektenfauna einiger Bäume gesammelt werden. Die Bestimmung ergab, daß an einer Baumart allein über 1100 Käferarten vorkommen können. Zur Zeit konzentriert sich das Forschungsinteresse immer mehr auf die Kronenregion der Wälder, die den komplexesten und am wenigsten verstandenen Lebensraum der Erde bildet. Dabei war und ist das größte Problem der Forscher bislang, das Kronendach zu erreichen. Klettern entlang der Baumstämme ist wegen der Lianen und Gifttiere kaum möglich. Bis vor wenigen Jahren wurden Urwaldriesen einfach gefällt, um an Blüten und die Kleintiere der Kronen zu kommen. Erst durch Kletterseil-Konstruktionen, Ballons, Beobachtungstürme, Baukräne oder heliumgetragene Netze wurde die Kronenregion wirklich für die Forschung zugänglich. Doch die Schwierigkeiten sind immens: Ameisen, Bienen, Moskitos und andere Plagegeister machen das Leben schwierig und die dauernde Feuchtigkeit und der Regen vernichten auch die beste Ausrüstung; sogar die inneren Linsen der besten Ferngläser werden vom Schimmel überwuchert!

Trotz der enormen Bedeutung der Regenwälder wird immer noch kaum in ihre Erforschung investiert, viele wissenschaftliche Projekte müssen sich privat finanzieren. Bisher wird leider nur an wenigen Stellen der Welt intensive Regenwaldforschung betrieben (Informationen bei: Gesellschaft für Tropenökologie, c/o Zoologische Staatssammlung München, Münchhausenstr. 21, 81247 München).

Mit spezieller Kletterausrüstung kann man die Kronenregion der Urwälder erreichen.

schen Asienkolonien und der Erfindung von synthetischem Kautschuk verlor Manaus an Bedeutung. Trotzdem wird heute noch, allerdings in kleinerem Maßstab, die rohe Gummimilch (Latex) von den Gummizapfern, den »Seringeiros«, regelmäßig geerntet. Seit einigen Jahren kämpfen Indianer, Gummizapfer und Naturschützer für die Erhaltung der Regenwälder und gegen die Großgrundbesitzer. Die Ermordung von Chico Mendez, dem Anführer der Gummizapfer, im Jahr 1988 verursachte auch in Europa Betroffenheit.

Die Umgebung von Manaus wird stark von den Flüssen geprägt, die in ganz Amazonien als Hauptverkehrswege dienen. Der untere Amazonas hat zweimal pro Jahr Hochwasser, je nach der Regenzeit in seinem Einzugsbereich. Von April bis Juni kommen die Wassermassen aus dem Norden. Die südlichen Zuflüsse des Amazonas haben ihren höchsten Wasserstand zwischen November und Februar.

Cecropien wachsen vor allem dort, wo die ursprüngliche Vegetation zerstört wurde; sie besitzen typisch gefingerte Blätter.

Pflanzen und Tiere

Die Flußsysteme prägen natürlich die gesamte Umgebung von Manaus. Riesige Flächen entlang der Flüsse werden regelmäßig überflutet und natürliche Kanäle, die »Igarapés«, transportieren das Wasser weit ins Hinterland. Man unterscheidet zwei Typen von Überschwemmungszonen: Várzea und Igapó.

❐ Várzea-Flächen sind Überschwemmungsgebiete im Bereich der Weißwasserflüsse, vorwiegend am Rio Solimões und am Amazonas. Sie werden durch die Sedimente der Flüsse regelmäßig mit Nährstoffen versorgt und sind für die Landwirtschaft geeignet. Die hochwasserfreien Ränder der Várzea-Gebiete sind deshalb meistens besiedelt. Bei Hochwasser bildet sich ein System aus riesigen Várzea-Seen, Kanälen und Inseln. Der Amazonas ist dann stellenweise bis zu 100 km breit, die Grenzen zwischen Land und Wasser zer-

fließen. Neben ziemlich lichten Wäldern findet man in der Várzea hauptsächlich Schwimmrasen und andere ans Wasser angepaßte Vegetationstypen. Wegen der guten Nährstoffversorgung kann sich ein reiches Tierleben entfalten. Dazu gehören aber nicht nur farbenprächtige Vögel, sondern auch Moskitos, Piranhas, Krokodile usw.

❐ Die Igapós sind Überschwemmungsgebiete im Bereich der Schwarzwasserflüsse. Diese Bereiche sind fast das ganze Jahr überflutet. Man kann dort mit dem Boot durch den Wald fahren! Im Gegensatz zur Várzea sind die Igapós wegen des Schwarzwassers relativ artenarm. Das hat allerdings den Vorteil, daß auch Plagegeister wie die Moskitos in den Igapówäldern selten sind.

Der Großteil der amazonischen Urwälder wächst jedoch außerhalb des Hochwasserbereichs (»Terra firme« -Wälder). Diese Urwälder sind keineswegs so undurchdringlich, wie es oft dargestellt wird. Da nur 2 – 5% des Lichtes den Waldboden erreichen, können dort nämlich nur wenige spezialisierte Pflanzen überleben. Sobald jedoch viel Licht an den Boden kommt, z.B. wenn einer der Baumriesen umfällt, bildet sich schnell ein undurchdringliches Dickicht.

Die Überschwemmungswälder der Igapòs kann man zur Regenzeit mit dem Boot befahren.

In Amazonien gibt es auch Flächen, die von Natur aus waldfrei sind. Diese »Campos« sind überwiegend an sehr nährstoffarmen Stellen zu finden.

Wie in allen tropischen Wäldern kann man als Nicht-Spezialist nur einige wenige Pflanzengruppen erkennen. Dazu gehören z.B. die Kautschukbäume, die man überwiegend entlang der Flüsse bei den Siedlungen sehen kann. Man erkennt sie an den v-förmigen Einschnitten, die dazu dienen, den Gummisaft abzuzapfen (S. 218). Auf die Várzea-Flächen beschränkt ist eine der exotischsten Pflanzen Amazoniens, die Victoria regia. Die Blätter dieser Seerose können fast 2 m Durchmesser erreichen und dann das Gewicht eines kleinen Kindes tragen! Von Oktober bis März ist sie allerdings kaum zu sehen.

Entlang der Flußläufe sieht man oft Cecropien-Bäume mit ihren charakteristischen, gefingerten Blättern. Am Blattgrund besitzen sie Nährkörperchen für Ameisen, die in den hohlen Ästen wohnen und den Baum frei von Epiphyten halten. Die Blätter dieser Gattung, die typisch für nicht mehr ursprüngliche Waldgebiete ist, gehören zur Lieblingsnahrung der Faultiere. Erkennen kann man auch einige der Pflanzen, die bei uns als Zimmerpflanzen beliebt sind, z.B. die Maranthgewächse (s.S. 139) am Waldgrund oder die häufig kletternden Aronstabgewächse, zu denen der *Philodendron* und das Fensterblatt *(Monstera)* gehören.

Die Führer in Manaus wissen gewöhnlich recht gut über die Biologie der Wälder Bescheid, allerdings kennen sie in den meisten Fällen nur die brasilianischen Namen der Pflanzen und Tiere. Zur Bestimmung vieler Baumarten ist die Kenntnis von Farbe, Geruch und Härte des Holzes notwendig. Die Führer entfernen manchmal mit der Machete ein kleines Stück der Rinde, um das Holz darunter zu sehen. Sie wer-

Die Abgottschlange *(Boa constrictor)* ist ungiftig.

Die Blätter der *Victoria-regia*-Seerose können bis 2 m Durchmesser erreichen.

den erstaunt sein, wieviele verschiedene Farben und Gerüche Holz haben kann! Die Tierwelt der amazonischen Wälder ist extrem vielfältig. Allerdings wird man nur sehr wenig davon sehen. Die Populationsdichten der Tiere sind sehr gering und zudem sind viele Tiere nachtaktiv oder leben in den Baumkronen. Außerdem ziehen sie sich aus den besiedelten Gebieten rund um Manaus und um die Flußläufen zurück in die abgelegenen Waldteile. Oft sieht man dort, wo der Wald aufgerissen ist, mehr Tiere als im ursprünglichen Wald. Viel eher als in Amazonien wird man Tiere im Pantanal (s.S.166) oder in den Llanos in Venezuela (s.S.96) zu Gesicht bekommen. Im Übrigen wird die Gefährlichkeit der Tiere meist überschätzt (s.S.31). Die häufigsten Tiere am Waldgrund sind kleine Nagetiere wie Agutis (S.147) und Pakas (S.171). Größer sind Pekaris (s.S.23) und Tapire (S.24). In der Nacht wird man vor allem auf Beuteltiere treffen, z.B. auf Opossums (s.S.20). Zu den bemerkenswertesten Säugetieren Amazoniens gehören die (teilweise rosa gefärbten) Flußdelphine (s.S.23) und Seekühe. Flußdelphine sieht man häufig bei

Touren auf dem Rio Solimões. Die seltenen Seekühe oder Manatis ernähren sich von den Pflanzen der Schwimmrasen. Vögel sieht man in den ursprünglichen Wäldern erstaunlich selten. Die meisten halten sich nämlich in den Baumkronen auf. In den unteren Waldstockwerken leben hauptsächlich unauffällige Arten wie Ameisenvögel und Waldhühner. Auf Várzea-Inseln sieht man gelegentlich große Mengen an leeren Schneckenhäusern. Es handelt sich dabei um das Werk des Schneckenweih. Dieser Greifvogel hat sich auf die Schnecken der Gattung *Ampullaria* spezialisiert, die er mit seinem stark gebogenen Schnabel aus der Schale zieht. Auch Nachtschwalben und Amazo-

Laternenträger-Zikade

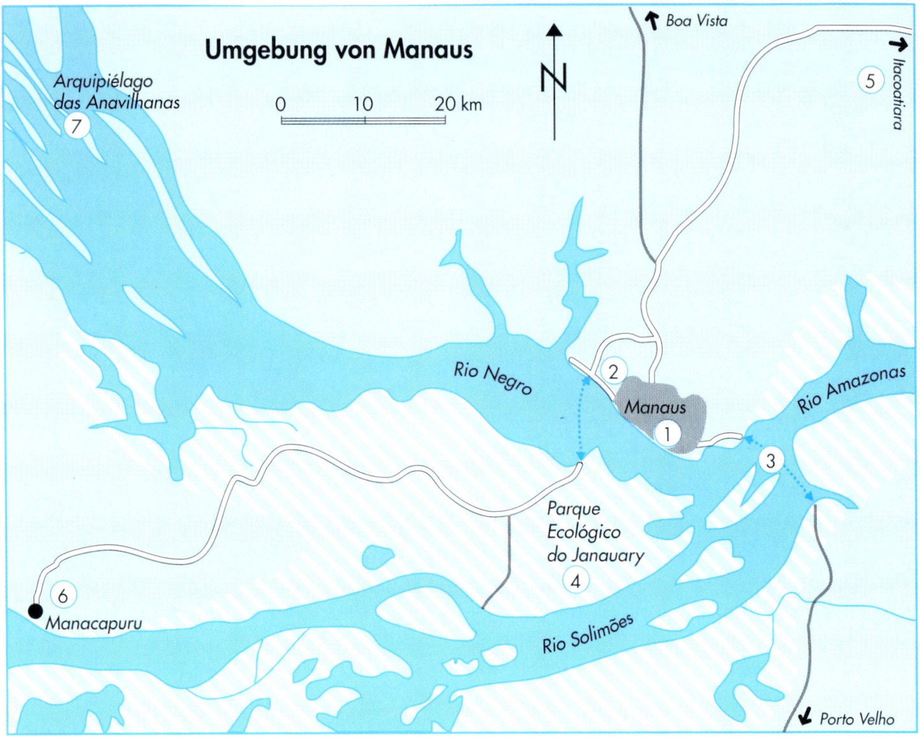

Umgebung von Manaus

Arquipiélago
das Anavilhanas
⑦

↑ Boa Vista

N

⑤ → Itacoatiara

0   10   20 km

Rio Negro

②

Manaus

①

Rio Amazonas

③

Parque
Ecológico
do Janauary
④

⑥
● Manacapuru

Rio Solimões

↙ Porto Velho

nas-Seeschwalben kann man auf den Inseln der Várzea-Zone sehen.
Wer einige der Fische Amazoniens kennenlernen möchte, besucht am besten den
Fischmarkt in Manaus. Neben Piranhas
kann man dort auch den riesigen »Pirarucu« (s.S. 29) sehen.

Eine typische Träufelspitze.

Im Gebiet unterwegs

In Manaus besteht zwar ein riesiges Angebot an organisierten Urwald- und Flußtou-
ren, man kann aber wenig in Eigeninitiative
unternehmen.
Gewöhnlich wird man im Hotel oder auf
der Straße von Touranbietern angespro-
chen oder man geht in ein Reisebüro. Je
nach Preis, Dauer und Ziel gibt es ein riesiges Angebot. Es reicht von Touren, bei denen mitten im Urwald in der Hängematte
übernachtet wird bis hin zum Luxushotel,
das in den Baumwipfeln errichtet ist. Besonders zu empfehlen sind Touren, die in
das Gebiet zwischen dem Rio Solimões
und dem Rio Negro führen. Dort hat man
die Möglichkeit, sowohl die Weißwasser-
als auch die Schwarzwasserzone kennenzulernen. Sehr zu empfehlen sind mehrtägige Touren, die aus der relativ tierarmen

Schwarzwasser, Weißwasser und Klarwasser

In tropischen Tiefländern finden sich zwei Haupt-Flußtypen. Die einen führen trüblich »weißes«, die anderen kaffeebraunes »schwarzes« Wasser (z.B. Amazonas bzw. Rio Negro).

Weißwasser ist »normales« Flußwasser, das vor allem aus den Andenflüssen stammt und durch aufgeschwemmte Partikel getrübt ist. Die Sichttiefe in einem solchen Fluß beträgt allerhöchstens 50 cm, im Schwarzwasser sieht man dagegen oft 1–2 m tief. Weißwasserströme transportieren fruchtbaren Schlamm mit sich, der sich in den Várzea-Zonen absetzt und dort Landwirtschaft ermöglicht. Inseln in Weißwasserflüssen sind meist rundlich, die Ufer sind entweder schlammig oder bestehen aus gelbem Sand.

Schwarzwasserflüsse entwässern riesige Sumpfwälder, in denen keine richtige Humusbildung stattfindet. Die Vorstufen der Humussubstanzen werden ausgewaschen und färben die Flüße kaffeebraun. Außerdem ist das Wasser stark sauer (pH-Wert etwa 4) und extrem nährstoffarm, was es ungeeignet macht für Mückenlarven, Fische und Reptilien. Das gesamte Tierleben im Bereich der Schwarzwasserflüsse ist arten- und individuenarm, Moskitos fehlen fast völlig. Humboldt beschrieb 1862 diese Gegenden deshalb als »paradiesische Inseln der gefährlichen Tropenwälder«. Häufig sind weiße Sandstrände zu finden. Flußinseln sind meist langgezogen, weil die sedimentarmen Flüsse nur Material abtragen, ohne neues nachzuliefern (z.B. am riesigen Inselsystem der Anavilhanas im unteren Rio Negro).

Klarwasserflüsse wie der Rio Tapajós entspringen im Gebiet des geologisch alten Brasilianischen Schilds (s.S.12) und transportieren kaum Gesteinsabrieb mit sich. Sie besitzen eine grünliche Färbung (S.138), und die Sichttiefe beträgt bis zu 2 m – solange keine Trübstoffe durch die Tätigkeit von Goldsuchern eingeschwemmt werden.

Am »Encontro das Águas« fließt Schwarz- und Weißwasser nebeneinander her.

Umgebung von Manaus wegführen. Keinesfalls sollte man versäumen, eine Nachtwanderung im Wald zu unternehmen! Erst dann erwacht das Leben im tagsüber ruhigen Wald. Am besten besorgt man sich dafür Stirnlampen; man hat dann die Hände frei und die Augen von Insekten, Spinnen usw. reflektieren das Licht.
Wer Amazonien auf eigene Faust erleben will, sollte eine Fahrt mit dem Flußboot unternehmen. Diese Boote sind sozusagen die Busse Amazoniens; mit ihnen erreicht man fast jeden Ort (s.S. 224).
In **Manaus** ① selbst gibt es leider nur wenige Möglichkeiten, sich über die Natur Amazoniens zu informieren. Das beste ist sicher das von Japanern eingerichtete **Naturkundemuseum** (Museu de Ciências Naturais da Amazônia), das leider sehr abgelegen ist (Estrada Belém, montags geschlossen). Zu empfehlen ist auch ein Besuch auf dem Gelände des Amazonas-Forschungsinstituts Inpa. Dort befinden sich Gehege für Krokodile und Seekühe, die Bäume sind zum Teil mit Namensschildern versehen. Außerdem kann man in den Waldresten auf dem Gelände eine Reihe tropischer Vögel beobachten. Der Militärzoo beherbergt zwar die wichtigsten amazonischen Tierarten, sie werden aber unter schlimmen Bedingungen gehalten.
Westlich der Stadt liegen einige **Wasserfälle** ②, die allerdings mehr zur Naherholung dienen.
Oft besucht wird der Zusammenfluß des Rio Negro und des Rio Solimões, der »**Encontro das Águas**« ③. Wer keine Tour dorthin buchen will, kann diese Stelle mit der Autofähre, die etwa 15 km östlich der Stadt anlegt, überqueren.
Im **Überschwemmungsgebiet** zwischen den beiden großen Strömen liegt der »Parque Ecologico do Janauary« ④. Dieses Gebiet wird vor allem bei Kurztouren besucht, weil man hier die Victoria-regia-Seerosen sehen kann. Die Bezeichnung ökologischer Park ist etwas übertrieben, denn der

Ort ist sehr touristisch, mit Kiosken, Schlangen zum Vorzeigen usw.
Viele Touren, die »Terra firme« -Wälder besuchen, fahren Richtung Itacoatiara ⑤.
Der Ort Manacapuru ⑥ ist per Auto von Manaus aus zu erreichen. Hier steht noch eine alte Kautschukfabrik.
Rund 80 km den Rio Negro flußaufwärts liegen die Flußinseln der Anavilhanas ⑦, die die typische, langgezogene Form der Schwarzwasserinseln haben. Gelegentlich werden sie bei Touren aufgesucht.

Praktische Tips

Anreise
Manaus hat vielfältige Flugverbindungen zu den großen brasilianischen Städten und zum südamerikanischen Ausland. Per Bus ist es von Venezuela über Boa Vista und von Süden über Porto Velho zu erreichen. Zur Regenzeit können alle Busverbindungen ausfallen. Flußboote (die wichtigsten Verkehrsmittel in Amazonien) erreichen Manaus von Belém, Porto Velho und den peruanischen bzw. kolumbianischen Städten am Oberlauf des Rio Solimões.

Klima/Reisezeit
Regenzeit ist in Nordamazonien von April bis August, südlich des Äquators von Dezember bis Juni. Beste Reisezeit ist die Trockenzeit zwischen Juli und September. Die Tagestemperaturen sind gar nicht so extrem hoch, meist »nur« um 30°C, aber die hohe Luftfeuchtigkeit und die hohen Nachttemperaturen machen zu schaffen. Besonders gegen Ende der Regenzeit, wenn Hochwasser herrscht, muß man mit vielen Moskitos rechnen.

Unterkunft
Manaus verfügt über Hotels aller Klassen. Für Touren im Urwald sollte man sich eine Hängematte mit Moskitonetz besorgen (bzw. klären, ob sie der Tourveranstalter stellt).

16 Nationalpark Amazônia

Zentralamazonien abseits der Touristenwege; viele seltene Arten; Regenwaldproblematik hautnah; Rio Tapajós; Transamazônica.

Wer Amazonien und den Regenwald abseits der Touristenzentren kennenlernen will und etwas Eigeninitiative mitbringt, der sollte den Nationalpark Amazônia (auch als Nationalpark Rio Tapajós bezeichnet) besuchen. Mit 1 Mio. ha Fläche (halb so groß wie Hessen) ist er einer der größten Nationalparks Brasiliens und zudem der am leichtesten zugängliche in Amazonien. Er liegt 65 km westlich von Itaituba zu beiden Seiten der berühmt-

berüchtigten Transamazônica. Als diese Straße 1973 eröffnet wurde, galt sie als Synonym für den Fortschritt in Amazonien und wurde als großer Erfolg gefeiert. Ursprünglich sollte sie eine Verbindung zwischen dem Atlantik und der peruanischen Grenze herstellen und die Besiedlung des in den Augen der Politiker unnützen Waldes ermöglichen. Wegen der hohen Unterhaltskosten und der großen Zerstörungen durch die jährliche Regenzeit sind inzwischen weite Strecken der Piste unbefahrbar.

Wer den Nationalpark Amazônia besucht, wird hautnah mit den Problemen Amazoniens konfrontiert. Zum Besuch des Parkes muß man sich im Büro der Nationalparkbehörde Ibama in Itaituba eine Genehmi-

Seltene Podostemonaceen-Pflanzen wachsen in den Stromschnellen des Rio Tapajós.

Die Harpyie jagt zwischen den Bäumen des Urwalds nach Affen und Faultieren.

Veränderung jedoch kaum. Hauptproblem ist heute die Wilderei, die sich in diesem riesigen Gebiet natürlich kaum kontrollieren läßt.

Die Pläne der brasilianischen Regierung, diesen Nationalpark zu einem Zentrum der Forschung und Erziehung in Amazonien zu machen und eine entsprechende Infrastruktur einzurichten, sind bisher immer am Geldmangel gescheitert. Man sollte sich deshalb auf einen ziemlich unkomfortablen, aber sehr interessanten Aufenthalt vorbereiten.

Pflanzen und Tiere

gung besorgen. Dort warten auch die Kleinbauern, die Benützungsgebühren für die Motorsägen zahlen müssen. Eine gute Gelegenheit, die konkreten Probleme kennenzulernen! Itaituba ist außerdem das Zentrum für die Goldsucher der Gegend; man lernt also auch diese Problematik kennen.

Das ganze Gebiet um den Nationalpark liegt im Übergangsbereich zwischen den sehr alten, kristallinen Gesteinen des Brasilianischen Schilds (s.S.12) und den jungen Sedimenten des Amazonasbeckens. Am Rio Tapajós, der die Ostgrenze des Parkes bildet, ist das am deutlichsten zu sehen: Im Gegensatz zum klaren, braungefärbten Wasser des Rio Negro oder den trüben, grauen Fluten des Amazonas hat der Rio Tapajós eine grünliche Färbung (s.S.133). Dieses Klarwasser ist typisch für die sedimentarmen Flüsse, die im Gebiet des Brasilianischen Schilds entspringen.

Der Nationalpark blieb bisher weitgehend von Zerstörungen verschont. Allerdings ist auch hier der Regenwald nicht mehr völlig unberührt. In früheren Jahren wurden selektiv wertvolle Rosenholz-Stämme abgeholzt; als Besucher bemerkt man diese

Schon bei der Anreise über die Transamazônica fallen zwei Pflanzen auf den gerodeten Flächen besonders auf: Die Babassúpalmen (s.S.150) mit ihren langen Wedeln sind sehr brandresistent und bleiben daher auch auf den gerodeten Flächen erhalten. Ihre harten Früchte werden vor allem im Nordosten Brasilien, geerntet, wo regelrechte Babassúwälder wachsen und die Palmen ein bedeutender Wirtschaftsfaktor sind. Die hohen, sehr gerade wachsenden Paranußbäume (S.1) werden bei Rodungen stehengelassen, denn sie liefern die wertvollen Paranüsse, die gesammelt und exportiert werden. Bis heute ist es nicht gelungen, Paranußbäume in Plantagen zu züchten, weil dort die notwendigen Bestäuber fehlen. So bilden sie immer noch eine wichtige Lebensgrundlage für Indianer und Gummizapfer, die die Standorte der Bäume im ursprünglichen Wald kennen und dort die Nüsse sammeln.

Die Vegetation im Nationalpark besteht überwiegend aus Tieflandregenwäldern. Man findet die für die »Terra firme«-Wälder (s.S.129) typischen Arten wie z.B. Palmen (unter anderem »Buriti«- und Assaipalmen, S.143) oder Bodenpflanzen aus der Familie der Maranthgewächse. Letztere sind wegen der geringen Lichtansprüche bei uns als Zimmerpflanzen beliebt. Besonders eigentümlich sehen die Früchte des Kaschubaums aus. Auf der apfelförmigen Frucht sitzt zusätzlich noch eine Nuß, die auch bei uns verkaufte Kaschu- oder Cashew-Nuß. Aber Vorsicht: Die rohen Nüsse sind giftig! Der Kaschubaum wird in ganz Amazonien um Siedlungen herum angepflanzt; man findet ihn auch bei den Hütten des Nationalparks.

Da der Park von größeren Siedlungen weit entfernt ist, kommen hier auch seltene Regenwaldtiere vor. Zu den Kostbarkeiten, die laut Gästebuch schon gesehen wurden, gehören z.B. Jaguar, Riesenotter, Riesengürteltier und der farbenprächtige Goldsittich. Dieser seltene, leuchtend gelbe Papagei lebt nur im östlichen Teil Amazoniens und ist der Nationalvogel Brasiliens. Auch die Harpyie, der größte der neotropischen Greifvögel, kommt hier noch vor. Sie ernährt sich vorwiegend von Affen, Faultieren und größeren Vögeln, die sie im Wald jagt.

Der Amazônia-Nationalpark bietet die Möglichkeit, wasserliebende Tiere am Rio Tapajós zu beobachten. Am Fluß sieht man z.B. Eisvögel, Cayenneschwalben oder den Diademkiebitz, der bei Niedrigwasser auf den Sandbänken am Fluß auf Nahrungssuche geht. Auch Reptilien, wie den Grünen Leguan (s.S.100) oder Wasserschildkröten (es gibt 3 Arten der Gattung *Podocnemis*) kann man am Wasser sehen.

Am Rio Tapajós leben Diademkiebitze.

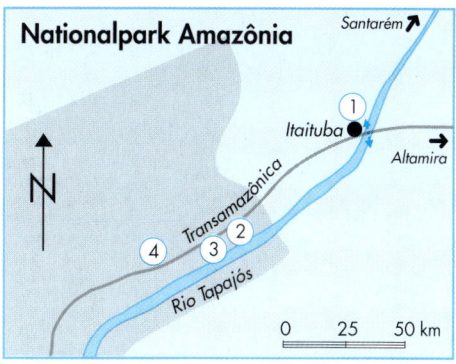

Man sollte keinesfalls versäumen, einen Nachtspaziergang zu unternehmen. Erst dann entfaltet sich das volle Leben im Urwald und man hört die seltsamen Rufe und Gesänge, die man tagsüber vermißt.

Im Gebiet unterwegs

Da dieses Gebiet kaum von Touristen besucht wird, sind Portugiesischkenntnisse sehr zu empfehlen! Gute Ausrüstung ist Voraussetzung (Hängematte, evtl. Moskitonetz, Entkeimungsmittel für Trinkwasser, Lebensmittel, Kocher).Wer den Nationalpark besuchen will, muß sich zuerst eine Genehmigung bei der Ibama in Itaituba ① besorgen. Wenn möglich, stellt die Behörde einen Führer und ein Fahrzeug zur Verfügung (vor allem bei mehreren Personen sind die Kosten relativ gering; man sollte sich aber für die Hilfsbereitschaft zusätzlich revanchieren, denn die Parkmitarbeiter verdienen nur sehr wenig). Alternativ kann man eines der Sammeltaxis nach Buburé ③ an der Tankstelle am westlichen Ortsrand nehmen. Die Fahrt führt 65 km auf der Transamazônica Richtung Westen zum **Camp Uruá** ②. Hier ist die eigentliche »Zentrale« des Nationalparks. Aber nur keine große Erwartungen: Es sind nur zwei kleine, heruntergekommene Holzhütten, in denen man seine Hängematte aufspannen kann. Eine Familie wohnt dort, die für den Nationalpark arbeitet.

Ein typischer *Heliconius*-Schmetterling.

Der Kaschubaum wird häufig angepflanzt.

Typische Klarwasserflüsse besitzen eine grünliche Färbung.

Vom Camp hat man eine schöne Aussicht auf die über 5 km breiten **Stromschnelle**n des **Rio Tapajós**.
Ein kleiner Weg führt zum Fluß, wo man auf eigene Faust den Überschwemmungsbereich durchstreifen kann. Auch Baden ist möglich; man sollte aber die Schuhe anlassen, da hier Stachelrochen vorkommen können.
Wer ohne Führer abseits vom Fluß den Wald erkunden will, sollte unbedingt eine

Machete mitbringen. Nicht etwa, um giftige Schlangen zu erschlagen (die hier ebenso selten sind wie in anderen Regenwäldern), sondern um den Rückweg zu markieren.
Wer der Transamazônica weiter folgt, gelangt nach 5 km zu der kleinen Ortschaft Buburé ③. Danach wird die Piste allmählich unbefahrbar.
Bei km 80, also 15 km westlich vom Camp Uruá, zweigt der **Pfad** zur »**Capilla**«, einem Wallfahrtsort der Einheimischen ④ von der Piste ab. Dieser Trail ist der einzige längere Weg im Park.

Praktische Tips

Anreise

Itaituba ist per Flugzeug von Manaus und in der Trockenzeit auch per Bus von Santarém, Belém und Cuiabá zu erreichen (Busfahrt ist sehr zeitraubend und anstrengend). Am interessantesten und relativ billig ist die Anreise nach Itaituba per Flußboot über den Rio Tapajós von Santarém

Maranthgewächse sind weit verbreitet.

Geißelspinnen sind urtümliche Spinnentiere.

Die Lanzenotter ist sehr giftig!

aus. Die Piste von Itaituba in den Nationalpark ist während der Regenzeit kaum befahrbar.

Klima/Reisezeit

Der »Winter« , also die Regenzeit, dauert
von Dezember bis Mai, mit den meisten
Niederschlägen von Februar bis April
(rund 240 mm pro Monat). Die beste Reisezeit ist daher während der relativ trockenen Monate Juli bis Oktober. Dann ist
auch die Luftfeuchtigkeit etwas geringer
(75% statt 90% zur Regenzeit). Die Temperaturen sinken nie unter 18°C, meist liegen sie tagsüber um 30°C.

Unterkunft

In Itaituba gibt es billige Hotels. Im Park
kann man in Hängematten übernachten
(die alten Betten in den Hütten sind nicht
zu empfehlen), auch Camping ist möglich.

Adressen:

➪ Nationalparkbehörde Ibama, Avenida
Marechal Rondon, Itaituba

17 Belém und Ilha de Marajó

Amazonasmündung; Mangrovengebiete; berühmtes Naturkundemuseum; Markt mit vielen Amazonas-
fischen und -früchten; Ilha de Marajó
mit Überschwemmungsgebieten;
Kanäle am Unterlauf des Amazonas.

Belém wird oft als das »Tor zu Amazoni-
en« bezeichnet. Die Millionenstadt liegt
an der Mündung des Amazonas, etwa
130 km vom Atlantik entfernt. Die Dimensionen des Stroms sind hier gewaltig. Bei
einer Bootsfahrt kurz vor Beginn des Deltas fühlt man sich wie auf dem Meer. Die
Ufer sind kaum noch zu sehen und oft
werden Passagiere seekrank. Fast 250 km
breit ist der Mündungsbereich, und noch
200 km weit im Ozean kann man das Süß-
wasser des Stromes feststellen.

Der Trauertyrann ist in offenen, savannenähnlichen Gebieten weit verbreitet.

Da in der Gegend um Belém, insbesondere im Osten bei Bragança, schon zu Beginn dieses Jahrhunderts großflächige Rodungen vorgenommen wurden, sind jetzt
die Möglichkeiten, ursprünglichen Urwald
zu sehen, stark eingeschränkt. Dementsprechend ist es in Belém zwar möglich,
aber wesentlich schwieriger als in Manaus, eine den Wünschen entsprechende
Urwaldtour zu unternehmen.
Belém bietet dafür in der Stadt selbst eine
Menge Gelegenheiten, Pflanzen und Tiere
der Wälder kennenzulernen. Das Goeldi-
Museum ist eine Mischung aus Zoo und
Botanischem Garten und bietet die besten
Informationen in ganz Amazonien. Auch
der berühmte Ver-o-Peso-Markt zeigt viel
von der Natur Amazoniens. Man kann dort
die ganze Vielfalt der Waldfrüchte und
Amazonasfische bewundern. Dazu
kommt ein Marktteil, in dem die Mittel der
Volksmedizin verkauft werden. Dort gibt
es skurile Sachen wie Krokodilfett, Schlan-
genhäute und exotische Kräuter.
Das Erlebnis einer Fahrt auf einem kleinen
Flußboot sollte man sich nicht entgehen
lassen. Auf diese, zugegeben nicht sehr lu-
xuriöse Art bekommt man einen guten Eindruck vom Leben in Amazonien (s.S. 224).
Fast so groß wie die Schweiz ist die Ilha de
Marajó, eine riesige Insel, die mitten im
Amazonasdelta liegt. Der Ostteil dieser Insel wird regelmäßig überflutet. Die Farmen
dort züchten deshalb Wasserbüffel, die
sich hervorragend an diese Verhältnisse
angepaßt haben. Natürlich sind die Überschwemmungsflächen, wie auch der wal-
dige Westteil der Insel, sehr tierreich.
Interessant sind die kleinen Kanäle im Westen der Ilha de Marajó. Vor allem zwischen Breves und Gurupá und auf der
Fahrt nach Macapá passieren die Flußboote kleinere Kanäle. Dort leben die ärmsten
der Kleinbauern, die manchmal sogar mit

Die bis 10 cm langen Schlammspringer sind typisch für Mangrovenzonen.

ihren Kanus zum Betteln an die fahrenden Boote kommen.
Die Ilha de Marajó ist auch heute noch sehr dünn besiedelt. Allerdings weiß man, daß auf der Insel schon zwischen dem 5. und dem 14. Jahrhundert ein geschlossenes Siedlungsgebiet bestand. Besonders im Gebiet um den Lago Arari westlich von Souré wurden viele Hinweise auf die Marajoara-Kultur gefunden, vor allem Reste von Lehmhäusern und Keramik. Diese Kultur gilt als die älteste und am weitesten entwickelte Hochkultur des Amazonasbeckens. Der Lago Arari ist leider nur sehr schwer zu erreichen, die Keramiken der Marajoara-Kultur sind aber in Belém zu sehen.
Ein besonderes Phänomen Amazoniens ist die »Pororoca«. Diese bis zu 5 m hohe Gezeitenwelle, die mehrere hundert Kilometer den Amazonas hinauf läuft, bildet sich, wenn bei Neu- und Vollmond die hohe auflaufende Flut auf die Wassermassen des Amazonas trifft. Vor allem nördlich der Ilha de Marajó, zwischen Macapá und Ilha mexiana ist die »Pororoca« am besten zu sehen. Diese Gezeitenwellen treten auch an anderen großen Flüßen auf (z.B. an der Seine in Frankreich), sind aber meist aufgrund von Verbauungen nicht mehr zu sehen.

Besonders gut sieht man sie auf der Ilha de Marajó, auf dem Weg zum Araruna-Strand. Die Rote Mangrove bildet dort fast 20 m hohe, undurchdringliche Wälder. Gelegentlich sieht man bei Ebbe

Ein hoher Mangrovenwald wächst nördlich von Souré auf dem Weg zum Araruna-Strand.

Pflanzen und Tiere

Neben den Resten an Regenwald finden sich bei Belém viele der schon für das Orinoco-Delta (s.S.106) beschriebenen Pflanzen und Tiere, wie z.B. die unverwechselbaren *Montrichardia*-Dickichte entlang der Kanäle. Mangrovenwälder ziehen sich weit in die Flußläufe des Amazonas hinein.

Die Savannen im Osten der Ilha de Marajó werden von vielen Flüssen durchzogen.

An diesem gefällten Baum erkennt man deutlich das Geflecht einer Würgfeige.

Brettwurzeln stützen diesen Urwaldriesen.

Ein wuchtiger Kapokbaum.

Assaipalmen stehen wegen ihrer nützlichen Früchte oft bei den Hütten der Siedler.

Gelbbauch-Spateltyrann

Guira-Kuckucke leben in Familiengruppen.

Landwirtschaft, Wald und Böden der Tropen

Die jährliche Biomasseproduktion beträgt im Regenwald 32 t pro Hektar, dagegen in unseren Buchenwäldern nur rund 13 t. Trotz dieser Produktionskraft und des unglaublichen Pflanzenreichtums tropischer Wälder kommt es nur zu spärlichen Erträgen in der Landwirtschaft. Der Grund dafür liegt in der schlechten Qualität tropischer Böden. Der Humusgehalt ist gering (daher sind die Böden durch Eisenoxid rot gefärbt), und die Tonminerale tropischer Böden können nur sehr wenige Mineralien und Nährstoffe speichern bzw. nachliefern. Der Tropenwald liefert die für sein Überleben notwendigen Nährstoffe ständig selbst nach. Tote Materialien, z.B. alte Blätter, werden schnell mineralisiert und die Nährstoffe sofort wieder von den Pflanzen aufgenommen; nur ein sehr geringer Teil wird durch den Regen ausgewaschen. Die Biomasse, die in unseren Breiten im Boden oder Humus steckt, wird in den tropischen Wäldern sozusagen in den Bäumen zurückgehalten, damit sie nicht verloren geht. Die Wurzeln der Urwaldriesen dringen wegen der dünnen Humusschicht kaum mehr als 20 cm in den Boden ein. Wurzelpilze des Bodens machen die Mineralien verfügbar, wirken also sozusagen als Nährstofffilter. Das durch das Blätterdach in den Boden gelangte Wasser wird durch diese Mechanismen so gut entsalzt, daß es als nahezu destilliertes Wasser den Wald verläßt. Für die Landwirtschaft bedeutet dies:
1. Nach der Abholzung wird die Humusschicht durch Regenfälle schnell weggewaschen; zurück bleibt ein Boden, auf dem pflanzlicher Anbau nicht mehr möglich ist.
2. Düngung der Böden ist kaum möglich, da Mineralien im Boden nicht gehalten werden können. Ausnahmen gibt es nur dort, wo dauernd neuer Boden zugeführt wird, wie in Überschwemmungsgebieten oder auf Vulkanböden.
3. Die einzig mögliche Nutzung ist die kleinflächige Feld-Wald-Wechselwirtschaft, die die natürliche Walddynamik nachahmt und von den Indianern möglicherweise seit Jahrtausenden angewandt wird.

Schlammspringer, kleine Fische, die auch auf den Schlick heraushüpfen.
Während der westliche Teil der Ilha de Marajó mit Regenwäldern bewachsen ist, findet man im Osten Grassavannen, die bei Hochwasser überschwemmt werden. Sie bestehen hauptsächlich aus verschiedenen Sauergräsern. Auch Palmen sind häufig, z.B. die »Bacaba«-Palme, die man an ihrem seitlich zusammengedrückten Blattschopf erkennt.
Eine der für den Menschen wichtigsten Pflanzen der Regenwälder ist die schlanke Assaipalme, die man häufig an den Kanälen sieht. Die dunkelblauen Früchte verwendet man zur Herstellung von Saft, Kompott und Wein.
In der Stadt fallen, neben den schattenspendenden Mangobäumen, vor allem die wuchtigen Kapokbäume vor der Basilica de Nossa Senhora de Nazaré und auf dem Gelände des Goeldi-Museums auf. Die reifen Früchte enthalten Faserbüschel, die zum Füllen von Polstern verwendet werden. Auch in den Wäldern gehören Kapokbäume zu den größten und dicksten Bäumen. Man erkennt sie an den Brettwurzeln und den fünffach gefingerten Blättern; junge Bäume haben meist Dornen am Stamm.

Wasserbüffel kommen gut mit den Überschwemmungen auf der Ilha de Marajó zurecht.

Die Gegend um Belém und die Ilha de Marajó ist reich an Vögeln. Dort, wo noch ursprünglicher Wald ist, findet man die ganze Vielfalt der tropischen Vögel, darunter einige Arten, deren Vorkommen auf Ostamazonien beschränkt ist.

Auf dem Gelände des Goeldi-Museums wird man sehr wahrscheinlich den Tropfenbrust-Spateltyrannen sehen. Dieser kleine, unauffällig grau und oliv gefärbte Vogel ist vor allem an seinem langen, abgeflachten Schnabel zu erkennen. Er bewohnt gerne Flußränder und Stellen mit sekundärer, also nicht mehr ganz natürlicher Vegetation.

Ganze Gruppen von Weißflügelsittichen findet man gelegentlich auf der Ilha de Marajó. Sie bewohnen bevorzugt die Wälder an den Flußläufen, halten sich aber auch bei Siedlungen auf.

Häufig sind dort verschiedene Greifvogel- und Kuckuckarten, vor allem Anis (s.S. 98) und der Guira-Kuckuck.

Mangroven bestimmen die Vegetation der Küste nordöstlich von Belém. Dort kommt der Scharlachibis (S. 56) vor, der in Brasilien auf der Roten Liste steht. Entlang der Küste trifft man auf viele andere Watvögel.

Im Gebiet unterwegs

Alle Ziele im Stadtbereich von Belém kann man bequem zu Fuß oder mit dem Bus erreichen. Reisebüros bieten dazu Stadttouren und Ausflüge mit Führer auf dem Rio Guama, in die Wälder und zur Ilha de Marajó an.

Auf keinen Fall versäumen sollte man in **Belém** ① das **Museu Goeldi**. Diese Einrichtung ist eine Mischung aus Museum, Zoo, Botanischem Garten und wissenschaftlichem Institut. Teile des Geländes sehen

Der Cayennekiebitz bevorzugt offene Landschaften mit kurzem Gras.

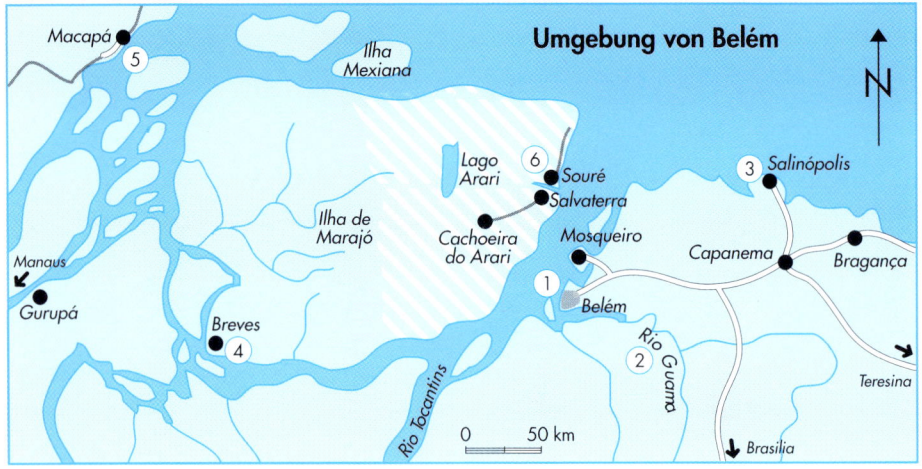

Umgebung von Belém

aus wie echter Urwald. Agutis, Tamanduas (S. 100) und Faultiere laufen bzw. hängen frei im Park herum. Zitteraal, »Pirarucu« (s. S. 29), Seekühe, Riesenotter und Victoria-regia-Seerosen (S. 131) kann man, neben vielen anderen Arten, aus der Nähe bewundern. Für botanisch Interessierte gibt es einen Führer zu kaufen, mit dem

Schwarzhalsbussarde ernähren sich hauptsächlich von Fischen und Krabben.

man über 300 Pflanzenarten, die auf dem Museumsgelände wachsen, identifizieren kann.

Den **Ver-o-Peso-Markt** besucht man am besten frühmorgens. Da das Angebot nicht jeden Tag gleich ist, lohnt es sich, öfters hinzugehen. Wahrscheinlich wird man dort unter anderem Piranhas und die riesigen »Pirarucus« sehen. Ebenso interessant ist der Marktteil mit den Waldfrüchten. Am Hafen unterhalb des Forts werden gegen 22 Uhr körbeweise die tagsüber geernteten Assai-Beeren ausgeladen.

Für alle, die noch nicht im richtigen Urwald waren, ist der **Bosque Rodrigo Alvez** interessant. Dieser Park besteht aus einem Stück Urwald, der mit Wegen versehen wurde. Es gibt hier kaum Tiere (nur ein paar Vögel und einige andere Tiere in zu kleinen Käfigen), aber man bekommt doch einen guten Eindruck vom Aussehen eines Urwalds.

Ursprünglichen **Urwald** gibt es östlich der Stadt auf dem Gelände der Embrapa, einem Forschungsinstitut für Landwirtschaft. Für den Besuch braucht man eine Genehmigung, die man in der Außenstelle des Goeldi-Museums an der Avenida Perimetral erhält. Dort befindet sich die wissenschaftliche Zentrale des Museums und eine gute Fachbibliothek. Die Reisebüros in Belém bieten **Touren** auf dem Rio Guama ②, teilweise kombiniert mit einem Waldgang, an. Diese Touren mit relativ vielen Teilnehmern sind eigentlich nur für den zu empfehlen, der keine Gelegenheit hat, in Manaus oder sonstwo eine richtige Tour in den Wald zu unternehmen. Die zerklüftete **Ostküste** ist ein geeignetes Gebiet, um Watvögel und Mangroven zu sehen. Von den vielen Badeorten dort sind vor allem Salinópolis ③ und Mosqueiro bekannt. Außerdem sind viele andere, weniger überlaufene Orte problemlos mit dem Bus zu erreichen.

Die kleinen **Kanäle zwischen Breves** ④ **und Gurupá** sieht man am besten auf den Bootsfahrten nach Manaus (genau erkundigen, manchmal passieren die Boote die Engstellen während der Nacht). Auch die Fahrt von Belém nach Macapá ⑤ führt durch kleinere Kanäle. Oder man nimmt eines der kleinen Flußboote, die direkt die Siedlungen an den Kanälen anfahren.

Für Besuche auf der **Ilha de Marajó** ⑥ ist es am sinnvollsten, einige Tage auf einer der (Büffel-)Farmen zu verbringen, die auf Tourismus eingerichtet sind (Buchung über Reisebüros in Belém). Man kann dort ungestört das Gelände durchstreifen und die Tierwelt beobachten. Meistens kann man dort Pferde leihen.

Als Alternative dazu besteht die Möglichkeit, in Souré, dem Hauptort der Insel, zu übernachten und Ausflüge in die dortige Gegend zu unternehmen (werden manchmal auch von Hotels organisiert). Die Möglichkeiten sind dort aber ziemlich eingeschränkt. Es gibt nur eine Straße auf der Insel, die von Salvaterra nach Cachoeira do Arari führt.

Von Souré aus können Ausflüge zu den schönen Stränden von Araruna, Pesqueiro und Caju-Una gemacht werden. Der Weg zum Araruna-Strand (man folgt der Hauptstraße, die am Hafen beginnt und dann bergauf den Ort durchzieht, nach Norden) führt durch einen hohen Mangrovenwald.

Die tagaktiven Agutis können auf dem Gelände des Goeldi-Museums frei umherlaufen.

Praktische Tips

Anreise
Belém hat Busverbindungen zu allen Großstädten in Nordostbrasilien sowie nach Rio, Brasilia und Santarém (nach Santarém ist das Flußboot günstiger). Per Flugzeug ist die Stadt von Manaus, Santarém und den übrigen brasilianischen Großstädten aus erreichbar (evtl. mit Umsteigen). Belém, Santarém (dort muß man meistens umsteigen) und Manaus sind auch durch regelmäßige Flußboote miteinander verbunden.

Dreimal pro Woche fahren Boote von Belém zur Ilha de Marajó. Ebenso gibt es Charterflüge nach Souré.

Klima/Reisezeit
Zwischen Januar und Mai herrscht Regenzeit, dann gibt es vor allem auf der Ilha de Marajó viele Moskitos. Beste Reisezeit ist die Trockenzeit zwischen September und November. Das Klima ist immer heiß (30–35°C) und schwül, oft regnet es am Nachmittag kurz, aber heftig.

Unterkunft
Hotels aller Klassen gibt es in Belém. In Souré auf der Ilha de Marajó gibt es ein paar einfache Hotels, ebenso in Salinópolis und Mosqueiro.

18 Nationalparks Sete Cidades und Gruta de Ubajara

Bizarre Felsformationen;
Felsmalereien; Vegetationselemente
von Cerrado, Caatinga und Babassú-
wald; Tropfsteinhöhle.

Der Nordosten Brasiliens verfügt leider nur
über sehr wenige zugängliche Nationalparks. Ausnahmen bilden die Parks Sete
Cidades und Gruta de Ubajara im Staat
Piauí bzw. Ceará, die »nur« 130 km voneinander entfernt sind – für brasilianische
Dimensionen nur ein Katzensprung.
Trockene, kakteenreiche und oft undurchdringliche Gebüsche, die Caatinga, sind
typisch für diesen Teil Brasiliens. Die Bezeichnung stammt aus der Sprache der
Tupi-Indianer und bedeutet »heller Wald«.

Dieses lebensfeindliche, wenig besiedelte
Gebiet wird gelegentlich auch als »Sertão«
bezeichnet.
Der Nordosten gilt als das Armenhaus Brasiliens. Was das Überleben hier so erschwert ist vor allem die Unregelmäßig-
keit der Niederschläge. Jahren mit heftigen
Niederschlägen, ja sogar Überschwemmungen folgen verheerende Dürren,
durch die die Bevölkerung gezwungen
wird, in die Großstädte oder nach Amazonien abzuwandern. Grund für die
Trockenheit sind die östlichen Passatwinde. Sie kommen über den Atlantik, verlieren aber ihre Feuchtigkeit beim Aufstieg
an den Küstenbergen; dort wachsen (bzw.
wuchsen) dann auch üppige Regenwälder,
die leider schon weitgehend gerodet sind.
Der jetzt trockene Passatwind weht weiter

Die burgähnlichen Felsmonumente gaben dem Nationalpark den Namen Sete Cidades.

»Macambira«-Bromelien und »Xiquexique«-Kakteen sind typische Elemente der Caatinga-Vegetation Nordostbrasiliens.

ins Landesinnere und trägt damit noch mehr zur Austrocknung bei. Nur die seltenen westlichen Winde bringen den ersehnten Regen.

Große Flächen der Caatinga wurden für landwirtschaftliche Zwecke gerodet. Erst in den letzten Jahren erkannte man, daß es notwendig ist, auch diese vorher als ziemlich wertlos eingeschätzte Vegetation zu schützen.

Den Nationalpark Sete Cidades (»sieben Städte«) zeichnen vor allem seine geologischen Formationen aus. Bizarre Felsen, die an Städte oder Burgen erinnern, gaben dem Park seinen Namen. Sie bestehen aus Sandstein, der durch Regen- und Winderosion seine jetzige Gestalt bekam. Wechselnde Bedingungen bei der Enstehung des Sandsteins führten zur Bildung von gekrümmten Schichten oder Dämmen im Gestein und erleichterten damit die Entstehung der auffälligen Felsformen. Das Alter dieser geologischen Monumente ist noch nicht ganz gesichert, aber man nimmt an, daß sie aus dem mittleren Devon stammen, also etwa 370 Mio. Jahre alt sind. An manchen Felswänden im Park findet man eigenartige Malereien. Bis heute weiß man nicht, wer sie geschaffen hat und welche Bedeutung sie haben. Vielleicht stammen sie von den Tabajara-Indianern, die früher in diesem Gebiet lebten. Ähnliche Malereien wurden auch an anderen Stellen im Staat Piauí gefunden.

Hauptanziehungspunkt des Nationalparks Gruta de Ubajara (des kleinsten in Brasilien) ist die gleichnamige Höhle, die als die schönste Höhle im Nordosten Brasiliens gilt. Ihre 9 Kammern reichen über 500 m

Die »Flor-do-cerrado« wächst dort, wo die ursprüngliche Vegetation gestört wurde.

Schuppentäubchen bewohnen trockene Zonen.

in die Berge der Chapada de Ibiapaba. Seit 1991 ist die Seilbahn wieder in Betrieb, die Besucher von der Hochfläche, der »Chapada«, hinunter zum Höhleneingang transportiert. Auch ein Fußweg führt durch tropischen Wald zu der Tropfsteinhöhle. Die beiden hier beschriebenen Nationalparks gehören zu den wenigen Gebieten Nordostbrasiliens, in denen man auch bei langer Trockenheit noch Wasser findet. Während der bisher größten Dürre, im Jahr 1877, kamen viele »Nordestinos« , wie man die Bewohner Nordostbrasiliens nennt, in das Gebiet von Sete Cidades, um dem Verdursten zu entgehen. Es ist natürlich klar, daß der jetzige Nationalpark nicht mehr unberührte Natur ist. Vor allem Brände und Viehzucht haben sein ursprüngliches Gesicht verändert.

Pflanzen und Tiere

Beide Nationalparks liegen im Übergangsbereich zwischen der Zone der Babassúwälder im Westen, der Caatinga im Osten und den Cerrados im Süden. Ein hoher Anteil an Kakteen und anderen trockenresistenten Pflanzen ist typisch für die Caatinga. Unter den Kakteen fallen z.B. die kugelförmigen Melonenkakteen (s.S. 52) und die »Xiquexique« -Kakteen mit ihren langen krakenartigen Ästen auf. Am Boden bildet die zu den Bromelien gehörende »Macambira« mit ihren langen Ausläufern schwer zu durchdringende, dichte Horste.

Typische Caatinga-Arten, die in den Nationalparks selten sind, die man aber außerhalb oft sehen kann, sind der »Barrigudo« und der »Juazeiro« . Der »Barrigudo« ist ein Baum mit einem auffällig verdicktem Stamm, der aus einem weichen, wasserspeichernden Gewebe besteht. Der »Juazeiro«-Busch hat sehr lange Wurzeln und bleibt daher auch bei großer Trockenheit noch auffallend grün. Gewöhnlich werfen die Caatinga-Arten ihre Blätter zur Trockenzeit ab oder entwickeln sich, wie z.B. viele Gräser, überhaupt erst nach Regenfällen.

Sete Cidades liegt am Ostrand der Zone der Babassúwälder (der sogenannten »Cocaes« oder »Babaçuais«). Diese Vegetationszone umfaßt weite Bereiche im Staat Maranhão und auch den Westen des Staates Piauí. Hier gibt es große Palmenwälder, die fast ausschließlich von den Babassúpalmen gebildet werden. Sie sind wirtschaftlich sehr wichtig, gewinnt man doch ein begehrtes Öl aus den steinharten Früchten. Etwa 20 kg Öl liefert eine Babassúpalme pro Jahr. Typisch für den Nordosten Brasiliens ist auch die Carnaubapalme, die man an ihrem spiraligen Stammuster erkennt. Das Muster stammt von den Resten der abgefallenen Palmwedel. Diese Palmen scheiden auf ihren Blättern ein Wachs ab (etwa 2 g pro Blatt), das z.B. zur Herstellung von Kerzen und Seife verwendet wird.

Dominierend in Sete Cidades sind allerdings die Elemente der Cerrados (s.S.160), wie z.B. niedrige, krüppelige Bäume. Allerdings weisen die Bäume hier meistens eine dünnere Rinde auf als in den typischen Cerrados Zentralbrasiliens und auch die Arten sind etwas unterschiedlich. Auffallend sind z.B. der »Piqui« mit seinen großen elfenbeinfarbigen Blüten oder der »Jatobá« mit seinen rund 10 cm langen braunen und harten Früchten (einer steht z.B. im Hof der Nationalparkverwaltung). Im Unterwuchs zwischen den Gräsern wächst die auffällige »Flor-do-cerrado«.

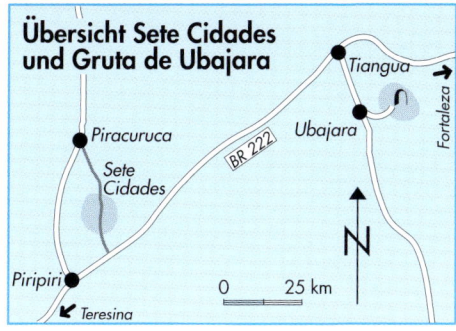

Übersicht Sete Cidades und Gruta de Ubajara

z.B. der kleine Buntfalke, der seltene Rotbrustfalke und die Sperberweihe. Der Lachfalke fällt durch seine cremeweiße Unterseite und die schwarze Augenmaske auf. Er bevorzugt vor allem Schlangen als Nahrung.

Zu den unauffälligen Vögeln gehört das Fleckensteißhuhn, das neben einigen anderen hühnerartigen Vögeln in den lichten Gebüschen lebt. Auch den Seriema (s.S.161), einen typischen Vogel der Cerrados, findet man in Sete Cidades.

Um das Besucherzentrum sollte man in den Bäumen nach den typischen Beutelnestern der Stärlinge (S. 25) suchen. Gewöhnlich sind die Vertreter dieser Vogelfamilie kaum zu übersehen und zu überhören. Hier im Park kommen z.B. der Orangetrupial (S. 40) und der Gelbbürzel-

Sie ist typisch für Stellen, die nicht mehr ganz ursprünglich sind, z.B. die Flächen entlang der Wege.

Die Vegetation im Nationalpark Gruta de Ubajara besteht aus zwei Zonen. In der höher gelegenen überwiegt Saisonregenwald. Die hier wachsenden Babassúpalmen wurden erst von den Menschen eingeführt. Die tiefer gelegene Zone unterhalb der Höhle besteht aus typischer Strauchcaatinga. Im Gegensatz zu anderen Caatingatypen findet man hier kaum Kakteen.

Sechs Papageiarten leben in den niedrigen Cerradowäldern des Nationalparks Sete Cidades. Unüberhörbar sind vor allem morgens die Rotbugamazonen, die rund um die Parkgebäude in den Bäumen sitzen. Hier im Park brüten sie zwischen den Felsen, weil große Bäume als Brutstätten fehlen.

Ideale Bedingungen in den Felsen der Sete Cidades finden die Greifvögel. Hier lebt

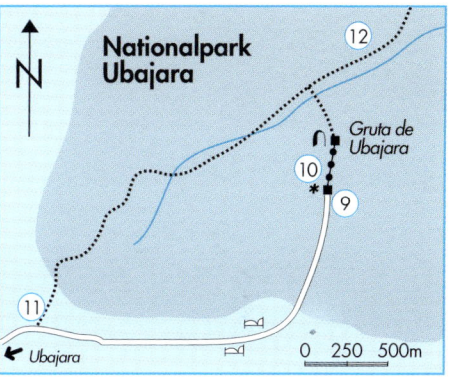

Nationalpark Ubajara

kassike vor. Wer in der Dämmerung einen Spaziergang unternimmt, wird wahrscheinlich auf Nachtschwalben stoßen, zu denen auch der in Europa heimische Ziegenmelker gehört. Diese unauffälligen, braungrau gefärbten Vögel sitzen fast unbeweglich auf der Erdstraße. Bei Störungen fliegen sie nur kurz auf und kehren oft wieder zu ihrem ursprünglichen Platz zurück.

Im dichten Gras lebt die Tropische Klapperschlange. Diese sehr giftige Schlange besitzt als einzige Schlange Südamerikas

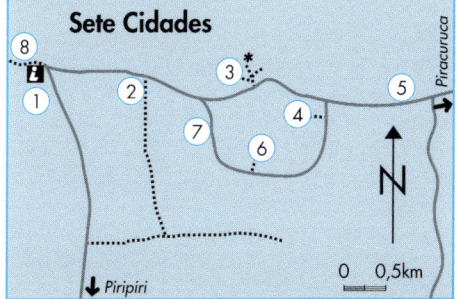

Sete Cidades

die typische Rassel am Schwanzende. Ihr Gift enthält neben einem Blutgift auch eine als Nervengift wirkende Substanz. Also Vorsicht, wenn Sie die Wege verlassen!

Viele andere Tierarten bewohnen den Park, darunter Schildkröten und sogar der Puma. In den Wäldern um die Gruta de Ubajara ist das Weißbüscheläffchen (S. 191) zu finden. Im Bereich der Höhle sind Fledermäuse relativ häufig. Wegen der Höhlenbeleuchtung sind die speziell ans Höhlenleben angepaßten Insekten und Spinnen (s. S. 62) kaum zu sehen.

Im Gebiet unterwegs

<u>Sete Cidades:</u> Der Nationalpark Sete Cidades wird von einer Reihe von Pisten und kleineren Wegen durchzogen. Leider existiert, wie so oft, keine wirklich brauchbare Karte.

Die **Parkverwaltung** ① ist das Zentrum des Parkes. Hier befindet sich auch das Gästehaus der Nationalparkbehörde Ibama und ein kleines Restaurant.

Ein etwa 6 km langer **Rundweg** führt zu den 6 **Felsenmonumenten**, die als »Cidades« (Städte) bezeichnet werden. Als erstes gelangt man zur sechsten Stadt bzw. zum Schildkrötenfels, der »Pedra da tartaruga« ②.

Die interessanteste Felsformation ist die zweite Stadt ③. Ein Felsentor überspannt hier den Weg. Ein Pfad zweigt links ab und führt zu den **Felsmalereien** und zum **Aussichtspunkt**.

Weiter Richtung Osten gelangt man zur dritten Stadt ④. Hier stehen die Felsnadeln der »Tres réies magos«, der heiligen drei Könige (S. Umschlag).

Das östliche Ende der Felsformationen markiert die erste Stadt ⑤. Der Hauptweg führt weiter nach Piracuruca außerhalb

◁ Der Nationalpark Sete Cidades ist ein Rückzugsgebiet für viele seltene Arten.

▽ Babassúpalmen bilden in Nordostbrasilien eine eigene Vegetationszone.

△ Nachtschwalben sind hervorragend getarnt.

▽ Die Tropische Klapperschlange ist die einzige Klapperschlangenart Südamerikas.

des Nationalparks. Rechts zweigt ein Seitenweg zur »Cachoeira« , einem kleinen Wasserlauf, ab.
Bei der dritten Stadt zweigt rechts der Weg zur vierten Stadt ⑥ ab. Wer dem Pfad durch das Eingangstor ins Innere des Felsmonuments folgt, erreicht an dessen Ende die »mapa do brasil« , die Landkarte Brasiliens. Das Loch, das hier in der »Stadtmauer« klafft, hat die Umrisse Brasiliens.
Bevor man wieder auf den Hauptweg trifft, gelangt man zur fünften Stadt ⑦.
Auch westlich der Parkgebäude gibt es einen Weg ⑧. Er beginnt zwischen Restaurant und dem Verwaltungsgebäude und führt zunächst zu einem ehemaligen Schwimmbecken. Folgt man dem Weg weiter, so gelangt man in eine Zone mit sehr trockener Caatingavegetation.
Gruta de Ubajara: Zur Höhle gelangt man am schnellsten mit der Seilbahn. Die obere Station ⑨ ist mit dem Auto zu erreichen.

Eine schwarze Augenmaske ist typisch für den Lachfalken.

Teresina und Fortaleza (BR 343 und BR 222). Der Ort selbst liegt noch 26 km vom Nationalpark entfernt. Um 7 Uhr fährt ein Bus vom Hauptplatz in Piripiri (vor dem Büro der Telefongesellschaft) zum Nationalpark. Rückfahrt gegen 17 Uhr (vorsichtshalber nochmal erkundigen!). Um nach Ubajara zu gelangen, biegt man bei Tiangua von der BR 222 ab und erreicht den Ort nach rund 25 km. Von dort sind es noch 2 km zum Nationalpark. Piripiri und Ubajara sind per Bus von Teresina und Fortaleza aus zu erreichen. Außerdem existiert auch eine Busverbindung zwischen Piripiri und Ubajara.

Von hier aus hat man einen herrlichen Ausblick auf die Umgebung.
ACHTUNG: Die Seilbahn zur Höhle ist nur samstags und sonntags jeweils von 10 bis 16 Uhr in Betrieb!
Der Eingang zur **Höhle** ⑩ liegt einige hundert Meter tiefer, auf 820 m Höhe. Dort muß man vielleicht etwas warten, bis eine ausreichend große Gruppe für eine Führung zusammengekommen ist. Alternativ kann man die Höhle auch über einen **Fußweg** erreichen ⑪. Dieser Weg ist recht interessant, er führt im oberen Teil durch feuchten Wald, unten durch die Strauchcaatinga. Man geht vom Parkeingang etwa 1 km zurück in Richtung Ubajara und folgt dann einem Feldweg, der rechts abzweigt. Nach einigen hundert Metern erreicht man das Eingangstor des Nationalparks. Der Weg führt bergab bis ins Tal. Dort zweigt dann rechts der Pfad zur Höhle ab (Gehzeit etwa 1,5 Stunden). Der Hauptweg führt weiter durch Strauchcaatinga ⑫ und verläßt ziemlich bald das Gebiet des Nationalparks.

Praktische Tips

Anreise
Piripiri, der Ausgangsort für den Besuch des Nationalparks Sete Cidades, liegt direkt an der Verbindungsstraße zwischen

Klima/Reisezeit
Der Großteil der durchschnittlich 1500 mm Niederschlag fällt zwischen Dezember und Juli. Diese Zeit sollten Besucher am besten meiden. Allerdings regnet es meist nur für kurze Zeit (vor allem nachmittags), so daß man das Gebiet auch während der Regenzeit besuchen kann. Die Durchschnittstemperaturen von 26°C sind relativ hoch. Mittags muß man mit bis zu 36°C rechnen, minimale Temperaturen liegen bei 16°C. Wegen der höheren Lage ist das Klima in Ubajara etwas kälter.

Unterkunft
Der Nationalpark Sete Cidades verfügt, einmalig in Brasilien, über ein einfaches, billiges und sauberes Gästehaus mit Restaurant. Luxuriöser und teurer ist das Hotel Fazenda Sete Cidades, das 6 km vom Parkeingang entfernt liegt. Dort kann man Pferde und Fahrräder leihen. Einfache Hotels findet man in Piripiri.
Direkt am Parkeingang zur Gruta de Ubajara gibt es ein billiges Hotel und die etwas teurere Pousada Neblina. Weitere billige Hotels findet man im Ort Ubajara.

Adressen
Büro der Nationalparkbehörde Ibama:
↪ Avd. Homeiro Castello Branco 2240, Teresina PI, Tel. 2321652

19 Nationalpark Chapada Diamantina

Attraktive Landschaft; Tafelberge; viele Höhlen und Wasserfälle; trockenkahler Wald.

Im Herzen des Staates Bahia liegt die Chapada Diamantina. Eigentlich stellt diese Gebirgskette die Verlängerung der Serra da Mantiqueira dar, die westlich von Rio und São Paulo verläuft. Das Gebiet ist Teil des alten Brasilianischen Schilds (s.S.12). Die Gesteine sind vorwiegend präkambrischen Ursprungs, also älter als 600 Mio. Jahre. Überwiegend findet man Sandstein und Quarzite.
Die Chapada Diamantina besteht aus drei parallelen Gebirgszügen. Teile der östlichen Kette, der 140 km langen Serra do Sincorá, wurden 1985 als Nationalpark ausgewiesen, um diese landschaftlich einmalige Gegend zu schützen. Der Großteil des Parks liegt über 800 m Höhe, die Gipfel erreichen Höhen bis zu 2033 m (Pico do Barbado).
Sowohl geologisch, botanisch als auch von den Landschaftsformen her erinnert das Gebiet an die Gran Sabana im Süden Venezuelas (s.S.109). In beiden Gebieten ist die Zahl der endemischen Arten sehr hoch.
Was den Park für den Besucher attraktiv macht, ist in erster Linie seine landschaftliche Schönheit. Bizarre Berge, Canyons, Täler, und Wasserfälle bilden eine herrliche Umgebung zum Wandern. Tafelberge wie der Morro do Pai Inacio, das Wahrzeichen des Parkes, üben einen besonderen Reiz aus. Diese Berge entstanden vor allem durch Winderosion der Sandsteine.

Der Morro do Pai Inacio ist das Wahrzeichen der Chapada Diamantina.

△ »Quaresmeiras« sieht man oft an Wegen.

Vom Morro do Pai Inacio blickt man auf weitere ▷
Tafelberge in der Umgebung.

Bemerkenswert sind auch die Höhlen im
Gebiet. So ist z.B. die Gruta de Lapão die
größte Quarzitkaverne in Brasilien, und
die Kalkhöhlen Gruta de Lapa Doce und
Gruta La Pratinha gehören mit ihren Tropf-
steinen sicher zu den schönsten Höhlen
Brasiliens.
Leider ist die Tier- und Pflanzenwelt des
Parks schon sehr dezimiert. Trotz der Ausweisung des Nationalparks werden immer
noch große Flächen abgebrannt. Diese
Brände werden besonders im August und
September von Jägern gelegt. Das nach
den Bränden wachsende frische Grün
zieht die Wildtiere an und erleichtert dadurch die Jagd. Auch Goldgräber sind immer noch im Nationalpark zu finden. Die
Nationalparkbehörde Ibama steht diesen
Problemen leider, wie so oft in Brasilien,
ziemlich hilflos gegenüber. Trotzdem bietet der Park genügend Sehenswürdigkeiten
für den Naturtouristen.
Lençóis, der Hauptausgangsort für Touren
im Park, ist ebenfalls einen Besuch wert.
Viele koloniale Bauwerke sind noch gut
erhalten. Außerdem bekommt man hier einen guten Eindruck von der Bevölkerungs-
zusammensetzung im Nordosten Brasiliens. Die meisten Bewohner von Lençóis
sind nämlich Schwarze, und vor allem in
den Randgebieten des Ortes fühlt man
sich manchmal nach Afrika versetzt.

Die Safranammer ist einer der häufigen Vögel in offenen
Landschaften.

Pflanzen und Tiere

Sofern nicht gerade ein Brand gewütet hat, findet man in den Tälern hauptsächlich trockenkahle Wälder. Das Abbrennen begünstigt Arten, die typisch für Sekundärvegetation sind, wie z.B. die »Quaresmeiras« mit ihren großen lila Blüten. Diese kleinen Bäume oder Büsche sieht man oft an Wegen und Bachläufen. An den ganzrandigen Blättern mit den 3–5 parallelen Blattnerven kann man leicht erkennen, daß sie zur Familie der Schwarzmundgewächse (Melastomaceen) gehören. Viele Arten dieser Familie haben sich auf Sekundärstandorte spezialisiert und sind daher oft entlang der Wege zu sehen.

»Sempre-viva«-Pflanzen werden als Trockenpflanzen für Gestecke gesammelt.

In den höheren Zonen ab etwa 1000 m herrscht eine savannenähnliche Vegetation vor, die »Gerais« . Dieser Vegetationstyp besteht vorwiegend aus Gräsern, Kräutern und niedrigen Büschen. Die »Gerais« sind den Höhencamps in Südbrasilien (s.S. 196) sehr ähnlich. Bei Untersuchungen wurden im Boden der »Gerais« bis zu 34600 Samen pro m² gefunden! Die Vegetation der Chapada Diamantina ist reich an Arten, die aus der Caatinga (s.S. 150) und den Cerrados (s.S. 160) eingewandert sind. So findet man z.B. an felsigen Stellen die »Xiquexique«-Kakteen (s.S. 150). Besonders auf den Tafelbergen wachsen extrem viele Bodenbromelien. Typisch für den Staat Bahia ist die Gattung *Ortophytum*, deren Vertreter als einzige Bromelien auch Blätter am Sproß haben (und nicht nur einen Blattkelch). Außerdem wurden über 60 Orchideenarten im Park identifiziert.

Typisch für Zentralbrasilien sind die zierlichen »Sempre-viva«-Arten. Sie gehören zur Familie der Eriocaulaceen. Die Arten dieser Familie (die keine Vertreter in Euro-

pa hat) sind in Südamerika in Sümpfen, Quellfluren und anderen feuchten Stellen recht häufig. Wegen ihres dekorativen Aussehens werden sie als Strohblumen gesammelt und vor allem an die Blumenindustrie in Südbrasilien weiterverkauft. Über die Tierwelt der Gegend gibt es keine genauen Angaben. Wegen der ständigen Jagd ist sie ziemlich eingeschränkt. Der Südamerikanische Nasenbär (S. 207) und das Aguti (S. 147) kommt noch in den Wäldern vor; sie sind aber auch die meistgejagten Tiere. Angeblich soll es auch Pumas, Jaguare und sogar Krokodile geben – kaum zu glauben, wo hier fast alles gejagt wird.

Unter den Vögeln fällt, neben mehreren Papagei- und Kolibri-Arten, vor allem der Mohrenreisknacker und der Schwarzkopf-Reisknacker auf. Beide Finkenarten sind überwiegend schwarz gefärbt und haben einen sehr dicken Schnabel. Wegen ihres herrlichen Gesangs werden sie oft gefangen und illegal als Käfigvögel verkauft.

Im Gebiet unterwegs

Ausgangspunkt für alle Touren ist der Ort Lençóis. Eine Reihe von Pfaden durchzieht den Park. Leider sind diese Wege nicht markiert, und die Führer, die in Lençóis auf Kundschaft warten, geben nur sehr ungern Auskunft.

Problemlos ohne Führer findet man das Wahrzeichen des Parkes, den **Morro do Pai Inacio** ①. Am besten nimmt man den Bus nach Palmeiras und läßt sich bei dem Weg, der auf den Berg führt (1 km), absetzen. Vom Berg hat man einen herrlichen Ausblick; dort findet man auch die typische Bromelienvegetation.

Für die folgenden drei Ziele sollte man einen Führer nehmen (am besten im Hotel nach einem Führer fragen).

Etwa 5 km von Lençóis entfernt liegt die **Gruta de Lapão** ②. Sie ist die größte Quarzit-Kaverne in Brasilien. Eine der Hauptsehenswürdigkeiten ist die **Cachoeira Fumaça** ③, die auch als Cachoeira Glass bezeichnet wird. Dieser Wasserfall ist mit einer Höhe von 422 m der höchste Wasserfall Brasiliens. Ein Besuch lohnt nur zur Regenzeit, denn während der Trockenzeit führt der Bach zeitweise kein Wasser. Die meisten Besucher fahren mit dem Auto bis zum Beginn des Fußweges, rund 20 km südöstlich von Palmeiras. Von dort sind es noch rund 2 Stunden zu Fuß bis zum Wasserfall. Man kann auch mit einem Führer direkt von Lençois zum Wasserfall wandern.

Viele Passionsblumen besitzen sehr auffällige und schöne Blüten.

Leichter zu erreichen, aber auch weniger spektakulär ist die **Cachoeira Sossego** ④. Etwa 2 Stunden Fußmarsch sind es zu diesem Wasserfall, der sich in einen kleinen Canyon eingeschnitten hat. Gutes Schuhwerk ist unbedingt notwendig, da ein Teil des Weges über große Steinblöcke führt! Ein kurzer Abstecher, den man problemlos ohne Führer machen kann, ist die **Cachoeira Serrano** ⑤, die am westlichen Ortsrand von Lençóis liegt. Die kreisrunden Löcher, die der Fluß hier ausgeschwemmt hat, sind wie geschaffen für ein Bad. Diese Stelle ist auch ein beliebter Treffpunkt für die Einheimischen, die etwas unterhalb ihre Wäsche waschen. Ein Pfad führt weiter flußaufwärts durch lichten Wald.

Weitere Wasserfälle und das Gebiet der Goldgräber am Rio São José kann man mit einem Führer zu Fuß erreichen. Einige interessante Ziele liegen weiter von Lençóis entfernt und sind nur per Auto zu erreichen. Am besten informiert man sich im Hotel über den genauen Weg. Wer nicht über ein Auto verfügt, sollte am Wochenende nach Lençóis kommen. Es gibt dann öfter Mitfahrgelegenheiten oder auch organisierte Touren zu den entfernteren Zielen. 70 bzw. 76 km Fahrt sind es zur **Gruta da Lapa Doce** und zur **Gruta da Pratinha**. Die Gruta da Lapa Doce ist mit einer Länge von fast 13 km die viertgrößte Höhle Brasiliens.

Um die »Gerais« kennenzulernen, besucht man am besten die Gerais de Mucujê, rund 30 km südlich von Lençóis.

Praktische Tips

Anreise
Lençóis liegt etwa 400 km westlich von Salvador. Von der Verbindungsstraße Salvador – Brasilia, der BR 242, sind es noch 12 km nach Lençóis. Der Ort ist per Bus von Salvador aus erreichbar, von Brasilia aus mit Umsteigen in Seabra.

Klima/Reisezeit
Das Klima im Park ist wegen der Höhenlage für Mitteleuropäer recht angenehm. Die Tagestemperaturen bewegen sich meist um 30°C. Regenzeit ist von November bis Februar, die Regenmenge ist aber gering (Jahresniederschlag 700 – 1000 mm). Die Hauptblütezeit liegt zwischen Dezember und Januar.

Unterkunft
Lençóis und die Umgebung gehört zu den beliebtesten Ausflugszielen der Bewohner von Salvador. Es gibt deshalb eine Menge Hotels in allen Preisklassen und einen Campingplatz. An Wochenenden kann es schwierig sein, eine Unterkunft zu finden. Einfache Hotels gibt es auch in Palmeiras.

20 Brasilia und Umgebung

In der Umgebung typische Vegetation und Tierwelt der Cerrados; Galeriewälder; Wasserfälle; Wasserscheide zwischen dem Amazonas- und dem Paraná-Becken.

Brasilia, auf dem Reißbrett geplante Hauptstadt Brasiliens, wurde auf einer Hochebene im Zentrum des Landes errichtet. Die Gründung der Stadt ging auf das Bestreben zurück, auch das wirtschaftlich vernachlässigte Landesinnere Brasiliens mehr zu erschließen. Die Indianer, die das Land bewohnten, wurden bei diesen Überlegungen nicht berücksichtigt; dieser

Zustand hat sich auch bis heute nicht wesentlich verändert. Vor allem die Staaten Mato Grosso und Goiás waren lange Zeit kaum erforscht und ein Tummelplatz für Abenteurer und Kriminelle. Noch heute ist dieser riesige Teil Brasiliens nur dünn besiedelt. Das Land ist allerdings nicht herrenlos, sondern es gehört zu Großfarmen, den »Fazendas« , auf denen meist großflächig Viehzucht betrieben wird. Besonders in den nördlichen Zonen, die an Amazonien grenzen, gibt es inzwischen viele Projekte zum intensiven Anbau von Soja, Reis und Mais. Große Teile der Ernte werden exportiert, die negativen Folgen aber hat Brasilien zu tragen: Erosion, Ausschwemmung von Düngemitteln und schleichende Vergiftung durch den Einsatz von giftigen, bei uns längst verbotenen Pestiziden.

Es ist wenig bekannt, daß Brasilia auf über 1000 m Höhe liegt, direkt an der Wasserscheide zwischen dem Amazonas im Norden und dem Rio Paraná im Süden. Dieser Teil Brasiliens gehört, geologisch gesehen, zum Brasilianischen Schild und besteht überwiegend aus sehr alten präkambrischen Gesteinen (s.S.12). In den zerklüfteten Felsformationen der Gegend gibt es über 100 Höhlen, die von brasilianischen Höhlenforschergruppen genauer untersucht werden.

Brasilia liegt im Zentrum der Cerrados, einer savannenähnliche Landschaft, die vor allem durch niedrige, krummwüchsige Bäume gekennzeichnet ist. Cerrados bedecken in Brasilien eine Fläche von 1,6 Mio. km², vor allem in den Staaten Goiás, Mato Grosso, Minas Gerais, Distrito Federal und dem vor kurzem von Goiás abgespaltenen Staat Tocantins.

Krüppelige Bäume mit extrem dicker Rinde sind charakteristisch für die Cerrados.

Einer der typischen Vögel der Cerrados ist der große Seriema.

Viele der krüppeligen Baumarten besitzen eine extrem dicke Rinde und sind damit gegen die häufigen Brände unempfindlich. Obwohl die Cerrados einen sehr trockenen Eindruck vermitteln, fehlen die entsprechenden Anpassungen wie kleine Blätter oder Dornen, auch Kakteen sind kaum zu finden. Ganz im Gegenteil: Große, allerdings sehr harte Blätter sind der Normalfall, die meisten Baumarten sind sogar immergrün. Der Blattwechsel erfolgt dann gewöhnlich bei Beginn der Regenzeit, also im September oder Oktober. Viele der Bäume können mit ihren langen Wurzeln während des ganzen Jahres ausreichend Wasser aufsaugen. Wassermangel ist also nicht für den niederen Baumwuchs verantwortlich. Ausschlaggebend sind vielmehr die sehr nährstoffarmen, sauren und aluminiumreichen Böden. Unter den Cerradopflanzen gibt es regelrechte Aluminiumsammler, die dieses für Pflanzen schädliche Element anreichern.

Brände sind ein wesentliches Element der Cerrados. Obwohl sie auch von Natur aus vorkommen, wird die Mehrzahl inzwischen leider vom Menschen verursacht. Die Natur hat sich auf die Brände eingestellt. So bilden viele Pflanzen dicke Rinden oder einen unterirdischen Stamm, der vom Feuer nicht zerstört wird.

Nach dem Baumbestand unterscheidet man verschiedene Formen des Cerrado. Als Campos limpos und Campos sujos bezeichnet man ganz bzw. fast baumfreie Gebiete. Die typische Savanne mit lockerem Wald heißt Campo cerrado (davon gibt es wieder viele Untertypen), und mit Cerradão meint der Brasilianer einen fast geschlossene Wald.

Der straußenähnliche Nandu wird bis 1,6 m groß.

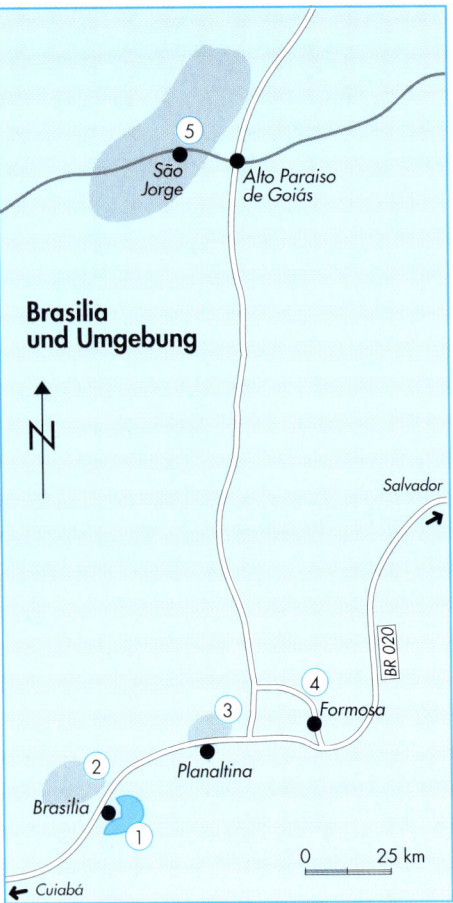

Brasilia und Umgebung

N

5 São Jorge

Alto Paraiso de Goiás

Salvador

BR 020

4 Formosa

3

2 Planaltina

Brasilia

1

0   25 km

← Cuiabá

Pflanzen und Tiere

Über 700 Baum- und Straucharten wurden bisher von den Botanikern in den Cerrados gefunden. Die meisten weisen die oben genannten Merkmale wie dicke Rinde, harte Blätter usw. auf, egal zu welcher Pflanzenfamilie sie gehören.
Zu den auffälligeren Vertretern zählt z.B. der »Ipê amarello« , ein Verwandter des venezolanischen »Araguaney« (s.S. 67), dessen leuchtend gelbe, glockenförmige Blüten vor allem im August zu sehen sind. Auch die cremeweißen Blüten des »Piqui« fallen sofort auf.

Ebenfalls an den Blüten leicht zu erkennen sind die Nachtschattengewächse, die typisch für die Neotropen sind. Wichtige Nutzpflanzen wie Kartoffeln und Tomaten, die ja aus Südamerika stammen, gehören zu dieser Familie. Einige von ihnen wie die »Fruta-do-lobo« besitzen große apfelförmige Früchte, die von den Einheimischen gegessen werden. Aber hüten Sie sich vor einem Selbstversuch, zu dieser Familie gehören auch viele giftige Pflanzen! Auffallend ist die »Canela-de-ema« .
Sie gehört zu der für Brasilien typischen Familie der Vellosiaceen (S.123). Auch Palmen sind in den Cerrados vertreten, meistens bleiben sie aber relativ klein.
Im tropischen Tiefland Südamerikas sind Mimosen häufig zu sehen. Zu dieser Gattung gehören viele Baumarten, aber auch kleine holzige Stauden, die man oft an den Straßenrändern findet. Viele Vertreter dieser Gattung (z.B. die Sinnpflanze) können ihre Blätter bei Berührung in weniger als einer Sekunde zusammenklappen. Die Bewegung kommt durch eine schnelle Innendruckänderung spezieller Zellen am Blattgrund zustande. Nach 15 – 20 Minuten falten sich dann die Blätter wieder auf. Was die Pflanzen durch diesen Mechanismus bezwecken ist noch nicht ganz geklärt. Wahrscheinlich ist aber, daß die plötzliche Bewegung viele Tiere vom Fressen der Pflanze abhält.
An feuchteren Stellen mit besseren Böden, besonders an Bachläufen, wächst auch in den Cerrados ein höherer Wald mit Palmen (darunter die häufige »Buriti-Palme«, S.101), Lianen und Epiphyten, die in dieser Gegend sonst nicht auftreten.
Sehr häufig sind an den krüppeligen Bäumen die braunen, kugelförmigen Lehmnester der Termiten zu sehen. Gewöhnlich wird der Baum durch sie nicht geschädigt, denn sie ernähren sich vorwiegend von abgestorbenen Pflanzenteilen.
Auf die bodenbewohnenden Ameisen und Termiten spezialisiert ist der Große Ameisenbär. Mit seinen langen, scharfen Kral-

len reißt er die Bauten auf und »fängt« dann die Insekten mit seiner bis zu 40 cm langen Zunge. Gewöhnlich frißt er immer nur wenige Tiere und zieht dann zum nächsten Bau. Die Ameisenkolonien überstehen solche Angriffe relativ unbeschadet. Daneben ernährt sich der Einzelgänger, der übrigens ein sehr gutes Gehör hat, auch von Beeren, Würmern und Insektenlarven. Mehrere Gürteltierarten, entfernte Verwandte des Großen Ameisenbären, sind in den Cerrados zu Hause.

Typisch für Savannen (aber leider sehr selten) ist der langbeinige Mähnenwolf. Im Gegensatz zu seinem Namen ist er weniger mit den Wölfen, sondern vielmehr mit den Füchsen verwandt. Die langen Beine ermöglichen den ausdauernden Trott im Paßgang. Er ernährt sich nicht nur von Kleintieren, sondern auch von Früchten wie der oben erwähnten »Fruta-de-lobo«.

Termiten bauen auffällige Nester mit »überdachten« Verbindungsgängen.

Auch viele der in den anderen Kapiteln beschriebenen Säuger wie Agutis (S.147), Pekaris (s.S.23), Raubkatzen und andere kommen in den Cerrados vor. Allerdings sind die meisten Säugetiere Einzelgänger und nachtaktiv, man wird sie also kaum sehen.

Unter den Vogelarten fällt vor allem der langbeinige, bis zu 70 cm goße Seriema durch seine trompetenartigen Rufe auf. Meistens stolzieren Seriemas zu zweit durch die Savannen, immer auf der Suche nach Nahrung, zu der auch Schlangen gehören. Bei Störungen laufen sie schnell davon, anstatt wegzufliegen. Auch der große, flugunfähige Nandu ist in den Cerrados zuhause.

Zu den häufigen Greifvögeln gehört der grau- und cremefarbene Aplomadofalke und der gleichmäßig rotbraune Savannenbussard. Beide jagen gewöhnlich von einer niederen Warte aus und versammeln sich oft bei Buschbränden.

Im Gebiet unterwegs

Um die typische Vegetation der Cerrados ohne großen Aufwand kennenzulernen, besucht man am besten zuerst in Brasilia den **Botanischen Garten** ① auf der Südseite des Lago Paranoá. Das 600 ha große Gelände (wie alles in Brasilia autogerecht geplant) beherbergt nicht nur über 200 Cerrado-Arten mit Namensschildern und ein kleines Informationszentrum, sondern auch noch einige Hektar unveränderte Vegetation. Wer über kein Auto verfügt, sollte genügend Zeit für die etwas längeren Wege im Park mitbringen. Die Buslinie 147 (Agrovila/São Sebastião) hält direkt am Parkeingang (an Werktagen ist nur nachmittags geöffnet).

8 km vom Stadtzentrum entfernt befindet sich der **Nationalpark Brasilia** ②. Trotz der Nähe zur Stadt beherbergt der Park noch fast alle für den Cerrado typischen Tiere. Leider ist nur ein sehr kleiner Teil des

Der Große Ameisenbär bewohnt die Cerrados und andere südamerikanische Savannen.

300 km² großen Gebiets für Besucher zugänglich. Für Vogelkenner werden jedoch Ausnahmen gemacht, da man von ihnen Mithilfe bei der Vervollständigung der Artenliste erwartet. Interessierte (am besten mit Mitgliedsausweis einer vogelkundlich engagierten Vereinigung) wenden sich am besten an die Zentrale der Nationalparkbehörde Ibama in Brasilia. Im allgemein zugänglichen Teil des Parkes befindet sich ein Schwimmbad, das vor allem an Wochenenden viele Menschen anzieht und das man am besten meidet. In der Umgebung findet man sowohl typische Cerradovegetation als auch ein Stück feuchten Wald am Zulauf des Schwimmbeckens. Der Parkeingang liegt im Norden der Stadt, direkt an der Autobahn nach Planal-

tina. Die Buslinie 128 nach Granja do Torto hält in der Nähe des Parkes. Dem Fahrer sagen, daß man bei den »Águas minerais« aussteigen will.

In der gleichen Richtung, 30 km von der Stadt entfernt, liegt links der Straße das **biologische Reservat Águas emendadas** ③. Hier befindet sich die Wasserscheide für die drei Flußsysteme des Amazonas, des Rio Paraná und des Rio São Francisco. Von den drei Bächen, die in der Naturreserve entspringen, gehört jeder zu einem anderen der drei Flußsysteme. Das Gebiet umfaßt vor allem Sumpfgebiete mit vielen Palmen und Zonen mit Feuchtwald. Eigentlich ist es für Touristen nicht zugänglich, man wird jedoch meist eingelassen, wenn man freundlich fragt.

In der weiteren Umgebung von Brasilia gibt es viele **Wasserfälle**. Der bekannteste ist der Salto Itiquira ④, der mit einer Fallhöhe von 170 m einer der höchsten in Brasilien ist. Der Fall liegt in der Nähe der Stadt Formosa, rund 80 km östlich von Brasilia, und ist nur sehr umständlich per Bus zu erreichen.

Etwa 200 km nördlich von Brasilia liegt der **Nationalpark Chapada dos Veadeiros** ⑤. Dieser Park umfaßt vor allem typische Cerrados, aber auch fast baumfreie Flächen, die weitgehend von Gräsern dominiert werden. Besonders die landschaftliche Schönheit mit vielen Wasserfällen zieht die Besucher an. Man erreicht den Parkeingang in São Jorge mit dem Bus oder Auto über Alto Paraiso de Goiás. Gelegentlich wird für den Besuch eine Genehmigung der Ibama-Zentrale in Brasilia verlangt. Es gibt aber auch attraktive Zonen außerhalb der Parkgrenzen, für die man keine Genehmigung braucht.

Über die Lebensweise des seltenen Mähnenwolfs ist nur wenig bekannt.

Savannenbussarde und andere Greifvögel versammeln sich oft bei Buschbränden.

Praktische Tips

Anreise
Brasilia ist von allen größeren brasilianischen Städten per Bus oder Flugzeug problemlos zu erreichen.

Klima/Reisezeit
Trockenzeit ist zwischen Mai und September. Wegen der dann blühenden Bäume empfiehlt sich ein Besuch gegen Ende der Trockenzeit. Die meisten Niederschläge fallen im November, der Gesamt-Jahres-niederschlag beträgt 1100–2000 mm. Die Temperaturschwankungen während eines Tages sind relativ hoch. Die Maxima können bei 40–42°C liegen, die Minima bei 10°C. Generell sind die Temperaturen in Brasilia recht angenehm.

Unterkunft
In Brasilia selbst gibt es nur Hotels der Mittel- und Oberklasse. Billighotels findet man nur in den Vorstädten wie z.B. Taguatinga. Preise in Brasilia sind generell etwas höher als sonst üblich.

Adressen
Zentrale der Nationalparkbehörde:
➪ Ibama, Sector de areas isoladas SAIN L 4 norte, Diretoria de Ecosystemas, Brasilia DF

Zentrale der Indianerschutzbehörde FUNAI:
➪ Fundacão Nacional do Indio, Assessoria de Comunicação Social, SIA Trecho 04, Lote 750, Brasilia DF, CEP 71200

Kontakte für Höhlenforscher:
➪ Espelogrupo de Brasilia EGB, Fernando Leite, Tel. 2333716

Die Sinnpflanze reagiert auf Berührung.

Viele Nachtschattengewächse haben Blüten, die den Kartoffelblüten ähneln.

21 Pantanal

Berühmtes Tierparadies; Überschwemmungslandschaft des Rio Paraguay; Großflächige Rinderfarmen; seltene Tiere wie Hyazinth-Ara und Riesenotter.

Im Herzen Südamerikas liegt der Pantanal, ein einzigartiges Tierparadies. Das portugiesische Wort »pântano« bedeutet soviel wie Sumpf oder Morast. In Wirklichkeit ist der Pantanal ein Gebiet so groß wie Hessen, das jedes Jahr durch das Hochwasser des Rio Paraguay weitgehend überflutet wird. Nur kleine Inseln, die »Cordilheiras«, bleiben dann trocken und bieten den Landtieren Zuflucht. Eigentlich ist die Regenmenge im Pantanal nicht besonders hoch, aber das geringe Gefälle der Flüsse (etwa 3 cm pro km am Rio Paraguay) verhindert ein schnelles Abfließen der Wassermassen. Der Rio Paraguay bildet ungefähr die Westgrenze des Pantanals. Im Osten wird das Gebiet durch die 600 m hohen Felsplateaus des Brasilianischen Schildes abgegrenzt, im Süden schließt sich die extrem trockene Landschaft des Gran Chaco in Paraguay an.

Geologisch gesehen ist der Pantanal ein ausgesprochen junges Gebiet, das erst während der letzten 10 000 Jahre seine heutige Form erhielt. Man nimmt an, daß dieses Becken früher der Grund eines Binnenmeeres war. Damals wurden riesige Mengen an Sedimenten abgelagert, die heute bis in über 80 m Tiefe reichen.

Der Pantanal gilt als die tierreichste Gegend Amerikas. Ob das wirklich stimmt ist eine andere Frage. Immerhin kommen im Nationalpark Henri Pittier (s. S. 77) auf einem Bruchteil der Fläche des Pantanals fast genauso viele Vogelarten vor, nämlich etwa 600. Sicher ist aber, daß man die Tiere in der relativ offenen Landschaft des Pantanals viel leichter entdecken kann als in den Waldgebieten. Schon bei kurzen Touren durch das Gebiet wird man mehr Tiere sehen als woanders in einer Woche. Hauptgrund für die Artenvielfalt ist ein extrem vielfältiges Mosaik von Lebensräumen. Man findet hier die für Cerradowälder typischen Baumarten, Verwandte der trockenliebenden Pflanzen der Caatinga (z.B. Kakteen) und typisch amazonische Arten. Viele Tiere aus den umgebenden Lebensräumen wie den amazonischen Wäldern oder der Caatinga finden im Pantanal geeignete Lebensräume und wandern deshalb ein. Dafür gibt es keine nur dort heimischen (endemische) Arten.

Rotschnabel-Pfeifgänse gehen in Trupps während der Nacht auf Nahrungssuche.

Der Pantanal ist keineswegs eine völlig menschenleere Wildnis. Lange war er der Lebensraum der Bororó-Indianer, von denen es leider nur noch wenige gibt. Ein großer Teil des Gebietes wird schon seit dem 18. Jahrhundert zur extensiven Viehzucht genutzt. Mehr als 6 Mio. Rinder beweiden den Pantanal, oft Seite an Seite mit Wasserschweinen und Kaimanen. Die hier praktizierte Art von extensiver Landwirtschaft war relativ umweltverträglich, bis man anfing, in großem Umfang die Vegetation abzubrennen.

Das größte Problem im Pantanal ist die Wilderei. Gewildert wird mit Vorliebe im Bereich des Nationalparks. Für die wenigen Polizisten dort ist es praktisch unmöglich, ein derart unzugängliches Gebiet, das mehr als doppelt so groß ist wie der Bodensee, effektiv zu kontrollieren. Im Gegensatz dazu werden Wilderer auf dem Gelände von privaten Farmen, den »Fazendas«, sofort von den Eigentümer vertrieben. Nationalparks garantieren also nicht immer den Schutz, den sie versprechen!

Man schätzt, daß pro Jahr 1–2 Mio. Kaimane im Pantanal gewildert werden! Die Häute werden über Paraguay oder Bolivien illegal exportiert und landen schließlich, deklariert als Zuchthäute, in Europa. Wie so oft ist auch hier das Verhalten der Bewohner der Industrieländer letztendlich für die Naturzerstörung in ärmeren Ländern verantwortlich. Aber auch die Brasilianer selbst schädigen durch Überfischung diesen einmaligen Naturraum.

Ein zweites Problem neben der Wilderei ist die zunehmende Erz- und Goldgewinnung an den Rändern des Pantanals. So finden sich südlich von Corumbá die weltweit größten Vorkommen an Manganerzen und im Norden bei Poconé wird Gold geschürft. Durch die Goldgewinnung wird dauernd Quecksilber, das zur Extraktion des Goldes aus dem Boden verwendet wird (s.S.111), in den Pantanal eingeschwemmt. Auch die Erdmassen, die der Regen aus den Landwirtschaftsgebieten im Osten ausschwemmt und die sich im Pantanal ablagern, bereiten Probleme. Sie behindern den Abfluß der Wassermassen nach der Regenzeit und führen zu einer

Der Schwarze Brüllaffe ist die am südlichsten vorkommende Brüllaffenart.

Verlängerung der Überschwemmungsperiode, was natürlich negative Auswirkungen auf die Tierwelt hat.
Trotz all dieser Probleme ist der Pantanal bei weitem (noch) nicht so akut bedroht wie die amazonischen Regenwälder.

Pflanzen und Tiere

Der Pantanal hat viel mit den Llanos in Venezuela gemeinsam; manche Arten wurden schon dort (s.S. 96) genauer beschrieben.
Im wesentlichen findet man drei Hauptvegetationstypen im Pantanal: Verschiedene Waldgesellschaften (vor allem in den hochwassersicheren Gebieten), Weidegebiete, in denen die Gräser dominieren, und schließlich die Schwimmvegetation der stehenden und fließenden Gewässer. Oft sind diese Bereiche eng miteinander verzahnt und kaum zu unterscheiden. Unter der Vielzahl der Bäume ist speziell der »Ipê roxo« kaum zu verwechseln. Vor

allem im August und September sieht man die blattlosen, aber mit rosa Blüten bedeckten Bäume. An den glockenförmigen Blüten erkannt man, daß sie zur Familie der Bignoniaceen gehören. Noch häufiger ist die »Buriti«-Palme (S.101), die überwiegend entlang der Flußläufe wächst. Für die Schwimmrasen ist die Wasserhyazinthe charakteristisch, die in kurzer Zeit tropische Gewässer total überwachsen kann und daher als Plage gilt. Da die Pflanze sehr schnell viel Biomasse produziert, hat man schon Versuche unternommen, dieses Material zur Biogasgewinnung einzusetzen. Die dicken Blasen am Blattgrund sind mit einem sehr lufthaltigen Gewebe gefüllt und halten die Pflanze über Wasser. Mit Glück sieht man auch die Victoria regia, eine Verwandte der Seerosen mit über 1 m großen Blättern, die vor allem in Amazonien vorkommt (S.131). Die Tierwelt des Pantanals ist artenreich, es findet sich dort ein großer Teil der in Brasilien heimischen Arten von Wirbeltieren.

An den Tümpeln versammeln sich unglaublich viele Wasservögel.

die Tümpel leuchtet (Lampe am besten zwischen die Augen halten), sieht man deutlich die reflektierenden Augenpaare der Kaimane. Diese Methode nützen auch die Wilderer, die nur noch zwischen die reflektierenden Augen der Kaimane zielen müssen.

Zu den größten Reptilien des Pantanals gehört die Anakonda (s.S. 100), die gut an das Leben im Wasser angepaßt ist. Sie ist, wie die Abgottschlange (*Boa constrictor*, S. 130) eine ungiftige Riesenschlange.

Der Erzfischer gehört zu den Eisvögeln.

Der Jabirú ist die größte Storchenart der Welt.

Mönchssittiche nisten oft in Palmen.

Zu den aufregendsten Tieren gehören sicher die bis zu 3 m lange Krokodil- oder Brillenkaimane (»Jacares«). Besonders zur Trockenzeit sieht man sie in großen Mengen an den wenigen verbliebenen Wasserlöchern liegen, das Maul zur Kühlung und um lästige Egel auszutrocknen weit geöffnet.

Obwohl die Kaimane so stark bejagt werden, sind sie im Pantanal immer noch häufig. Wenn man nachts mit einer Lampe in

Sehr wahrscheinlich wird man im Pantanal Wasserschweine sehen (s.S. 99). Diese biberähnlichen Tiere werden bis zu 50 kg schwer und sind damit die größten Nagetiere der Welt. Den heißen Tag verbringen sie meistens im Wasser, an das sie gut angepaßt sind. Vor allem abends kann man sie in Wasserlöchern oder auf den Weiden beim Fressen beobachten, manchmal Seite an Seite mit den Rindern.

Unter den Affen ist der Schwarze Brüllaffe für den Pantanal typisch. Leider schon vom Aussterben bedroht ist der Sumpfhirsch, der im Pantanal noch relativ häufig zu sehen ist. Da er illegal gejagt wird, ist seine Zukunft recht unsicher. Auch der bis zu 2 m lange Riesenotter steht inzwischen auf der Roten Liste der brasilianischen Tiere. Wie für viele andere Arten ist für ihn der Pantanal eines der letzten Rückzugsgebiete. Ein eigenes Buch wäre erforderlich, um alle Vogelarten des Pantanals zu beschreiben. Besonders auffallend sind Wasservögel, allen voran der Jabirú, der größte Storch der Welt. Jabirús treten gewöhnlich zu zweit oder in Gruppen auf und sind durch ihre Größe, ihre Haltung und den roten Halsring nicht zu verwechseln. Interessant ist, daß die Jabirús ihre Nahrung nicht mit den Augen suchen, sondern mit dem Schnabel erfühlen – kein Wunder bei den trüben Gewässern. Ebenfalls zu den Störchen gehört der Maguaristorch (S.100) und der etwas kleinere Waldstorch. Letzterer brütet in Kolonien, oft auf abgestorbenen Bäumen.

In und am Wasser findet man mehrere Reiher-, Ibis-, Gänse- und Entenarten. Interessant ist das Verhalten der Rotschnabel-Pfeifgänse. Sie sitzen tagsüber meist in Gruppen auf abgestorbenen Ästen und gehen erst nachts auf Nahrungssuche. Truthahnähnlich ist der Halsbandtschaja, der außer dem Pantanal vor allem in Amazonien vorkommt. Er hat einen sehr lauten, trompetenartigen Ruf und fliegt gerne in großer Höhe.

Auf dem Land sind die flugunfähigen Nandus (S.161) mit bis zu 1,6 m Höhe mit Abstand die größten Vögel. Bei ihnen legen mehrere Weibchen ihre Eier in eine gemeinsame Nistmulde, und ein Männchen (das die Eier befruchtet hatte) übernimmt das Ausbrüten und die Aufzucht der Jungen. Häufig und oft in Gruppen unterwegs sind die Mönchsittiche. Sie sind kaum zu überhören, wenn sie zu ihren Nestern zurückkehren, die sie oft in die Kronen von Palmen bauen.

Im Norden des Pantanals kann man auf die sehr seltenen Hyazinth-Aras treffen. Mit bis zu 1 m Länge sind sie die größten Papageien der Welt. Meistens trifft man auf Paare oder kleine Gruppen dieser Vögel, die in den Baumkronen sitzen.

Unter den vielen kleineren Vögeln fallen die schillernden Eisvögel besonders auf. Fünf der sechs in Südamerika heimischen Arten sind im Pantanal häufig. Nicht auf offene Wasserflächen angewiesen sind die

170

Stärlingsarten, die auffällige Beutelnester in die Baumkronen bauen (S. 25). Typisch für den Pantanal sind zwei rotköpfige Finkenarten. Graukardinal und Mantelkardinal sehen sich zwar sehr ähnlich; ersterer hat aber einen auffälligen Federschopf am Kopf.

Berühmt ist der Fischreichtum des Pantanals. Mehr als 300 Arten wurden bisher nachgewiesen. Häufig sind Piranhas (s. S. 29) und viele amazonische Arten, die man am besten in Manaus am Markt bewundern kann. Zwischen November und Februar, also zur Regenzeit, wandern große Fischschwärme in die Oberläufe der Flüsse, um dort abzulaichen. Diese Fischwanderung wird als »Piraçema« bezeichnet. Natürlich wird gerade zu dieser Zeit besonders viel gefischt, was die Bestände stark dezimiert hat.

Im Gebiet unterwegs

Cuiabá im Norden und Corumbá im Süden sind die beiden Hauptausgangspunkte für Touren in den Pantanal. Hauptproblem dort ist der Transport. Es gibt nur einige schlechte Pisten, zur Regenzeit ist das Boot wichtigstes Verkehrsmittel. Busse verkehren nicht im Pantanal. Ein Leihauto ist vor allem im Norden sehr günstig, um die Transpantaneira (siehe unten) zu befahren. Mehrere Farmen im Pantanal haben sich auf Tourismus spezialisiert. Zusätzlich zur Übernachtung bieten sie meist Tagestouren per Pferd, Boot oder Auto an. Unbedingt vorher erkundigen, ob Tagestouren und die Anreise im Preis enthalten sind! Beliebt sind mehrtägige organisierte Touren von Corumbá oder Cuiabá aus. Eintagestouren sollte man meiden, weil man dann nur die relativ tierarmen Randbezirke besuchen kann. Für Touren und Farmaufenthalte sollte man je nach Luxus 50–100 DM pro Tag rechnen. Melgatour (siehe Adressen) und Focus-Tours in Belo Horizonte (Adresse S. 178) haben sich auf

Relativ häufige Nagetiere sind die Pakas.

naturkundliche Touren im Pantanal spezialisiert. Farmaufenthalte und Touren kann man entweder in Reisebüros in Rio und São Paulo buchen oder vor Ort in Corumbá bzw. Cuiabá.

Wer über ein Auto verfügt, sollte Cuiabá als Ausgangspunkt wählen. Von dort aus sind es rund 90 km bis Poconé ①, dem letzten Versorgungspunkt. Hier beginnt die Transpantaneira ②, eine Piste, die eigentlich den Pantanal durchqueren sollte. Zum Glück wurden nur die ersten 140 km bis

Vor allem an trockeneren Stellen bauen Bodentermiten ihre großen Türme.

Weite Teile des Pantanals stehen zur Regenzeit unter Wasser.

Porto Jofre ③ (kein Ort, sondern nur einige Häuser!) fertiggestellt. 126 Holzbrücken mußten dazu errichtet werden, um die vielen Wasserläufe zu überqueren. Für Besucher ist diese Piste ein Glücksfall, bietet sie doch die Möglichkeit, von der Straße aus problemlos den Artenreichtum des Pantanals kennenzulernen. Zur Trockenzeit sammeln sich in den Tümpeln neben der Straße die Kaimane, zur Regenzeit suchen manche der Landtiere Schutz auf dem trockenen Damm der Straße. 19 km nach Poconé erreicht man einen Posten der Na-

turschutzbehörde. Dort kann man sich über Straßenzustand (wichtig!) und die besten Stellen zur Naturbeobachtung informieren. Besonders attraktiv ist die Überschwemmungszone des Rio Alegre etwa 10 km vor Porto Jofre. Leider gibt es nur bis Poconé regelmäßige Busverbindungen. Wer kein Mietauto hat, kann sich dort ein Taxi mieten. Zur Regenzeit kann die Piste sehr schlecht oder sogar unbefahrbar sein. Der Zustand der Brücken garantiert Nervenkitzel und Fahrabenteuer!
Folgende **Farmen** an der Transpantaneira

Der Sumpfhirsch steht in Brasilien auf der Roten Liste der bedrohten Arten.

Von den Hyazinth-Aras gibt es nur noch wenige Exemplare im Pantanal.

Brillenkaimane oder »Jacarés« wird man bei jeder Tour in den Pantanal sehen.

sind auf Tourismus eingestellt (Telefonnummern für Reservierung oder in Cuiabá im Reisebüro reservieren lassen):

➪ Pousada das Araras, 30 km südlich von Poconé, Tel.(065)7211170; relativ luxuriös.

➪ Pousada Pixaim, 60 km südlich von Poconé, Tel.(065)3228961, billigste Möglichkeit;

➪ Santa Rosa Pantanal, kurz vor Porto Jofre, Tel.(065)3215514, relativ luxuriös; Wer den **Südteil des Pantanals** besucht, bekommt schon auf der Fahrt von Campo Grande nach Corumbá einen ersten Eindruck von der Landschaft. Von Corumbá ④ aus führen zwar einige sandige Pisten in den Pantanal, allerdings nicht so weit wie die Transpantaneira. Die weitaus meisten Pantanalbesucher in Corumbá bevorzugen die Teilnahme an einer organisierten Tour. Die meisten führen in den als **Nhecolândia** ⑤ bezeichneten zentralen Teil des Pantanals.

In der Umgebung von Corumbá ist die 100 km östlich gelegene **Fazenda Santa Clara** (Pousada do Pantanal) sehr zu empfehlen. Reservierungen sind möglich: Tel. (067)2315797.

Den Graukardinal erkennt man an seinem auffälligen Federschopf am Hinterkopf.

Wasserhyazinthen wachsen auf allen stehenden Gewässern im tropischen Amerika.

Waldstörche sitzen gerne auf abgestorbenen Bäumen.

Neben den erwähnten Farmen existieren noch einige andere, die ebenfalls Touristen aufnehmen. Exotischere Reisemöglichkeiten im Pantanal sind z.b. der Aufenthalt auf einem Hotelboot oder die Fahrt mit dem Frachtboot von Corumbá nach Porto Jofre (geht nur mit viel Glück und Eigeninitiative). Diese Fahrt streift die Grenzen des Nationalparks, der nur mit Genehmigung der Parkverwaltung in Cuiabá besucht werden kann.

Praktische Tips

Anreise
Cuiabá hat gute Flug- und Busverbindungen zu den meisten Großstädten Brasiliens. Busse und Flugzeuge nach Corumbá verkehren über Campo Grande. Zur Regenzeit kann die Anreise nach Corumbá per Bus oder Auto schwierig sein, da ein kleiner Teil der Straße nach Campo Grande nicht geteert ist. Von São Paulo aus führt die Eisenbahn über Bauru (dort umsteigen) und Campo Grande nach Corumbá und weiter nach St. Cruz de la Sierra in Bolivien.
Da Corumbá im Grenzbereich zu Bolivien liegt und dort reger Kokainschmuggel herrscht, muß man immer auf Polizeikontrollen gefaßt sein und den Reisepaß dabei haben.

Klima/Reisezeit
Trockenzeit und bevorzugte Reisezeit ist von Juli bis Oktober. Dann sind Wasservögel und Krokodile an den wenigen noch gefüllten Wasserlöchern konzentriert und können leicht beobachtet werden. Während dieser Zeit brüten auch die meisten Vögel. Die Regenzeit (vor allem Dezember bis März) bietet den Vorteil, daß viele kleine Kanäle per Boot befahren werden können. Allerdings sind dann auch am meisten Moskitos zu erwarten. Im Februar und März ist die Hauptblütezeit vieler Pflanzen. Der Pantanal gehört (zusammen mit dem Chaco in Paraguay und dem Maracaibo-Becken in Venezuela) zu den heißesten Gegenden Südamerikas. Während der Regenzeit sind Höchsttemperaturen zwischen 35 und 40°C keine Seltenheit. Zwischen Juni und August kann der »Pampeiro« auftreten, ein spezieller Wind, der seinen Ursprung in der Antarktis hat. Die Temperatur kann dann in kürzester Zeit stark fallen.

Unterkunft
Hotels aller Klassen gibt es in Cuiabá, einfachere auch in Corumbá und Poconé. An der Transpantaneira kann man auf halbem Weg in Pixaim übernachten oder in den oben erwähnten Farmen.

Adresse
Nationalparkbehörde:
➪ Av. Jaime Figueredo 550, CPA de Cuiabá, CEP 78000, Cuiabá
➪ Melgatour, Angelika Jüncke, Avd. Augusto Leverger 38, CEP 78190, Barão de Melgaço MG, Tel.(0055) 657131221

Blick in die Umgebung

In Campo Grande kann man das »Museu Regional Dom Bosco« in der Rua Barão do Rio Branco 1843 besuchen. Dieses Museum informiert über die Indianer des Pantanals sowie über Tiere und Fossilien.

22 Belo Horizonte und Umgebung

Interessante Tropfsteinhöhlen; Nationalpark Serra do Cipó mit Höhencamps; Naturreservat Caraça mit ursprünglichem Atlantischen Regenwald; Übergang Cerrado – Atlantische Regenwälder; Problematik der Holzkohle-Gewinnung.

Der gelbschwarze Feldspecht ist häufig.

Belo Horizonte, mit über 2 Mio. Einwohnern die drittgrößte Stadt Brasiliens, wurde wie Brasilia auf dem Reißbrett geplant. Die Stadt liegt mitten in der Minenregion Südostbrasiliens und ist daher ein wichtiges Industriezentrum.

Mit einem geschätzten Vorrat von über 10 Mrd. Tonnen ist das Gebiet südöstlich der Stadt bis etwa zur sehenswerten kolonialen Stadt Ouro Preto (das sogenannte »eiserne Viereck«) eine der größten Eisenerz-Lagerstätten der Welt. Nach dem Berg Pico de Itabira, der in diesem Gebiet liegt, wurde auch einer der wichtigsten Eisenerztypen, der Itabirit, benannt. Nicht nur Eisen, sondern auch Gold, Mangan, Chrom und viele andere Metalle werden hier gewonnen. Wer aufmerksam durch die Gegend geht, kann hin und wieder schöne Mineralien entdecken, oder man kauft sie in einem der vielen Souvenirgeschäfte.

Leider hängt mit der Erzverhüttung auch der Rückgang der Atlantischen Regenwälder zusammen. Noch heute arbeiten viele Hochöfen mit Holzkohle statt mit Koks. Zur Gewinnung der Kohle wurden (und werden teilweise immer noch) wertvolle Wälder abgeholzt. Neben den Straßen kann man manchmal die kuppelförmigen Holzkohlemeiler sehen. Inzwischen geht man dazu über, angepflanzte Eukalyptusbäume und Kiefern zur Holzkohlegewinnung zu verwenden. Diese Holzplantagen können natürlich den ursprünglichen Lebensraum der Regenwälder keinesfalls ersetzen. Leider werden die gleichen Fehler heute immer noch in Ostamazonien gemacht (s.S. 34).

Eukalyptusbäume stammen aus Australien.

Die Gruta Lapinha ist eine der schönsten Tropfsteinhöhlen bei Belo Horizonte.

Die Umgebung von Belo Horizonte ist reich an Tropfsteinhöhlen. Über 400 wurden allein im Staat Minas Gerais gezählt! Die berühmteste ist die Gruta de Maquiné mit ihren 7 Kammern, aber auch viele andere Höhlen stehen ihr an Schönheit nicht nach.
Die herrlichen Landschaften im Nationalpark Serra do Cipó, 100 km nordöstlich von Belo Horizonte, und im Naturpark Caraça laden zum Wandern ein. Beide Gebiete liegen in der Serra do Espinhaço, die im Süden von der Serra da Mantiqueira (s.S.194), im Norden von der Chapada Diamantina (s.S.155) fortgesetzt wird. Dementsprechend ist die Tier- und Pflanzenwelt dieser Gebirge sehr ähnlich. Für alle drei Gebiete sind Höhencamps charakteristisch. Diese Gras- und Strauchflächen der höheren Lagen werden je nach Gegend als »Campos rupestres«, »Campos de Altitude« oder »Gerais« bezeichnet.

Pflanzen und Tiere

Belo Horizonte liegt in der Übergangszone zwischen der Cerradovegetation Zentralbrasiliens (s.S.160) und der Zone der Atlantischen Regenwälder. Man findet hier sowohl Bäume mit dem typischen krüppeligen Wuchs der Cerrados als auch Regenwaldgebiete.
Am häufigsten sind allerdings Flächen mit Eukalyptus- und Kiefernaufforstungen. Höhencamps findet man in Lagen über 900 m. Sie bestehen vor allem aus Kräutern und Gräsern. Typisch sind Vellosiaceen (S.123), Orchideen, Eriocaulaceen (s.S.158), aber auch Kakteen und Bromelien sind häufig.
Viele Arten der »Campos rupestres« sind endemisch. Zum Beispiel gibt es nur hier den Schild- und den Kapuzenkolibri.
In der offenen Landschaft ist es relativ leicht, die dort lebenden Vögel zu sehen. Dazu zählt der schwarze Langschopf-Mohrentyrann, der durch seine abstehenden Federn am Hinterkopf auffällt. Oft am Boden zu sehen ist der große Feldspecht. An seinem gelben Hals und um dem schwarzen Scheitel ist er leicht zu erkennen. Er gehört zu den Goldspechten und ernährt sich hauptsächlich von Termiten. Häufig sind auch hühnerähnliche Vögel wie Pampahühner, Tataupas und Steißhühner.

Goldstirnsittich

Die ursprünglichen Wälder des Naturparks Caraça sind ein wichtiges Rückzugsgebiet für einige von Aussterben bedrohte Affenarten, z.B. für den Schwarzköpfigen Springaffen und das Schwarzpinseläffchen. Auch Puma, Mähnenwolf (S.164) und La-Plata-Otter leben noch in dem gebirgigen Gebiet.

Im Gebiet unterwegs

Alle im folgenden beschriebenen Ziele sind mit Bussen erreichbar. Douglas Trent von Focus-Tours (s. Adressen) veranstaltet Touren zu den beschriebenen Parks und zu vielen anderen Gebieten Brasiliens. Der Amerikaner ist zur Zeit einziger Spezialist für naturkundliche Reisen in Brasilien außerhalb des Pantanals.
Belo Horizonte ① selbst bietet relativ wenig für Naturinteressierte. Sehenswert ist nur der Zoo und vor allem das **mineralogische Museum** (Rua da Bahia 1149, sonntags geschlossen). Dort sieht man die ganze Vielfalt der Mineralien, die in Minas Gerais vorkommen.
Die bekannteste Höhle der Gegend ist die **Gruta de Maquiné** ②, 126 km nordwestlich von Belo Horizonte. In Gruppen kann man die 7 Kammern mit phantastischen Tropfsteinformationen besichtigen (zur Erinnerung: Stalagmiten wachsen von unten, Stalagtiten von oben).
Nur 51 km nordwestlich von Belo Horizonte liegt die **Gruta de Lapinha** ③. Ebenso wie in der Gruta de Maquiné sieht man auch hier attraktive Tropfsteinformationen. Die Entstehung der Höhle liegt etwa 600 Mio. Jahre zurück, als dieses Gebiet, das Rio-das-Velhas-Bassain, noch Meeresgrund war. Der 511 m lange Rundgang führt bis in 40 m Tiefe. An den Wänden kann man die Wasserstandsmarken eines ehemaligen Höhlenflußes erkennen. Die Höhle ist montags geschlossen.
Die seltener besuchte **Gruta Rei do Mato** ④ wird gelegentlich als die schönste der

Höhlen bezeichnet. Sie liegt bei Sete Lagoas direkt an der nach Brasilia führenden Hauptstraße.
Den **Nationalpark Serra do Cipó** ⑤ findet man etwa 120 km nordöstlich von Belo Horizonte. Den tiefergelegenen Teil des Parkes erreicht man, indem man von der Hauptstraße (BR 010) beim Hotel Veraneio rechts abbiegt. Nach 2 km kommt man an das Gebäude der Parkwächter. Von hier führt ein Fußweg in den Park, z.B. zum malerischen Wasserfall **Cachoeira da Farofa** (2 Stunden, es gibt keine Karte, beim Parkwächter nach dem genauen Weg fragen). Teile des Nationalparks sind immer noch in Privatbesitz und werden beweidet. Daher die Tore unbedingt immer schließen! Um zum höhergelegenen Teil des Parkes zu gelangen (1000–1500 m Höhe), bleibt man noch 10 km auf der BR 010 bis man den Posten der Parkwächter bei Alto do Palácio erreicht. Dort gibt es Pfade, auf denen man die Vegetation der »Campos rupestres« und einige Wasserfälle erkunden kann.
Alle Busse nach Serro, Conceição do Mato Dentro und Dom Joaquim passieren den Nationalpark auf der BR 010.
Das über 110 km² große Gelände des **Naturparks Caraça** ⑥ ist in Kirchenbesitz. Caraça selbst war ein Kloster mit Schule, das jetzt für den Tourismus geöffnet ist. Eine

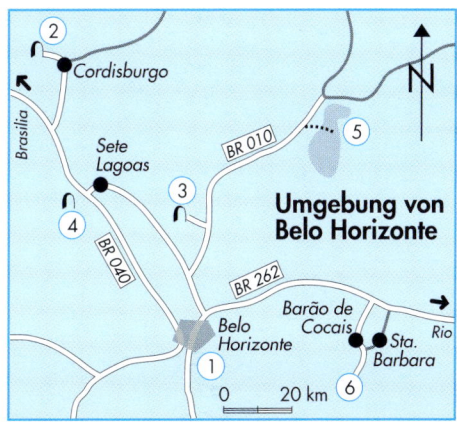

Umgebung von Belo Horizonte

Im Naturpark Caraça gibt es malerische Wasserfälle und weite Wälder.

ganze Reihe von Wegen führen durch den Park und ermöglichen es, auf eigene Faust die faszinierende Natur der Atlantischen Regenwälder kennenzulernen.
Etwa 2 Std. Fahrzeit (120 km) sind es von

Als Zierbaum beliebt: die »Jacaranda«.

Belo Horizonte nach Barão de Cocais. Von dort verkehren am Wochenende Busse nach Caraça.
Ein beliebtes Ausflugsziel sind die Stollen der »Minas de Passagem« zwischen Ouro Preto und Mariana. Schon 1719 wurde diese Goldmine in Betrieb genommen!

Praktische Tips

Anreise
Belo Horizonte hat regelmäßige Flug- und Busverbindungen zu allen größeren brasilianischen Städten.

Klima/Reisezeit
Das Klima im Gebiet ist aufgrund der Höhenlage (Belo Horizonte liegt auf 800 m) recht angenehm, mit Temperaturen zwischen 16° und 30°C (in den Hochlagen können sie gelegentlich fast auf den Gefrierpunkt sinken). Nebel ist im September und Oktober häufig. Die Regenzeit zwischen Oktober und Februar ist für Besuche weniger geeignet als der Rest des Jahres.

Unterkunft
Hotels aller Art gibt es in Belo Horizonte. Für den Besuch des Nationalparks Serra do Cipó liegt das Zwei-Sterne-Hotel Veraneio an der BR 010 beim Parkeingang äußerst günstig. In Caraça kann man im dortigen Hotel, einem umgebauten Teil des Klosters, übernachten. Reservierung unter (031) 4415399. Billige Übernachtungen gibt es in Santa Barbara, rund 25 km von Caraça entfernt.

Adressen
Nationalparkbehörde Ibama:
➪ Avenida do Contorno 8121, CEP 30110, Belo Horizonte MG, Tel. (031) 3356611
➪ Reiseveranstalter Focus-Tours, Douglas B. Trent, Rua Alagoas 1460/503, Savassi, CEP 30130, Belo Horizonte MG, Tel. (031) 2230358

23 Nationalpark Caparaó

Höchste Berge Südostbrasiliens; artenreiche Vogelwelt; Reste von Atlantischem Regenwald; Höhencamps; sehenswerte Landschaft mit vielen Wasserfällen.

Direkt an der Grenze zwischen den beiden Staaten Minas Gerais und Espírito Santo liegt der Nationalpark Caparaó. Hier erheben sich die höchsten Berge Südostbrasiliens, allen voran der Pico da Bandeira, der mit 2890 m der zweithöchste Berg Brasiliens ist (höher ist nur der Pico da Neblina an der venezolanischen Grenze mit 3014 m). Nur wenig niedriger sind die anderen Gipfel im Nationalpark, Pico do Cruzeiro (2860 m), Pico Calçado (2840 m) und Pico Cristal (2798 m).

Geologisch gesehen gehören diese Berge zur Küstenkordillere. Dementsprechend findet man hier sehr alte, kristalline Gesteine. Auch die runden Formen der Berge weisen auf ihr großes geologisches Alter von über 500 Mio. Jahren hin.
Die Umgebung des Nationalparks wird sehr stark vom Kaffeeanbau geprägt. Im Gegensatz zum kleinflächigen Anbau in den Bergwäldern Venezuelas wird der Kaffee hier in großen Monokulturen ohne Schattenbäume angepflanzt. Weite Flächen des Nationalparks wurden früher ebenfalls für den Kaffeeanbau verwendet, sind aber seit über 20 Jahren wieder sich selbst überlassen.
Insbesondere die Bergwelt macht diesen Nationalpark zu einem Anziehungspunkt für brasilianische Wanderer. Trotz starker menschlicher Einflüsse, die vor allem auf

Im Vale verde ist die ursprüngliche Vegetation des Parks noch erhalten.

Waldfüchse jagen in Gruppen bis zu 5 Tieren nach kleinen Säugern.

Brandrodung, Landwirtschaft und Holzkohlegewinnung in früheren Jahren zurückgehen, lassen sich im Park immer noch eine Menge an sehenswerten Tieren und Pflanzen finden. Wegen der lockeren Vegetation kann man hier die Vogelwelt sogar leichter beobachten als in einem völlig natürlichen, geschlossenen Wald. Auch die herrliche Landschaft mit Wasserfällen, Regenwald und Höhencamps lohnt einen Besuch.

Pflanzen und Tiere

Wie oben erwähnt, ist der Großteil der Vegetation durch menschlichen Einfluß verändert. Außerhalb des Parks wurden viele Eukalyptusbäume angepflanzt. Im Park beaufsichtigt die Forstpolizei die Wiederaufforstungsmaßnahmen mit den dort heimischen Arten. Wo noch urprünglicher Atlantischer Regenwald erhalten ist (besonders im Vale verde und auf der unzugänglichen Ostseite), findet man viele Epiphyten und Baumfarne. Diese Waldreste sind extrem wichtig zur Regeneration der übrigen Flächen.

Die Regenerationsflächen, die als »Capoeiras« bezeichnet werden, zeichnen sich durch kleine Bäume und Buschwerk aus. Hier wachsen viele Vertreter der Schwarzmundgewächse (Melastoma-

ceen), die an ihren Blättern mit den parallelen Längsstreifen leicht zu erkennen sind. Das häufige Vorkommen von Adlerfarn und Bambusdickichten weist auf den menschlichen Einfluß hin. An einigen Stellen findet man auch noch Araukarien (s.S. 208) und Stielfruchteiben, die hier am Nordrand ihres Verbreitungsgebietes wachsen. In den höhergelegenen Wäldern sind die roten Blüten der Fuchsien (s.S. 184) häufig zu sehen.

Noch unberührt sind die Hochlagen des Parks. Ab etwa 2400 m findet man sogenannte Höhencamps, wie sie auch für die Serra dos Órgãos (s.S. 183) und den Itatiaia (s.S. 194) typisch sind. Eine Reihe von Pflanzenarten kommen überhaupt nur in diesen drei Gebieten vor.

Aufgrund der menschlichen Störungen sind die großen Säuger, wie z.B. Pumas und Affen, im Park fast verschwunden. Kleinere Arten sind aber noch relativ häufig, so z.B. Opossums (s.S. 20), Pakas (S. 171) und Gürteltiere. Auch mehrere der kleinen Raubtiere konnten überleben, z.B. einige kleine Katzenarten und der Waldfuchs (s.S. 22).

In den unteren Lagen und auf der Zufahrt zum Park fallen eine Reihe von Finkenarten auf, z.B. das Schmuckpfäffchen, der Graunacken-Kronfink und der Haubenfink. Diese Vögel (und viele andere Arten) werden leider in großen Mengen illegal für Volierenhaltung gefangen. Mitarbeiter der Nationalparkbehörde Ibama halten gelegentlich beschlagnahmte Vögel bis zu ihrer Auswilderung in einer Voliere links hinter dem Eingang, wo man sie eventuell anschauen kann. Die zutrauliche Morgenammer ist in Südamerika weit verbreitet und oft in Menschennähe zu finden. Sie nimmt dort die Stelle unserer Sperlinge ein, die ursprünglich nicht in Südamerika heimisch waren. Inzwischen wurden sie jedoch eingeführt und verdrängen zusehends die einheimische Morgenammer. Häufig ist auch die Rotbauchdrossel, die unseren Drosseln ähnelt.

In den Wäldern und Gebüschen leben noch recht oft zwei hühnerartige Vögel, Tataupa und Schakupemba. Beide leben im untersten Stockwerk des Waldes, sind aber wegen ihres braunen oder schwarzen Gefieders nur schlecht zu sehen.
Neben diesen unauffälligen Vögeln gibt es in Caparaó aber auch viele bunt gefärbte Arten. Zu den auffälligsten gehören, wie immer, die Tangare wie z. B. die blaue Diademtangare.

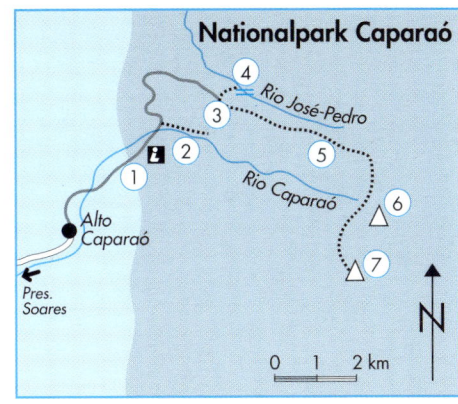

Im Gebiet unterwegs

Bisher ist der Park nur über einen Weg zugänglich. Er führt vom Ort Alto Caparaó zum Gipfel des Pico da Bandeira, bietet aber auch Möglichkeiten zu einigen kurzen Abstechern.
Vom Ort Alto Caparaó sind es noch etwa 2 km zum Parkeingang ①, wo sich die Verwaltung befindet. Ein Besucherzentrum ist im Bau.
Nach etwa 300 m gelangt man an eine Gabelung. Rechts geht es ins 1100 m hoch gelegene **Vale verde** ②, etwa 2 km. Hier ist noch die ursprüngliche Vegetation erhalten und der Rio Caparaó durchfließt, mit kleinen Wasserfällen, einen dunkelgrünen Märchenwald mit vielen Baumfarnen. Folgt man dem linken Weg bergauf, so kommt man nach etwa 2 Stunden (6 km) Fußmarsch durch Wald und sekundäre Vegetation zur **Tronqueira** ③ auf 1970 m Höhe. Hier findet man, neben einer Campingmöglichkeit und Waschräumen, auch einen schönen Aussichtspunkt.
Einige hundert Meter vor der Tronqueira zweigt links ein kurzer Weg zur **Cachoeira bonita** ④ ab. Der Rio José-Pedro, der diesen malerischen Wasserfall bildet, markiert hier auch die Grenze zwischen den Staaten Minas Gerais und Espírito Santo. Folgt man dem Hauptweg von der Tronqueira bergauf, so gelangt man nach 1,5 Stunden (4,5 km) zum 2370 m hoch gelegenen **Terreirão** ⑤, einer kleinen Not-

hütte. Der Weg führt durch die Übergangszone zwischen Wald und Höhencamps. Ein kurzer Seitenweg zweigt ab ins **Vale encantado**, einem Aussichtspunkt am Rio José-Pedro. Vom Terreirão steigt der Weg schließlich an zum **Pico da Bandeira** ⑥, etwa 1,5 Stunden Gehzeit (4,5 km). Eine Verbindung besteht auch zum Pico do Cristal ⑦, aber man sollte am Eingang fragen, ob dieser Pfad begehbar ist (er ist oft mit Pflanzen zugewachsen).
Nur wer über eine gute Kondition verfügt und sehr früh startet, schafft die Tour zum Pico da Bandeira und zurück in einem Tag. Offiziel wird die Gehzeit bis zum Gipfel mit 10 Stunden angegeben (rund 17 km von Alto Caparaó aus), es geht jedoch auch wesentlich schneller.
Für alle, die es eilig haben, bietet ein Veranstalter in Alto Caparaó (direkt an der Hauptstraße mitten im Ort oder im Parque Hotel fragen) Jeeptouren an. Sie führen bis zur Tronqueira. Diese Fahrt eignet sich gut, um die Tour auf den Pico da Bandeira abzukürzen, allerdings übersieht man dabei viele interessante Einzelheiten am Weg.

Praktische Tips

Anreise
Von Belo Horizonte (372 km) oder Vitória (221 km) aus fährt man auf der BR 262 bis

Rubinkolibris leben in den Atlantischen Regenwäldern Südostbrasiliens.

Die Morgenammer ist das südamerikanische Gegenstück zu den Sperlingen.

Kaffee wird in großen Plantagen angebaut.

Manhuaçu. Dort biegt man nach Süden ab und fährt über die Ortschaften Manhumirim und Presidente Soares nach Alto Caparaó. Der Ort ist auch per Bus (2 mal täglich) von Manhumirim aus erreichbar. Von dort existieren Verbindungen nach Belo Horizonte und Vitória.

Unterkunft

Es bestehen zwei Unterkunftsmöglichkeiten in Alto Caparaó: Zum einen die billige, aber gute Pousada Vale Verde (Praça da Matriz 25, 2 km vom Parkeingang), zum anderen das luxuriösere Parque Hotel, rund 1 km vom Parkeingang. Camping ist im Park bei der Tronqueira möglich (aber sicherheitshalber am Parkeingang erkundigen).

Klima/Reisezeit

Die günstigste Zeit für einen Besuch in Caparaó sind unsere Sommermonate, also Juni bis August. Dies sind zwar die kältesten Monate im Park (für die Gipfel warme Kleidung nicht vergessen, die Temperaturen können bis auf den Gefrierpunkt sinken!), aber zugleich die trockensten. Die Temperaturen bewegen sich meist zwischen 15 und 25°C. In der Regenzeit, vor allem von November bis Januar, sind die oberen Lagen des Parks oft in dichten Nebel gehüllt (Jahresniederschlag 1200 mm). Auch während der Trockenzeit muß man mit Nebel rechnen! Auf keinen Fall sollte man dann die Wege verlassen!

Blick in die Umgebung

Etwa 80 km nördlich liegt bei Caratinga ein Schutzgebiet, das für seinen Reichtum an seltenen Affenarten bekannt ist. Unter anderem lebt hier noch der Braune Brüllaffe und der Spinnenaffe, einer der seltensten südamerikanischen Affen. Wer das Gebiet besuchen will, sollte vorher bei Douglas Trent (Adresse S.178) anrufen, der für die Koordination des Tourismus in diesem Schutzgebiet zuständig ist.

24 Nationalpark Serra dos Órgãos

Felsnadeln der Küstenkordillere; viele Klettermöglichkeiten; artenreicher Nebelwald; Höhencamps mit vielen endemischen Arten.

Weniger als 2 Stunden Fahrt von Rio entfernt liegt der Nationalpark Serra dos Órgãos. Ausgangspunkt für einen Besuch des Parks ist Teresópolis. Der 800 m hoch gelegenen Stadt sieht man deutlich den Einfluß der deutschen und schweizer Auswanderer an.

Die spitze und schmale Form der einzelnen Berge bzw. Felsen (ähnlich dem Zuckerhut in Rio) gab dem Gebiet den deutschen Namen Orgelgebirge. Besonders deutlich wird dies an den steilen Türmen des Dedo de Deus (1692 m),

Escalavrado (1300 m) und Dedo de Nossa Senhora (1320 m). Der Dedo de Deus (Gottesfinger), der das Wahrzeichen des Parkes ist, kann bei schönem Wetter sogar von Rio aus gesehen werden! Wesentlich höher als diese Felsen sind jedoch andere Gipfel, allen voran die Pedra de Sino, die mit einer Höhe von 2263 m deutlich aus der umgebenden Hochebene, dem »Campo das Antas«, herausragt. Die meisten der Felsen im Park bestehen aus Granit oder Gneis.

Das Orgelgebirge ist ein Teil der Serra do Mar, des brasilianischen Küstengebirges. Die vom Meer kommende feuchte Luft steigt hier auf und kühlt dabei ab. Da kalte Luft nicht soviel Feuchtigkeit aufnehmen kann wie warme, bildet die überschüssige Feuchtigkeit Wolken und Nebel. Die gesamte Serra do Mar zeichnet sich deshalb

Die Felsspitze des Dedo de Deus (rechts) ist das Wahrzeichen des Nationalparks.

Nationalpark
Serra dos Órgãos

Teresópolis

Petrópolis

N

0 1 2 km

BR 116

Rio

mundgewächse (Melastomaceen) wie die »Quaresmeiras« (s.S.156) und viele Myrtengewächse. Häufig ist die kletternde Königliche Fuchsie. Diese Pflanze ist ein typischer Vertreter der subantarktischen Flora; die meisten ihrer Verwandten (die bei uns als Zierpflanzen beliebt sind) kommen im südlichen Chile vor.

Wie am Itatiaia (s.S.194) oder in Caparaó (s.S.179) schließt sich auch in der Serra dos Órgãos oberhalb 2000 m eine baumfreie Vegetation an die Wälder an, die sogenannten »Campos de Altitude« oder Höhencamps. In allen drei Gebieten ist der 1–2 m hohe »Taquara-mirim«-Bergbambus häufig. Er hat, wie viele andere Pflanzen der Höhencamps, kleine und behaarte Blätter, um die Verdunstung und den schädlichen Einfluß der UV-Strahlung gering zu halten. Wie andere Bambusarten blüht auch er nur sehr selten, und zwar nur alle 28 Jahre! Botaniker stoßen daher bei der Bestimmung von Bambusarten auf große Schwierigkeiten, weil man zur Pflanzenbestimmung normalerweise die Blütenmerkmalen heranzieht.

Die Vegetation der Höhencamps ist durch eine Vielzahl niedriger Kräuter und Zwergsträucher bestimmt, die vor allem aus den Familien der Süß- und Sauergräser, Bromelien, Erikagewächse und Korbblütler stammen. Typisch ist der Reichtum an endemischen Arten.

Mit Glück kann man im Park fast alle Säugetierarten sehen, die in den Atlantischen Wäldern vorkommen. Darunter sind z.B. drei Affenarten, Agutis (S.147), Pakas (S.171), Faultiere und einige Katzenarten. Während in den Hochlagen nur wenige Vogelarten leben, sind die Waldgebiete dicht bevölkert. Mehrere Steißhuhnarten bewohnen das untere Stockwerk des Waldes, während die farbenprächtigen Tukane, Tangare und Kolibris sich hauptsächlich in den Baumkronen aufhalten. Dazu kommen viele unauffällige Vogelarten wie z.B. Baumsteiger, Zaunkönige und die Vielfalt der Ameisenvögel.

durch hohe Niederschlagsmengen aus, was eine üppig wuchernde Vegetation zur Folge hat.

Die exotischen Felsformationen des Orgelgebirges ziehen natürlich vor allem Bergsteiger und Kletterer an. Aber auch Naturfreunde kommen hier voll auf ihre Kosten.

Pflanzen und Tiere

Die Vegetation der unzugänglichen, steilen Flanken der Berge der Serra dos Órgãos ist heute noch weitgehend natürlich. Andere Zonen wurden zwar verändert, was aber meist nur dem Spezialisten auffällt. Bis etwa 1800 m Höhe wächst an den Hängen der Atlantische Bergregen- und Nebelwald. Eine unglaubliche Vielfalt an Palmen, Farnen, Lianen und Epiphyten bestimmt das Bild. Die Luftfeuchtigkeit liegt konstant bei 80–95% und begünstigt damit die üppige Vegetation. Häufig sind z.B. die schlanken Assaipalmen (s.S.143) und Baumfarne. Den Großteil der Pflanzenarten können nur Spezialisten bestimmen, immerhin sind die Artenzahlen in diesen Wäldern kaum geringer als in Amazonien. Ab etwa 1800 m Höhe werden die Wälder niedriger und krüppeliger. In dieser Zone wachsen viele Vertreter der Schwarz-

Im Gebiet unterwegs

Ausgangspunkt ist Teresópolis, eine nette, kleine Stadt mit viel europäischem Flair. Der Ort ist ein beliebtes Ausflugsziel der Bewohner von Rio. Direkt am südlichen Stadtrand beginnt der Nationalpark, der problemlos zu erreichen ist. Für Wanderungen in die Hochlagen braucht man eine Genehmigung, die man am Parkeingang oder bei der Verwaltung bekommt. Es gibt keine Wanderkarte für dieses Gebiet. Für genauere Informationen und geführte Touren wendet man sich am besten an den Wander- und Kletterverein Lazer (s. Adressen). Die Mitglieder führen regelmäßig Touren in der Umgebung durch und freuen sich über Besuch (allerdings wird nur portugiesisch gesprochen). Auch Kletter- und Wanderausrüstung kann man dort leihen. Eine Art Erholungspark mit Schwimmbecken, Picknickplätzen und Wegen umgibt den Parkeingang am Südrand von Teresópolis ①. Dort befindet sich auch die **Parkverwaltung**, wo man genauere Informationen und die Genehmigungen für den Besuch im Hochland erhält.

Eine Teerstraße führt Richtung Südwesten bergauf in den **Nebelwald**. Sie endet nach etwa 3 km beim »Barragem« ②, einem kleinen Trinkwasserreservoir. Ab hier braucht man eine Genehmigung der Parkverwaltung.

Vom Wasserreservoir aus führt ein Pfad weiter in die Hochlagen des Nationalparks, das sogenannte »**Campo das Antas**« und zum höchsten Gipfel der Gegend, der **Pedra de Sino** (2263 m), ③. Etwa 14 km sind es von Teresópolis bis zum Gipfel, also eine anstrengende Tagestour, die nur Geübten zu empfehlen ist. Bei schönem Wetter hat man vom Gipfel Ausblick auf Rio und die Bucht von Guanabara. Ein Umweg führt zur Nariz do Frade (1980 m), ④. Für Touren in die Hochlagen ist gute Ausrüstung (festes Schuhwerk, Regenkleidung, Pullover) notwendig.

2–3 Tage Zeit braucht man zur **Durchque-**

Der Nacktkehl-Glockenvogel gehört zur Familie der Schmuckvögel.

rung des Parkes von Teresópolis nach Petrópolis. Da jedoch keine Karten existieren, sollte man diese Tour nur mit einem Führer machen. Gute Ausrüstung erforderlich!

Vor allem für Kletterfreunde interessant sind die Felsen im Südteil des Parkes. Die bekanntesten sind der **Escalavrado** ⑤, der **Dedo de Nossa Senhora** ⑥, der **Dedo de Deus** ⑦ und die **Boca do Peixe** ⑧. Es gibt noch eine ganze Reihe anderer Klettermöglichkeiten im Park. Je nach Route liegen die Schwierigkeitsgrade zwischen 2 und 4. Die Wege, die zu den Felsen führen, beginnen etwa 2 km unterhalb der Abzweigung nach Teresópolis an der BR 116. Der Verein Lazer kann genaue Informationen über die besten Routen geben.

Den besten Ausblick auf den Dedo de Deus und die anderen Felsen hat man vom Touristenzentrum bei Soberbo ⑨ am südlichen Ortsausgang (an der Kreuzung der BR 116). Etwa 10 km weiter in Richtung Rio hat die Parkverwaltung einen zweiten Stützpunkt. Man kann dort zelten und kur-

ze Wanderungen in die Umgebung unternehmen. Hier befindet sich auch das **Museu Martius**. Dieses Museum wurde errichtet, um den deutschen Botaniker Martius zu ehren, der von 1817–1820 grundlegende Forschungen in Brasilien durchführte und die auch heute noch verwendete »Flora Brasiliensis« verfaßt hat.

Praktische Tips

Anreise
Teresópolis und Petrópolis sind auf gut ausgebauten Straßen mit Bus oder Auto problemlos zu erreichen. Von Rio aus sind es nur etwa 80 km bis Teresópolis. Busse von Rio nach Teresópolis fahren im Stundentakt (bei der Hinfahrt wegen der besseren Sicht links sitzen!).

Klima/Reisezeit
Beste Reisezeit sind die Monate Mai bis August. Während dieser Zeit regnet es relativ wenig, allerdings können die Temperaturen dann in den Hochlagen unter den Gefrierpunkt sinken. Von Oktober bis Februar ist es oft neblig, und es regnet viel (Jahresniederschlag bis zu 3000 mm). Die Temperaturen in Teresópolis sind recht angenehm, tagsüber meist zwischen 20 und 30°C.

Unterkunft
Petrópolis und Teresópolis verfügen über eine Vielzahl an Hotels. Zur Ferienzeit und an Wochenenden kann es schwierig sein, eine Unterkunft zu finden. Im Park befinden sich einige Hütten (»Abrigos«), die aber oft geschlossen sind. Vorher am Parkeingang erkundigen!

Mehrere Fuchsienarten wachsen im brasilianischen ▷ Küstengebirge.

◁ Üppiger Wald in der Serra dos Órgãos.

Adressen
➪ Lazer – Guias de Montanha, Avenida Lúcio Meira 260/401 (gegenüber der Post), CEP 25958, Teresópolis, RJ

Blick in die Umgebung

Die gebirgige Umgebung der europäisch anmutenden Stadt Novo Friburgo bietet hervorragende Möglichkeiten für Wanderungen und Klettertouren. Interessenten wenden sich am besten an: Centro Excursionista Friburguense, Rua Aristão Pinto 101, Centro, CEP 28600, Nova Friburgo, RJ. Die Mitglieder dieser Organisation unternehmen auch ökologische Wanderungen und können besser als jedes Touristenbüro über die Gegend Auskunft geben. Beim Ort Lumiar gibt es eindrucksvolle Wasserfälle und eine Wildwasserstrecke für Kajakfreunde.

25 Rio de Janeiro und Nationalpark Tijuca

Zoo und größter Botanischer Garten Südamerikas in Rio; Granitmorros wie Corcovado und Zuckerhut; Nationalpark Tijuca mit Regenwald; interessante Vogelwelt.

Kaum eine Stadt der Welt besitzt eine solche Berühmtheit wie Rio de Janeiro, das oft als schönste Stadt der Welt bezeichnet wird. Bilder von Copacabana, Samba und Karneval bestimmen die Vorstellungen der meisten Europäer, und auch die »Cariocas« , wie die Bewohner Rios genannt werden, bezeichnen ihre Stadt als »cidade maravilhosa« , als »wunderbare Stadt« . Dafür ist vor allem die Lage zwischen den Buchten und Sandstränden am Atlantik und den bewaldeten Bergen der Serra do Mar verantwortlich.

Aber nicht zuletzt seit dem Umweltgipfel in Rio 1992 hat sich herumgesprochen, daß die Stadt riesige Probleme mit Armut, Kriminalität und Umweltverschmutzung hat. Mehrere Millionen Menschen leben in den riesigen Armenvierteln, den »Favelas«, die meist an den steilen Bergflanken liegen. Zur Regenzeit kommt es immer wieder zu Erdrutschen, die viele Menschenleben fordern.

Trotz aller Probleme, vor denen man nicht die Augen verschließen soll, gibt es in der Stadt und im nahen Umkreis gute Möglichkeiten, südamerikanische Natur kennenzulernen. Wer in Rio seine Brasilienreise beginnt, kann sich hier langsam an die Vielfalt der tropischen Natur gewöhnen. Für Pflanzen- und Vogelfreunde gleichermaßen zu empfehlen, ist ein Besuch im Botanischen Garten, dem größten und besten in Südamerika. Hier bekommt man einen ersten Eindruck von den Schwierigkeiten, die Vielfalt der tropischen Pflanzen zu unterscheiden und zu benennen.

Nicht versäumen sollte man einen Besuch im Nationalpark Tijuca. Er gehört zwar zu den kleinsten in Brasilien, ist aber im Gegensatz zu vielen anderen Nationalparks sehr leicht zu erreichen und bietet eine gute Infrastruktur mit vielen schönen Aussichtspunkten. In diesem Park erhebt sich auch der 710 m hohe Corcovado mit der berühmten Christusstatue. Felsen wie der Corcovado oder der Zuckerhut (auf portugiesisch Pão de Açúcar) werden in Brasilien als »Morros« bezeichnet. Sie bestehen aus grobkörnigem Gneiss, der mehr als 500 Mio. Jahre alt ist. Diese Morros und die Bergkette westlich von Rio sind Teil der Serra do Mar, der Küstenkordillere.

Wer die Vielzahl an Baumarten, Baumfarnen, Epiphyten usw. sieht, wird kaum glauben, daß es sich beim Tijucawald nicht um ursprünglichen Urwald, sondern um sogenannten Sekundärwald handelt. Vor mehr als 100 Jahren wurde hier zunächst Zuckerrohr, dann Kaffee angebaut; viele der alten Gebäude im Park stammen noch aus dieser Zeit. Ab 1861 begannen die

Die großen, mehrere Kilo schweren Jackfrüchte kann man essen.

Wiederaufforstungen, mehr als 100 000 Bäume wurden neu angepflanzt. Das Ergebnis kann sich durchaus sehen lassen. Allerdings sind solche Aufforstungen nur im Gebiet der Atlantikwälder bedingt möglich, weil dort die Böden relativ gut sind. In Amazonien sind größere Aufforstungsprojekte wegen der schlechten, extrem nährstoffarmen Böden bisher immer gescheitert.

Man sollte nicht überrascht sein, wenn man im Wald Stellen findet, an denen Flaschen, Kerzen und Blumen herumliegen. Es handelt sich dabei um Orte, an denen Brasilianer Macumba-Zeremonien abhalten. Wie Candomblé, Umbanda und viele andere in Brasilien praktizierte Kulte hat auch Macumba seinen Ursprung in Afrika. Negersklaven brachten diese Religionen mit nach Brasilien, wo sie heute Millionen von Anhängern haben. Es gibt sogar viele Geschäfte, die ausschließlich Zubehör für die Zeremonien verkaufen.

Pflanzen und Tiere

Nur Weniges deutet heute noch auf die Vergangenheit des Tijucawaldes als Kaffeeplantage hin. An manchen Stellen ist der Wald lichter als ursprünglicher Regenwald, und angepflanzte Kaffeebüsche, Eukalyptus- und Jackfruchtbäume weisen auf den menschlichen Einfluß hin. Wer allerdings wenig Erfahrung mit tropischen Wäldern hat, wird kaum Unterschiede zu ungestörten Wäldern sehen.

Die Atlantischen Regenwälder, und damit auch der Tijucawald, sind generell reich an Palmen, Baumfarnen und Epiphyten; Brettwurzeln sind dagegen recht selten. Zu den Epiphyten gehören nicht nur Bromelien und Orchideen, sondern auch manche Kakteen, z.B. Vertreter der Gattungen *Epi-*

phyllum, Rhipsalis und *Lepismium.* Je nach Art bilden diese Kakteen dünne Fäden oder lange »Blätter«, die von den Bäumen hängen. In Wirklichkeit handelt es sich aber dabei nicht um Blätter, sondern um breite Sproßglieder. Blätter besitzen nämlich eine unterschiedliche Ober- und Unterseite, was aber bei diesen Kakteen nicht der Fall ist.

Die Bromelien der Gattungen *Nidularium* und *Neoregelia* sind in den Wäldern Südostbrasiliens relativ häufig. Bei vielen Vertretern dieser Gattungen sitzen die Blüten direkt in Blattkelchen und nicht auf langen Stielen (s. Umschlag). Es lohnt also, die Kelche einmal genauer anzusehen (außerdem leben dort viele Kleintiere).

Wegen der früher erfolgten Abholzungen sind heute nicht mehr alle Tierarten heimisch, die sich sonst in den Atlantischen

Blick vom Tijucawald auf den Corcovado und den Zuckerhut.

Wäldern finden. Programme der brasilianischen Nationalparkbehörde Ibama zur Wiedereinbürgerung von Wildtieren waren jedoch recht erfolgreich, und so werden die Wälder wieder von vielen Tieren bewohnt, z.B. Gürteltieren, Südamerikanische Nasenbären (s.S. 207) und Bändertejus (s.S.201).
Erst vor 100 Jahren wurden die inzwischen recht häufigen Weißbüscheläffchen im Tijucawald eingeführt. Sie besetzten den Lebensraum des zu dieser Zeit ausgerotteten Goldgelben Löwenäffchens. Weißbüscheläffchen leben auch in und um die Mittelstation der Zuckerhut-Seilbahn am Morro da Urca.
Unter den vielen Vogelarten des Parks finden sich einige der farbenprächtigsten Arten Brasiliens, z.B. Siebenfarb- und Blaukappentangare. Zur gleichen Familie gehört die Purpurtangare. Dieser tiefrote Vogel ist typisch für die Restinga, die Vegetationszone, die sich direkt an die Meeresstrände anschließt. In der Umgebung des Zuckerhutes, vor allem auf seiner Ostseite, sollte man nach diesem Vogel suchen. Weitere typische Vögel sind die Blaubrustpipra und der Rotkopfmotmot.
Unter den vielen Kolibriarten ist der Trauerkolibri einer der auffälligsten. Er besitzt als einziger hier vorkommender Kolibri eine vorwiegend schwarz-weiße Färbung, an der man ihn leicht erkennt. Er gilt als der typischste Kolibri der Atlantischen Wälder. Häufig ist auch die Glitzeramazilie. Dieser Kolibri ist oft in Gärten und Parks zu sehen. An einigen Restaurants im Park hängen spezielle Futtergefäße für Kolibris, wo man die kleinen Flugkünstler gut beobachten kann.

Weißbüscheläffchen

Epiphytische *Rhipsalis*-Kakteen

Amethystkolibri

Siebenfarbtangare

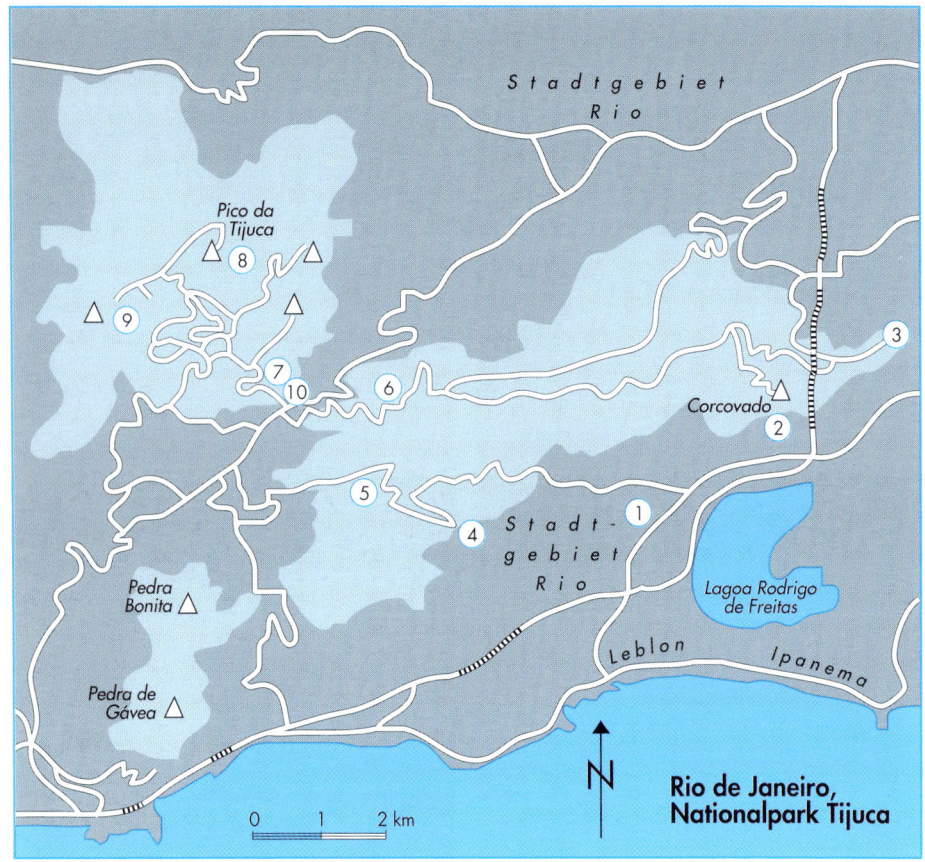

Rio de Janeiro,
Nationalpark Tijuca

Im Gebiet unterwegs

Rio gilt unter Reisenden als gefährlichste Stadt Südamerikas. Also Wertsachen im Hoteltresor lassen, die Kamera immer in eine unauffällige Tasche (z.B. Plastiktüte) packen. Vor allem abends sollte man nicht allein in entlegene Gebiete gehen und auf jeden Fall die Slums meiden (manche Reisebüros veranstalten inzwischen etwas makabere Touren in die Favelas).

In der Stadt:
Empfehlenswert ist der Besuch im **Botanischen Garten** ①. Das 140 ha große Gelände beherbergt einige 100 Pflanzen- und über 140 Vogelarten. Berühmt ist die Allee aus 30 m hohen Königspalmen. Zum Garten gehört eine gute Fachbibliothek. Montags geschlossen!

Für südamerikanische Verhältnisse relativ gut ist der **Zoo** im Park Quinta de Boa Vista. Er beherbergt viele Vogelarten und hat auch ein kleines Nachthaus. Nur wenige Meter weiter ist das interessante **Museu da Fauna**. Es zeigt ausgestopfte Tiere aus ganz Brasilien. Beide Einrichtungen sind montags geschlossen!

Am **Zuckerhut** sollte man, neben der obligatorischen Seilbahnfahrt auf den Gipfel, auch einen Blick auf die Rück-(Ost-)seite des Berges werfen. Man folgt dazu dem Weg südlich des Berges, der nach einigen hundert Metern als kleiner Pfad auf den Berg führt. Um auf den Gipfel zu kommen, muß man ein kleines Stück mit dem Seil klettern. Interessenten wenden sich am besten an ein »Centro Excursionista« (s. Adressen). Diese Vereine bieten regelmäßig Klettertouren auf den Zuckerhut an, aber auch andere Unternehmungen in der Gegend.

Im Nationalpark Tijuca:
Viele Möglichkeiten für eigene Unternehmungen gibt es im Tijucapark mit seinem ausgedehnten Wegenetz. Da er mitten in der Stadt liegt, ist an den Wochenenden sehr viel Betrieb. Besonders der Nordwestteil besitzt eine gute Infrastruktur und Gaststätten. Am besten erreicht man den Park mit den Bussen der Linie 233 und 234 vom Busbahnhof oder mit der Linie 221 von der Praça 15 de Novembro. Diese Busse (und einige andere Linien) passieren den Parkeingang bei Alto da Boa Vista ⑩. Der Park besteht aus drei großen Teilen:
Der südöstliche Teil des Parkes mit der Pedra Bonita und der Pedra da Gávea (842 m) ist der Hauptanziehungspunkt für Kletterer. Drachenflieger haben auf der Pedra de Gávea ihren Startplatz. Auch Tandemflüge sind möglich. Wer mitfliegen will, fragt am besten am Strand von São Conrado nach; dort landen die Drachenflieger und warten auf Kundschaft.
Der Ostteil des Parks, die Serra da Carioca, besitzt viele Aussichtspunkte. Das ganze Gebiet ist bewaldet und lädt zu Wanderungen ein. In diesem Parkteil liegt der bekannte Corcovado ②. Dieser 710 m hohe »Morro« trägt an seiner Spitze die berühmte, 38 m große Christusstatue. Aus Sicherheitsgründen sollte man keinesfalls zu Fuß auf den Berg gehen! Eine Zahnradbahn und Tourbusse (natürlich auch Taxis) fahren auf den Gipfel.
Weitere Aussichtspunkte in diesem Parkteil sind z.B. der Morro de Dona Marta ③ unterhalb des Corcovado, die Vista Chine-

sa ④ westlich des Botanischen Gartens, die Mesa do Imperador ⑤ und der Aussichtspunkt Bela Vista ⑥. Für Wanderungen im Park ist der Nordwestteil, die Serra da Tijuca, mit seinem ausgedehnten Wegenetz am besten geeignet. Kurz nach dem Eingang passiert man die Cascatinha Taunay ⑦, einen kleinen Wasserfall. Den höchsten Punkt des Parkes, den 1021 m hohe Pico da Tijuca ⑧, erreicht man in rund 2,5 Stunden Wanderung vom Parkeingang. Vom Gipfel hat man einen schönen Ausblick auf den Norden Rios und den Hafen. Nur wenig niedriger ist der Bico do Papageio ⑨ mit 989 m Höhe.

Praktische Tips

Klima/Reisezeit
Regenzeit ist zwischen Oktober und März (Jahresniederschlag 1100 mm). Während dieser Zeit steigen die Temperaturen oft auf 35 – 40°C. Am besten besucht man Rio daher während der kühleren und trockeneren Monate Juni bis August. Dann ist das Klima durch den Wind vom Meer recht angenehm und die Tagestemperaturen liegen zwischen 25 und 30°C.

Blick in die Umgebung

Etwa 120 km östlich von Rio liegt das Schutzgebiet Poço das Antas. Hier lebt eine der letzten Kolonien des Goldgelben Löwenäffchens. Das Reservat wurde eingerichtet, um diese sehr seltene Affenart zu schützen. Nur wenige Kilometer südöstlich liegt die Landzunge Cabo Frio. Die Trockenlandschaft dort dürfte vor allem für Kakteenliebhaber von Interesse sein.

Adressen
↪ Centro Excursionista Brasileiro, Avenida Almirante Barroso, 2-8 andar, CEP 20031, Rio de Janeiro
↪ Centro Excursionista Rio, Avenida Rio Branco 277/805, CEP 20031, Rio de Janeiro

26 Nationalpark Itatiaia

Ältester Nationalpark Brasiliens; Bergmassiv mit Wandermöglichkeiten; Atlantischer Regenwald; Araukarienwälder; Höhencamps mit vielen endemischen Arten.

2787 m ist der Pico das Agulhas Negras der höchste Berg des Massivs; die Serra do Maromba (2607 m) und die Prateleiras (2540 m) sind aber nur wenig niedriger. Der Itatiaia liegt in der Vegetationszone der Atlantischen Regenwälder. Diese Wälder sind heute außerhalb von Schutzge-

Mitten in der am dichtesten besiedelten Region Brasiliens, zwischen Rio und São Paulo, liegt der älteste Nationalpark des Landes. Schon im Jahr 1937 wurde der inzwischen 300 km² Itatiaia-Nationalpark eingerichtet. Er liegt in der Serra da Mantiqueira, einer Bergkette, die parallel zur Küstenkordillere etwa 60 km weiter im Landesinneren verläuft.

Geologisch ist der Itatiaia eine Besonderheit. Die Gesteine sind zwar eruptiven Ursprungs, gehören aber nicht zu den gewöhnlichen vulkanischen Gesteinsklassen. Es handelt sich dabei um Syenit; dieses Gestein ähnelt zwar dem Granit, enthält aber keinen Quarz. Man nimmt an, daß gegen Ende der Kreidezeit, also vor etwa 70 Mio. Jahren, ein gigantischer Dom aus Tiefengestein emporgehoben wurde, aus dem die heutige, 1450 km² große Hochfläche und die Gipfel hervorgingen. Flächenmäßig übertroffen wird der Itatiaia nur noch von der Kola-Halbinsel in Skandinavien, wo eine ähnliche geologische Situation herrscht.

Aus dem etwa 2400 m hoch gelegenen Plateau ragen wuchtige Felsblöcke hervor, die zu den höchsten Gipfeln Brasiliens gehören. An ihnen sind deutlich die Spuren der Erosion zu erkennen: Runde, ausgewaschene Formen und waschbrettähnliche Rillenmuster. Mit einer Höhe von

In den Hochlagen des Itatiaia wachsen viele endemische Pflanzenarten.

bieten schon weitgehend verschwunden, vor allem wegen landwirtschaftlicher Nutzung und Holzkohlegewinnung (s.S.175). Auch am Itatiaia sind die untersten Wälder nicht mehr unberührt, sondern wie im Tijucawald in Rio wurde hier früher Kaffee angebaut.
Der Itatiaia-Nationalpark gehört zu den am besten erforschten Gebieten Brasiliens. Durch das vergleichsweise große Interesse der Öffentlichkeit gehört der Itatiaia auch zu den Parks mit der am besten entwickelten Infrastruktur und bietet viele Möglichkeiten für Wanderer, Bergsteiger und naturkundlich Interessierte.

Pflanzen und Tiere

Wie oben erwähnt, handelt es sich bei den Wäldern bis etwa 1000 m vorwiegend um nicht mehr ursprüngliche Vegetation (die

allerdings den Erlebniswert des Gebietes keineswegs schmälert). Typisch für diese Flächen sind die »Quaresmeiras« (s.S.156), die in den Atlantischen Wäldern zwischen Oktober und Dezember blühen. Auch Cecropien (s.S.129) und die schlanken Assaipalmen (S.143) sind häufig zu sehen. Bis etwa 2000 m schließt sich dann eine Waldzone an, die noch relativ ungestört ist. Hier wächst der typische Atlantische Regenwald mit 20–30 m hohen Bäumen und einer Vielzahl an Lianen und Epiphyten. Über 2000 m werden die Wälder niedriger und gehen dann allmählich in die baumlosen Hochflächen über. In diesem Übergangsbereich wachsen die einzigen Nadelbaumarten Brasiliens: Araukarien (s.S.208) und Stielfruchteiben.

Beide Gattungen gehören zu den typischen Vertretern des antarktischen Florenreiches, zu dem auch Fuchsien und Baumfarne gehören. Viele der Pflanzen am Itatiaia haben ihre nächsten Verwandten in den Anden oder im extremen Süden des Kontinents. Man nimmt an, daß früher ein kühleres Klima herrschte, das den Pflanzen eine weite Verbreitung ermöglichte. Im jetzigen, wärmeren Klima konnten sich dann diese Arten nur noch an kühlen Standorten behaupten, wie eben in den Hochlagen des Itatiaia oder in der Serra do Caparaó (s.S.179).
Die Hochlagen (»Campos de Altitude«) sind reich an Kräutern und niederen Sträuchern, von denen sehr viele endemisch sind, d.h. nur in den Höhencamps vor-

Mimese und Mimikry

Diese beiden Begriffe werden oft durcheinandergebracht. Als *Mimese* bezeichnet man in der Natur ganz allgemein die Nachahmung von Färbungen, Körperformen oder Verhaltensweisen. Dabei können sowohl Tiere, aber auch Pflanzen oder unbelebte Gegenstände vorgetäuscht werden. Viele Tiere nutzen Mimese als Tarnung zum Schutz vor Freßfeinden.
Allerdings wirkt eine Tarntracht immer nur in der Umwelt, in der sie entwickelt wurde. Schmetterlinge mit durchsichtigen Flügeln sind z.B. nur am Waldgrund gut getarnt, weiter oben ist eine Tigerfärbung günstiger. Oft werden Blätter, Zweige oder Rinde perfekt nachgeahmt. Manche Schmetterlinge sehen so zerfranst oder zerknüllt aus, daß man es kaum glauben kann, wenn die »vertrockneten Blätter« vor einem plötzlich auffliegen. Buckelzirpen kopieren exakt die Stacheln der Pflanzen, deren Säfte sie saugen.

Mimikry ist ein Sonderfall der Mimese. Es gibt dabei zwei Formen: *Müllersche Mimikry* bedeutet, daß giftige Individuen allgemein »anerkannte« Warnfarben benützen. Damit verringern sie ihr Risiko, von einem Freßfeind sozusagen »aus Versehen« getötet oder »ausprobiert« zu werden. Sowohl der Beute als auch dem Freßfeind bietet diese Anpassung einen Vorteil. Beispiele sind die gelb-schwarzen Muster vieler Wespen und Hornissen, die auch Bienen oder Schmetterlinge besitzen.
Unter *Batesscher Mimikry* versteht man, daß ungiftige Arten die Färbung von giftigen Arten nachahmen. Bei Schmetterlingen z.B. sehen viele ungiftige Arten so aus wie die giftigen Heliconiden und bei Schlangen übernehmen viele ungiftige Nattern die Färbungsmuster der bunten, hochgiftigen Korallenschlangen. Es reicht sozusagen aus, das Schild »Bissiger Hund« auszustellen, obwohl man keinen besitzt (allerdings kann das nicht jeder machen, sonst wirkt es nicht mehr).

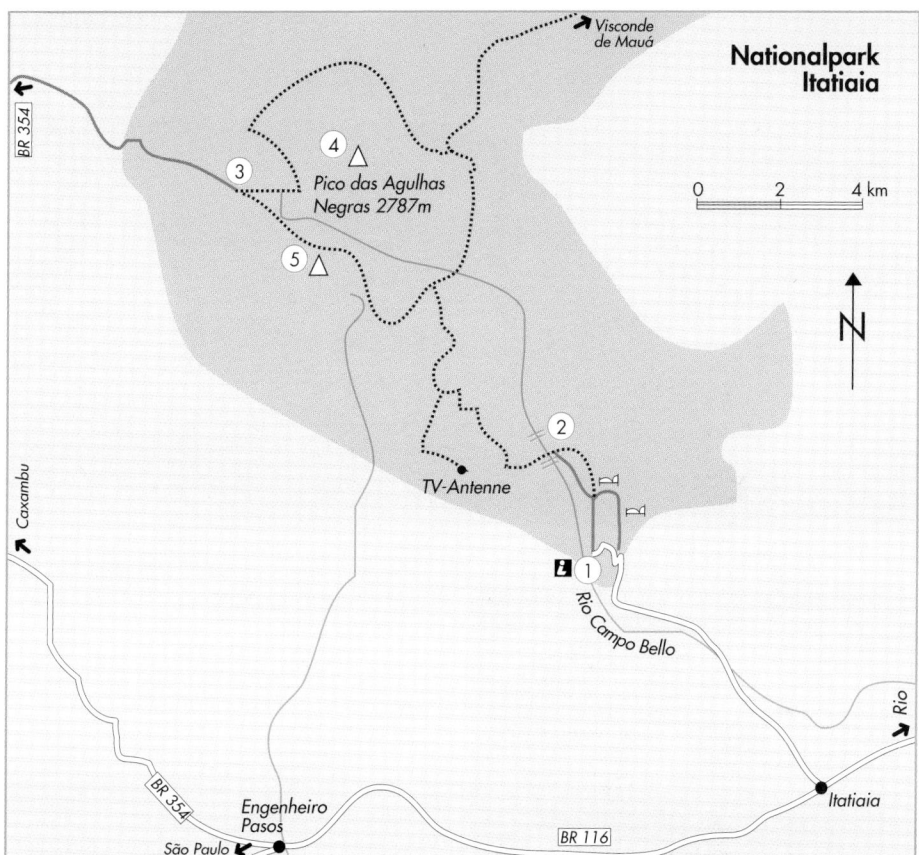

Nationalpark Itatiaia

Visconde de Mauá

Pico das Agulhas Negras 2787m

0   2   4 km

N

TV-Antenne

Rio Campo Bello

BR 354

Coxambu

BR 354

Engenheiro Pasos

São Paulo

BR 116

Itatiaia

Rio

kommen (manche sogar ausschließlich am Itatiaia). Dazu zählen z.B. viele der Bodenbromelien, eine der Fuchsienarten und der kleine »Taquara-mirim«-Bergbambus (s.S.184). Typisch für die Hochlagen ist ein Gras, das in dichten Horsten wächst. Seinen dunkelbraunen Blüten verdankt es den Namen »Cabeça-de-negro« (Negerkopf).

Vielfältig wie die Flora ist auch die Fauna des Parks. Bis jetzt sind noch fast alle Arten der Atlantischen Regenwälder zu finden; allerdings sind viele der großen Arten wie der Jaguar oder der Spinnenaffe schon vom Aussterben bedroht. Häufiger sind dagegen kleinere Säugetiere, darunter 3

Affenarten, Gürteltiere, Agutis (S.147), und Südamerikanische Nasenbären (S. 207). Über 250 Vogelarten wurden bis jetzt im Nationalpark gezählt. Auffallend sind die Tukane, vor allem der große Bunttukan, und die farbenprächtigen Papageien und Tangare. Häufig sind z.B die zu den Schnurrvögel gehörenden Blaubrustpipras mit ihrem roten Scheitel und die Spitzschwanzpipras. Auch die Schwalbentangare (S.81) und 2 Trogonarten bewohnen die Wälder am Itatiaia.

Typische Mimese: man erkennt die Blattheuschrecke kaum im alten Laub.

Die falsche Korallenschlange *Erythrolamprus aesculapii* ist für den Menschen ungefährlich.

Riesentukane leben in den Wäldern des Itatiaia.

Im Gebiet unterwegs

Der Park verfügt über eine gute Infrastruktur. Die unteren Lagen erreicht man von Itatiaia aus. Wer nicht über ein Auto verfügt, kann mit dem Circular-Bus von Itatiaia bis zum etwa 12 km entfernten Parkeingang fahren.

Etwa 2 km vom Eingang liegen die Gebäude der Nationalparkverwaltung ①. Ein kurzer Weg führt von hier zum **Lago azul**. Dabei handelt es sich nicht um einen See, sondern um ein Bachtal.

Nur wenige Meter auf dem Hauptweg sind es von der Verwaltung zum **Museum** (montags geschlossen). Es besitzt eine große, sehr interessante Sammlung von Tieren, die im Nationalpark vorkommen. Kein anderer Nationalpark Brasiliens verfügt über eine gleichrangige, öffentlich zugängliche Einrichtung!

Der Hauptweg steigt weiter an, man passiert einige Häuser und Hotels. Schon hier kann man Tukane und Schnurrvögel sehen. Man gelangt schließlich nach etwa 1,5 Stunden zu einigen **Wasserfällen** ②: Rechts der Straße führt ein Pfad zum

Bei den Prateleiras wächst die rote *Hippeastrum*, eine Amaryllisart.

Veu da Noiva-Wasserfall (Brautschleier-fall). Links der Straße sind weitere Fälle; sie stürzen in ein Becken, das zum Baden einlädt. An den Bäumen der Umgebung sieht man epiphytische Orchideen und Kakteen (s.S.189) besonders gut.

Kurz vor den Fällen zweigt rechts ein Pfad ab, der quer durch den Wald zum Hotel Simon führt.

Von den Wasserfällen steigt der Weg weiter an und führt durch die höheren Waldzonen in die **Hochlagen des Itatiata**. Rund 24 km sind es bis zum Abrigo Rebouças ③ auf dem Hochplateau.

Die Hochlagen des Itatiaia sind leider nicht mit öffentlichen Verkehrsmitteln erreichbar. Man kann aber mit den Bussen, die nach Caxambu fahren, bis zur

Paßhöhe Garganta do Registro (die höchste in Brasilien) gelangen. Die restlichen 20 km in den Park muß man dann per Anhalter oder zu Fuß zurücklegen. Mit dem Auto fährt man von Itatiaia Richtung São Paulo bis Engenheiro Pasos und biegt dort rechts ab. Nach 26 km erreicht man die Paßhöhe, von wo aus eine Erdstraße in den Park führt.

Die Hütte Abrigo Rebouças ③ ist der Ausgangspunkt für Touren auf dem Hochplateau und zum Pico das Agulhas Negras ④. Von hier aus kann man auch den Park durchqueren. Dieser 30 km lange Weg führt nördlich am Pico das Agulhas Negras vorbei nach Visconde de Mauá. 2–3 Tage sollte man für die Tour einplanen, die an interessanten Felsformationen vorbei führt. Man sollte unbedingt genaue Informationen (Wege sind kaum markiert) und die Erlaubnis bei der Nationalparkverwaltung besorgen (am besten schon einige Wochen vorher). Außerdem ist dafür eine gute Ausrüstung (Zelt, Schlafsack, Lebensmittel) notwendig. Östlich des Abrigo Rebouças gabelt sich der Weg. Der linke Pfad führt auf den **Pico das Agulhas Negras**. Folgt man nach dem Abrigo Rebouças dem rechten Pfad, so hat man die Felsen der Prateleiras ⑤ immer zu seiner Rechten. Dort treffen sich vor allem an Wochenenden brasilianische Kletterer zum Training. An der Nordostseite der Prateleiras, etwa 2 km vom Abrigo, stehen zwei auffällige Felsen, der »Maçã« (Apfel) und die »Tartaruga« (Schildkröte).

Praktische Tips

Anreise
Der Ort Itatiaia ist mit dem Auto oder dem Bus sowohl von Rio (164 km) als auch von São Paulo (257 km) auf der Autobahn BR 116 (Rodovía Dutra) schnell zu erreichen. Von Itatiaia aus sind es noch 14 km zu den Gebäuden der Parkverwaltung (Anreise zum Park s. oben).

Klima/Reisezeit
Regenzeit am Itatiaia ist zwischen November und März; in dieser Zeit regnet es oft und viel (Jahresniederschlag 2270 mm, 191 Regentage pro Jahr). Die beste Besuchszeit sind die ziemlich trockenen Monate Juni bis August.

Die Temperaturen in den Tallagen bewegen sich meist zwischen 25 und 30°C. Mai bis September sind die kältesten Monate. In den Hochlagen sind die Jahreszeiten ziemlich ausgeprägt, mit Temperaturmaxima von bis zu 21°C zwischen Dezember und Februar und Minima von –6°C von Juni bis August (mit gelegentlichen Schneefällen). Meistens liegen die Temperaturen aber um 15°C.

Unterkunft
In Itatiaia gibt es mehrere Hotels, einige (teure) liegen auch im Nationalpark an der Straße zum Wasserfall Veu da Noiva. Man kann auch in der Hütte beim Lago Azul und im Abrigo Rebouças übernachten bzw. dort zelten (vorher erkundigen, ob diese Hütten geöffnet sind). An Wochenenden und während der Ferienzeit (vor allem Dezember bis Februar) kann es schwierig sein, Unterkunft in Hotels zu finden.

Adressen
Parkverwaltung:
↪ Administração do Parque Nacional de Itatiaia, Caixa Postal 83657, CEP 27540, Itatiaia, RJ, Tel.(0243) 521461

Blick in die Umgebung

Größere Araukarienwälder gibt es weiter westlich im »Parque Estadual Campos de Jordão« beim gleichnamigen Ort. Südlich des Itatiaia liegt die Serra de Bocaina, ein weiterer Nationalpark mit Höhencamps und viel Wald. Wege gibt es z.B. etwa 15 km westlich von Parati an der Straße nach Cunha (bei Alto da Serra) und zwischen Angra dos Reis und Parati beim Ort São Roque.

27 Nationalpark Iguaçu

Berühmteste Wasserfälle Südamerikas; subtropischer Wald in der Umgebung; gute Möglichkeiten für Urwaldtouren.

Wohl kaum ein Brasilienbesucher verläßt das Land, ohne die berühmten Iguaçu-Fälle besucht zu haben. Nicht ohne Grund, immerhin gehören sie zu den größten Wasserfällen der Welt. Sogar als »Erbe der Menschheit« werden diese Fälle von der Unesco seit 1986 geführt.

Die Iguaçu-Fälle (auf spanisch heißen sie Iguazú) verdanken ihre Entstehung einer Spalte, die hier die Basaltschichten des südbrasilianischen Plateaus durchschneidet. Vor etwa 120 Mio. Jahren (zur Kreidezeit) ergossen sich Ströme von basaltischer Lava über die alten Gesteine Südbrasiliens und bildeten eine bis zu 1600 m dicke Basaltschicht. An manchen Stellen, wie am Itaimbezinho-Canyon (S. 209) oder eben an den Iguaçu-Fällen, bildeten sich tiefe Spalten. Da die einzelnen Basaltschichten verschieden stark zerklüftet sind, werden sie auch unterschiedlich schnell vom Wasser abgetragen. Das führte zur Bildung von mehreren Stufen in den Wasserfällen.

Die Iguaçu-Fälle gehören zu den größten Wasserfällen der Welt. Die Zahlen sind beeindruckend: 300 m³ Wasser, zur Regenzeit sogar 6500 m³, stürzen pro Sekunde 72 m in die Tiefe. Je nach Jahreszeit bilden sich dabei 150–300 kleinere Fälle, die in der Form eines großen »J« über eine Länge von 2700 m verteilt sind. Zwischen den vielen kleinen Fällen liegt ein Gewirr aus Kanälen und Inseln. Zum Vergleich: Die berühmten Niagara-Fälle in Nordamerika haben eine Fallhöhe von »nur« 47 m und eine Breite von etwa 1300 m!

Der Rio Iguaçu bildet die Grenze zwischen Argentinien und Brasilien. Beide Länder haben große Nationalparks eingerichtet, um die Natur in der Umgebung der Fälle zu schützen. Obwohl fast 1 Mio. Besucher jährlich dieses Naturwunder besuchen, kann man abseits der Fälle (vor allem auf der argentinischen Seite) die Vielfalt der Wälder bewundern.

Der Bänderteju kann über 1 m lang werden. Er gehört zu den Schienenechsen.

In Südbrasilien lebt die »Tigre d'agua«-Schildkröte, eine Zierschildkrötenart.

Pflanzen und Tiere

Genau genommen handelt es sich bei den Wäldern in den beiden Nationalparks nicht um tropische, sondern um subtropische Regenwälder. Für den nicht fachkundigen Besucher ist das kaum zu erkennen, doch der Artenreichtum und auch die Baumgröße sind wesentlich geringer als in Amazonien. Dennoch wurden schon über 2000 Pflanzenarten in den Nationalparks gefunden!

Auch diese subtropischen Wälder sind reich an an Epiphyten. Einer der größten Epiphyten ist *Philodendron bipinnatifidum*, der durch seine riesigen Blätter auffällt. Seine kleineren Verwandten sind bei uns beliebte Zimmerpflanzen.

Zu den Gummibäumen gehört die Baumart *Ficus monckii*, die man am häufigsten auf der argentinischen Seite bei den Gebäuden sieht. Diese Art ist kauliflor, d.h. Blüten und Früchte sitzen direkt am Stamm (s.S.16). Viele Arten der Gattung *Ficus* sieht man auch in den Wäldern als Baumwürger (s.S.16).

Im Unterwuchs wird man vielleicht den Matestrauch entdecken. Aus den Blättern dieser oft kultivierten Pflanze wird der bitter schmeckende Mate-Tee gewonnen. Unter verschiedenen Namen (Mate, Tereré) ist dieses Getränk in Paraguay, Argentinien und Brasilien bekannt und beliebt. Mate-Tee wird dort aus speziellen Gefäßen aus Kürbissen oder Kuhhörnern mit der »Bombilla« , einer Art Strohhalm mit Sieb, getrunken.

Leicht zu erkennen sind die Romanzoffianischen Kokospalmen, die nicht nur in den Wäldern, sondern auch zwischen den Fällen wachsen. Sie dienen oft als Trägerbaum für die Beutelnester der Rotbürzelkassiken. Nicht weniger auffällig als die Nester sind die schwarzen Vögel selbst (nur der Schwanzansatz ist rot) mit ihrem

Dieser grandiose Überblick bietet sich von der brasilianischen Seite der Fälle.

Koevolution

In tropischen Wäldern ist die Koevolution sehr häufig, d.h. die aufeinander abgestimmte Evolution verschiedener Organismen. Ein Beispiel soll verdeutlichen, wie eng verwoben die Beziehungen zwischen vielen Tieren und Pflanzen sind.

Pflanzen haben mit ihren Abwehrstoffen die meisten pflanzenfressenden Insekten recht gut unter Kontrolle gebracht (s. S. 75). Doch einige Insekten entwickelten Strategien, um es mit diesen Giften aufzunehmen: *Heliconius*-Schmetterlinge nutzen z.B. die Gifte der Passionsblumen als eigene Abwehrwaffen! Raupen dieser Schmetterlinge fressen ausschließlich auf Passionsblumen und nehmen deren Gifte mit auf. Das Gift wird nicht abgebaut, sondern im Körper abgelagert und schützt sowohl Raupen als auch später die Schmetterlinge gegen Freßfeinde (vorwiegend Vögel). Das ist für Schmetterlinge ausgezeichnet, aber natürlich schlecht für die Pflanzen (immerhin können die *Heliconius*-Raupen jetzt ungestört an Passionsblumen fressen)!

Doch die Passionsblumen haben sich einen Trick einfallen lassen, um die Schmetterlinge abzuwehren: Sie entwickelten Strukturen auf ihren Blättern, die wie Gelege der Schmetterlinge aussehen. Die weiblichen Schmetterlinge legen nämlich ihre Eier in Gelegen ab, und zwar nur dort, wo noch keine anderen Eier liegen. Sieht ein Weibchen also diese Gelegenachahmungen, fliegt es weiter zur nächsten Pflanze und versucht dort, die Eier abzulegen. Die Pflanze mit den Gelegenachahmungen wird also von den Schmetterlingsraupen nicht gefressen. Ein weiterer Trick der Pflanzen ist, daß sie für ihren Schutz nektarproduzierende Organe entwickelt haben, die aggressive Insekten wie Wespen oder Ameisen anlocken. Diese wiederum fressen Gelege der Schmetterlinge oder vertreiben die ausgewachsenen Schmetterlinge.

Wer letztendlich diese Auseinandersetzung gewinnt, ob Pflanze oder Schmetterling, ist nicht entschieden. Jeder Schritt des »Gegners« wird früher oder später mit Gegenmaßnahmen geahndet. Es herrscht sozusagen ein dauernder Wettlauf zwischen Pflanze und Tier.

---

lauten Geschrei. Wie viele ihrer Stärlingverwandten haben auch sie einen konisch geformten Schnabel.

Die Beutelnester der Kassiken sind für Räuber fast nicht zu erreichen, nur Tukane werden hin- und wieder beim Eierdiebstahl beobachtet. Riesentukane (S. 198) und Bunttukane sind im Park häufig. Vor allem auf der argentinischen Seite hört man oft das Gekreische ganzer Papageihorden. Die Checkliste der argentinischen Parkwächter weist auf 8 Papageiarten hin.

Kaum zu übersehen sind die Ruß-Segler bei den Wasserfällen. Diese Vögel, die den Mauerseglern ähneln, nisten hinter den Wasserfällen. Man sieht sie oft vor den Fällen nach Insekten jagen oder in den Steilwänden sitzen.

Säugetiere sieht man normalerweise sehr selten. Mit großer Sicherheit wird man aber auf der brasilianischen Seite auf Gruppen von Südamerikanischen Nasenbären (s. S. 22) treffen. Diese lustigen Waschbärverwandten machen sich bei den Iguaçu-Fällen auch über die Papierkörbe (und gelegentlich über die Taschen der Touristen) her.

Andere Säuger, die im Park häufiger vorkommen, sind Pakas (S. 171) und Agutis

(S.147), die beide zu den Nagetieren gehören. Mehrere Affenarten bewohnen die Wälder, darunter Kapuzineraffen (S.76) und Schwarze Brüllaffen (S.167). In der Dämmerung und nachts sind viele Fledermäuse unterwegs, die den Tag in den Felsspalten und Höhlen zwischen den Fällen verbringen.

Relativ häufig sind Bändertejus. Diese großen, bis zu 1 m langen Echsen legen ihre Eier in die Lehmbauten von Baumtermiten, wo sie vor Regen und Freßfeinden geschützt sind. In den ruhigen, flachen Gewässern oberhalb der Fälle sollte man nach der attraktiv gemusterten »Tigre d'agua«-Schildkröte Ausschau halten. Auffallend in Iguaçu ist der Reichtum an Schmetterlingen. Über 500 Arten wurden bisher nachgewiesen. Wie in Amazonien kann man auch hier gelegentlich große Mengen an Vertretern der Familie der Pieriden (Kohlweißlingverwandte) sehen, die am Boden Mineralien aufsaugen (S.33).

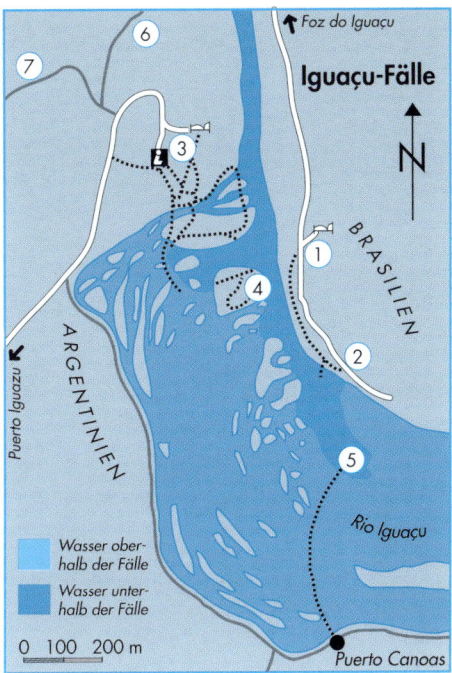

Iguaçu-Fälle

Wasser ober-
halb der Fälle

Wasser unter-
halb der Fälle

0 100 200 m

Foz do Iguaçu

BRASILIEN

ARGENTINIEN

Puerto Iguazu

Rio Iguaçu

Puerto Canoas

Im Gebiet unterwegs

Wer über kein Auto verfügt, sollte 2 Tage einplanen, um beide Seiten der Fälle zu besuchen. Während die brasilianische Seite einen besseren Überblick gewährt, kann man in Argentinien die Fälle, die Kanäle und Inseln aus der Nähe kennenlernen. Wer seinen Besuch nicht selbst organisieren will (was keine besonderen Probleme

Mate-Sträucher wachsen in Südbrasilien.

bereitet), findet in Foz do Iguaçu oder auch in vielen Reisebüros in den großen Städten Brasiliens ein großes Angebot an geführten Touren.

Brasilianische Seite:

Gegenüber dem Hotel Tropical beginnt der **Panoramaweg** ①, der etwa 1 km weit an der Front der Fälle entlang führt und herrliche Ausblicke bietet (die Lichtbedingungen zum Fotografieren sind nachmittags am besten). Am anderen Ende des Weges ② befindet sich eine Plattform direkt an den Fällen. Hier kann man die Ruß-Segler besonders gut beobachten. Ein Steg, der einen guten Blick in die »Garganta do diabo« , das Zentrum der Wasserfälle, bietet, dürfte inzwischen wieder renoviert und begehbar sein. Ein Aufzug bringt den Besucher zurück auf das Niveau der Straße. Am Parkplatz gegenüber sieht man oft die Nester der Rotbürzelkassiken in den Palmen hängen. Man kann noch ein Stück den Rio Iguaçu entlang flußaufwärts gehen.

Ein Gummibaum-Verwandter: *Ficus monckii*

Über 1 m groß sind diese *Philodendron*-Blätter.

An der Zufahrtsstraße, etwa 10 km vor den Fällen, befindet sich auf der rechten Seite die Einfahrt zu einem kleinen, interessanten Museum. Neben ausgestopften Tieren bietet es Informationen zur Geologie und Botanik. Das Betreten der Wälder auf der brasilianischen Seite ist nur mit kommerziellen Veranstaltern (z.B. Macuco-Tours in der Nähe des brasilianischen Parkmuseums) oder mit einer Genehmigung der Nationalparkverwaltung erlaubt. Es empfiehlt sich daher, Ausflüge in die Wälder des argentinischen Nationalparks zu unternehmen.

TIP: Im Interesse des Naturschutzes sollte man nicht an Hubschrauber-Rundflüge teilnehmen. Wie uns die argentinischen Parkwächter erklärten, stört der dauernde Lärm die Fauna des Parkes empfindlich.

Argentinische Seite:

Ausgangspunkt ist das argentinische Besucherzentrum ③ mit hilfsbereiten Parkwächtern und einem kleinen Museum. Von dort führen die Fußwege des »Circuito superior« an die Oberkante der Fälle. Über kleine Stege passiert man die Wasserläufe und kann in der Vegetation viele Vögel und Schmetterlinge entdecken.

Die Wege des »Circuito inferior« führen an den Fuß der Fälle und den Unterlauf des Rio Iguaçu. Boote fahren von dort zur im Fluß liegenden Isla San Martin ④. Etwa 2 km entfernt (es gibt Busverbindung) führt bei Puerto Canoas ein langer Steg direkt an die »Garganta do diabo« ⑤, den Teufelsrachen. Dort ist das eindrucksvollen Zentrum der Hauptfälle.

Wer die Wälder abseits der Fälle kennenlernen will, kann den 4 km langen »Sendero Macuco« ⑥ entlangwandern. Der »Circuito Yacaratia« ⑦ führt ebenfalls durch fast ursprüngliche Wälder mit artenreicher Tierwelt. Mit dem Auto kann man die 36 km lange Piste befahren.

Die argentinischen Parkwächter bieten bei Vollmond geführte Wanderungen bei den Fällen an; sicher eine interessante Alternative zum Massentourismus!

Praktische Tips

Anreise

Foz do Iguaçu ist per Auto über die gut ausgebaute BR 277 von Curitiba zu erreichen. Busverbindungen bestehen zu allen größeren Städten Südbrasiliens, nach Argentinien und Paraguay. Tägliche Flüge gibt es von Rio, São Paulo und Curitiba. Stadtbusse fahren alle 1–2 Stunden die 30 km zu den Fällen. Um die argentinische Seite zu sehen, fährt man mit dem Bus

Auf der argentinischen Seite spaltet sich der Rio Iguaçu in viele kleine Fälle auf.

nach Puerto Iguazú (Grenzübertritt für einen Tag problemlos). Von dort gibt es ein Rundticket nach Puerto Canoas und zum argentinischen Besucherzentrum.

Klima/Reisezeit

Das Klima Südbrasiliens ist ganzjährig warm bis heiß. Am angenehmsten d.h. niedrigsten sind die Temperaturen zwischen Juni und August. Die Tagestemperaturen liegen dann bei 20–25°C, sonst bei rund 30°C. Nur einmal, am 17. Mai 1975, schneite es sogar an den Wasserfällen. Regenfälle sind generell häufig (Jahresdurchschnitt 1700 mm, 120 Regentage pro Jahr), vor allem im Februar und März. Dann sind die Wasserfälle am eindrucksvollsten, auch die Tierwelt ist während dieser Zeit aktiver, leider auch die Moskitos. Das Wetter ist am Nachmittag meist besser als am Morgen.

Unterkunft

Teure Hotels befinden sich direkt an den Wasserfällen sowohl auf der brasilianischen als auch auf der argentinischen Seite. Billigere Hotels findet man in Foz do Iguaçu. Das Zelten ist im Park nicht er-

laubt. Es gibt aber mehrere Campingplätze etwas außerhalb, z.B. beim brasilianischen Parkeingang und beim argentinischen Besucherzentrum.

Blick in die Umgebung

Wenige Kilometer nordwestlich von Foz do Iguaçu kann man den größten Staudamm der Welt besichtigen, den Itaipu-Damm. Er wurde von Brasilien und Paraguay gemeinsam errichtet. Dabei wurde leider der Nationalpark und die riesigen Wasserfälle von Sete Quedas am Oberlauf des Rio Paraná überflutet.

Südamerikanische Nasenbären sind ausgesprochen neugierig und anpassungsfähig.

28 Serra Gaúcha

Sehenswerte Landschaft mit Wasserfällen; Araukarienwälder; Nationalpark Aparados da Serra mit 700 m
tiefem Itaimbezinho-Canyon.

Zwischen Rio und São Paulo verläuft der
Südliche Wendekreis, der formal die Tropen begrenzt. Der brasilianische Staat Rio
Grande do Sul liegt also schon in den Sub-
tropen. Er besteht im wesentlichen aus
zwei großen Naturräumen: dem gebirgigen Norden mit den Hügeln der sogenannten Serra Gaúcha (sprich Ga-úscha) und
der flachen oder leicht gewellten Pampa,
die sich durch Uruguay bis nach Argentini-
en hinzieht. Während die Pampazone besonders durch Rinderzucht geprägt ist und
wenig für den Naturtouristen zu bieten
hat, findet man in der Serra Gaúcha weit
bessere Möglichkeiten. Vor allem die landschaftliche Schönheit macht diese Gegend
zu einem lohnenswerten Reiseziel. Im
Winter, d. h. von Juni bis August, kommen
viele brasilianische Touristen, denn hier
liegt einer der wenigen Orte Brasiliens, an
denen es häufig schneit. Für Mitteleuropäer erscheint die Landschaft fast schon
vertraut, auch das Klima ist weniger heiß
als im übrigen Brasilien. Die typisch rote
Farbe der tropischen Böden ist nur noch
selten zu sehen, stattdessen überwiegen
die braunen Humusfarben.
Die Serra Gaúcha ist ein Teil der Serra Ge-
ral, deren Gipfel über 2000 m Höhe erreichen. Canela, einer der Hauptorte, liegt
auf 830 m Höhe. Bei dem ganzen Gebiet
handelt es sich nicht um ein Gebirge wie
die Alpen, sondern vielmehr um eine Art
Hochplateau. Es ist Teil des südbrasilianischen Schilds, der aus 2 Schichten besteht.
Die untere aus Sedimentgesteinen entstand vor rund 250 Mio. Jahren, als der
Ozean mehrmals in das damalige Becken
eindrang und Sedimente ablagerte. Nach
einer Anhebung dieser Schichten wurde
die Region dann vor 150 Mio. Jahre durch
große Lavaströme überdeckt. Am eindrucksvollsten sind die daraus entstandenen Basaltgesteine am Itaimbezinho-
Canyon zu sehen, der 700 m tief in diese
Schicht eingeschnitten ist. Wie dieses Naturwunder entstand, ist bisher noch nicht
geklärt.

Pflanzen und Tiere

Der typische Baum in diesem Teil Brasiliens ist sicher die Araukarie. Aufgrund ihrer
extrem gleichmäßigen Wuchsform war sie
lange Zeit der »Brotbaum« der brasilianischen Forstwirtschaft. Die Wälder Amazoniens waren in den 60er Jahren dagegen
nur zu etwa 10% am brasilianischen Holz-
handel beteiligt. Das führte dazu, daß heute kaum noch größere Araukarienwälder
(»Pinherais«) existieren. Neben den Araukarien sind die Stielfruchteiben, die ebenfalls in diesen Wäldern wachsen, die einzige Nadelbaumgattung Brasiliens. Die

Schwarzhalsschwäne bevorzugen die kühleren Gebiete
Südamerikas.

Über 700 m tief ist die Schlucht des Itaimbezinho-Canyon.

Aus den dicken Stämmen der *Dicksonia*-Baumfarne werden Blumentöpfe hergestellt.

Von den Prachtamazonen leben nur noch wenige Exemplare in Südostbrasilien.

usw. Für die Region charakteristisch sind die seltenen Prachtamazonen. Man erkennt diese grünen Papageien an der roten Augenmaske. Typisch ist auch der Azurblaurabe. Beide Vogelarten ernähren sich von den Samen aus den Zapfen der Araukarien und sind daher für die Verbreitung der Bäume äußerst wichtig.

In ganz Südostbrasilien kann man entlang der Straßen auffällige Kugelnester auf Strommasten und Zaunpfosten sehen. Diese aus Lehm und Pflanzenteilen geformten Nester sind das Werk des mattbraun gefärbten Rosttöpfers. Betrachtet man ein Nest aus der Nähe, so erkennt man den gewundenen Eingangstunnel, der die Eier für Räuber unerreichbar macht.

Im Gebiet unterwegs

Nadeln der Stielfruchteiben sind relativ breit, der ganze Baum erinnert etwas an die Eiben, mit denen sie aber nicht näher verwandt sind. Als Unterwuchs findet man in diesen Wäldern oft Baumfarne. Vor allem die Arten der Gattung *Dicksonia* sind mit ihren dicken Stämmen recht auffällig. Aus ihnen werden Gefäße für Zierpflanzen hergestellt.

Gewöhnlich wachsen Araukarienwälder nur auf Höhen über 1600 m, oberhalb der Zone des Atlantischen Regenwaldes. Natürlich wandern viele Pflanzen- und Tierarten der Regenwälder auch in die Araukarienwälder ein. Die Säugetierarten sind in beiden Waldtypen fast identisch. Die Vogelwelt in den Araukarienwäldern der Serra Gaúcha ist zwar bei weitem nicht so artenreich wie die der Atlantischen Regenwälder, trotzdem findet man auch hier die für Südamerika typischen Vogelordnungen wie Papageien, Kolibris, Tukane

Ausgangspunkte für den Besuch der Serra Gaúcha sind Canela und Gramado, zwei kleine Ortschaften, die hauptsächlich vom Tourismus leben. Gramado erinnert vom Baustil her sehr an die Touristenorte der Alpen. Eine Spezialität beider Orte ist die sehr gute Schokolade!

Etwa 7 km von Canela entfernt liegt der **Parque Caracol** ①. Mittelpunkt dieses Erholungsgebietes ist der 131 m hohe **Wasserfall Cascata do Caracol**, der durch seine Schönheit besticht. Von den Anlagen (mit Kiosk, Aussichtspunkt und Picknickplätzen; viele Stielfruchteiben) führen kleine, ungesicherte Pfade durch Araukarienwald, sowohl an den Ober- als auch an den Unterlauf des Flußes.

Vom Parque Caracol aus erreicht man über einen etwa 7 km langen Feldweg das **Vale da Ferradura** ②. Der Rio Santa Cruz bildet hier einen 400 m tiefen, hufeisenförmigen Canyon. Da der Weg direkt oberhalb des

Übersicht Serra Gaucha

Cambará do Sul · Curitiba
Itaimbezinho (5)
Torres
Gramado · Canela
São Francisco de Paula
Porto Alegre · Taquara · Porto Alegre
Atlantik
0   20 km

Anreise

Canela, Gramado und São Francisco de Paula sind über Teerstraßen von Porto Alegre aus mit dem Auto oder dem Bus problemlos zu erreichen. Eine Erdstraße führt von São Francisco de Paula in den Nationalpark Aparados da Serra, den man nur mit Mietauto, Taxi oder Tour erreichen kann.

Canyons endet, kann man von dort das gesamte Tal überblicken.
Etwas außerhalb von Canela, an der Straße zur Cascata do Caracol, befindet sich der »Pinheiro multisecular« ③. Diese 42 m hohe und 2,7 m dicke Araukarie gehört zu den ältesten Bäumen ihrer Art und trägt immer noch Früchte. Das Alter dieses eindrucksvollen Baumes wird auf 500–700 Jahre geschätzt.
Eine weitere Möglichkeit zum Wandern bietet die rund 7 km lange Tour von Canela zu den **Morros Pelado, Queimado und Dedão** ④. Von diesen drei Aussichtspunkten hat man einen schönen Überblick ins Tal von Quilombo. Der Weg führt teilweise durch Araukarienwälder, die zwar nicht mehr ursprünglich sind, aber doch einen guten Eindruck vom Charakter dieser Wälder vermitteln.
Die größte Sehenswürdigkeit der Gegend, der **Nationalpark Aparados da Serra** ⑤, ist leider am schwersten zu erreichen. Im Park befindet sich der spektakuläre Itaimbezinho-Canyon. Über 700 m tief und 7 km lang ist dieser senkrechte Riß im Basaltplateau Südbrasiliens. Auch dort findet man Araukarienwälder, und zwar vorwiegend in den nährstoffreicheren Senken. Die schlechteren Standorte werden von Gräsern besiedelt.
Leider ist der Canyon sehr oft in Nebel gehüllt. Regenfälle sind in diesem Gebiet zu jeder Jahreszeit häufig, die Schotterstraße kann dann unter Umständen nicht zu befahren sein. Bei guter Witterung bietet ein Reisebüro in Gramado Touren zum Canyon an.

Klima/Reisezeit

Der gebirgige Südteil Brasiliens hat vier Jahreszeiten ähnlich denen in Europa. Niederschläge und vor allem Nebel sind im Sommer, d.h. zwischen Dezember und Februar, etwas häufiger als im Winter (Jahresniederschlag um 1200 mm). Beliebteste Reisezeit in der Serra Gaúcha (mit entsprechend vielen brasilianischen Touristen) ist zwischen Mai und September. Hin und wieder gibt es dann auch Schnee. Wärmste Monate sind Januar und Februar. Die Tagestemperaturen liegen dann um 25°C. Im Winter können sie auf den Gefrierpunkt sinken.

Unterkunft

In Canela und Gramado findet man Hotels aller Preisklassen. Der Campingplatz des Camping Clube do Brasil liegt in der Nähe der Cascata do Caracol. Einfache Hotels gibt es in São Francisco de Paula. Im Na-

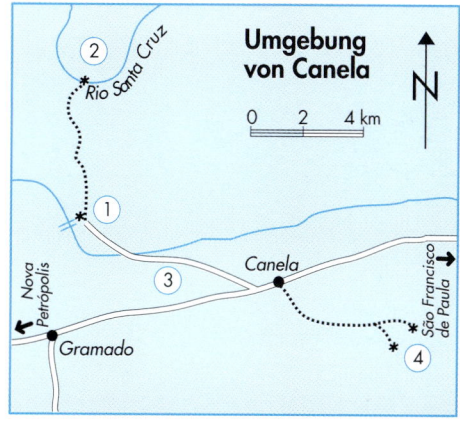

Umgebung von Canela

Rio Santa Cruz
(2)
(1)
Nova Petrópolis
(3)
Canela
São Francisco de Paula
Gramado
(4)
0   2   4 km

Araukarienwälder bedeckten früher weite Teile Südbrasiliens.

tionalpark Aparados da Serra kann man zelten, das noch in vielen Reiseführern erwähnte Hotel ist leider seit 1991 geschlossen.

Adressen

Touren zum Itaimbezinho:
⇨ Terra Turismo, Avenida Costa e Silva 1112, Hotel Serrano, Tel. (054)2861332, Gramado, CEP 95670

Blick in die Umgebung

Porto Alegre besitzt einen interessanten, weitläufig angelegten Zoo. Er ist per Auto über die BR 119 erreichbar oder per Bus mit der Linie nach São Leopoldo.
Im Staat Santa Catarina, etwa 80 km westlich der Stadt Tubarão, liegt der Nationalpark São Joaquim. Auch hier findet man Gebirgslandschaft mit Araukarienwäldern.

Einer der Hauptanziehungspunkte der Serra Gaúcha: die Cascata de Caracol

Nebenreiseziele

N 1. Sinamaica

In der Umgebung der Laguna Sinamaica, 45 km nördlich von Maracaibo, landeten die ersten Spanier im heutigen Venezuela. Da die Pfahlbauten der dort lebenden Paraujano-Indianer sie an Venedig erinnerten, gaben sie dem Land den Namen Venezuela, was soviel wie Klein-Venedig bedeutet. Auch heute noch leben die Indianer in Pfahlbauten in der 50 km² großen Lagune. Touristen können Boote für Rundfahrten mieten. In den Schwimmpflanzen- und Mangrovenzonen leben Unmengen an Wasservögeln, z.B Reiher, Ibisse, Rallen usw. Gelegentlich sieht man auch den Fischadler, der als Wintergast die Küste besucht.

Die üblichen Bootsrouten führen vor allem zu den Pfahlbauten der Indianer. Man sollte den Bootsführern Bescheid sagen, daß man vor allem Tiere sehen will. Sie befahren dann auch die interessanteren Seitenkanäle und die Mangrovengebiete.

N 2. Nationalpark Archipiélago de Los Roques

Etwa 40 Inseln und über 300 Felsen und Korallenriffe bilden den Archipel Los Roques. Dieser marine Nationalpark liegt 160 km nördlich von La Guaira in der Karibik. Weiße Sandstrände, Korallenriffe und blaugrünes Wasser erwarten den Besucher. Palmen gibt es allerdings nicht, also auf keinen Fall Sonnenschutz vergessen. Für Schnorchler und Taucher sind die Korallenriffe ein Paradies. Die Unterwasserwelt ist ähnlich der in Morrocoy (s.S. 42), aber das Wasser ist klarer und die menschlichen Einflüße sind geringer. Die Inseln beherbergen nur etwa 30 Pflanzenarten, unter denen die Mangroven die wichtigsten sind. Seevögel sind sehr zahlreich. Hier brüten z.B. Rußseeschwalbe, Noddi, Braun- und Maskentölpel und viele andere. Vor allem die Inseln Selenqui und Cayo Bobo Negro sind für Vogelliebhaber interessant.

In der Lagune von Sinamaica stehen die Hütten der Paraujano-Indianer (N 1).

Bei Ciudad Guyana bildet der Rio Caroní die Wasserfälle des Salto Cachamay (N 8).

Touren nach Los Roques werden von den Reisebüros in Caracas angeboten. Sowohl Tagestouren als auch längere Aufenthalte sind möglich. Wer nur den Flug kauft (Flugdauer 35 min.) muß mindesten einmal übernachten. Der Flugplatz ist auf der Hauptinsel Gran Roque. Dort gibt es einfache Übernachtungsmöglichkeiten und Boote für Rundfahrten.

N 3. Nationalpark Mochima

Zusammen mit der Isla Margarita und der Paraguaná-Halbinsel (s.S. 36) zählt dieses Küstengebiet zu den trockensten Gegenden Venezuelas. Das Meer vor Puerto la Cruz gehört zu den produktivsten Zonen der venezolanischen Küstenregion. Die nährstoffreichen Gewässer sind ein idealer Lebensraum für Korallen, Fische und andere Meerestiere. Das Gebiet zählt deshalb zu den besten Tauchrevieren Venezuelas. An der Küste und auf den Inseln wächst typische Trockenvegetation mit vielen Kakteen. Im Ort Mochima, rund 30 km westlich von Cumaná, kann man Boote mieten, die zu den Stränden der vorgelagerten Inseln fahren. Man kann die Inseln

erkunden oder im flachen Wasser schnorcheln. Oft sind die Korallen schon im sehr flachen Wasser zu sehen. Fotos vom rotbraunen Sandstrand Playa Colorada beim Ort Santa Fé sind gelegentlich in Reisebürokatalogen abgebildet. Interessanter als der nicht sehr saubere Strand sind die felsigen Stellen am westlichen Ende der Bucht. Dort kann man beim Schnorcheln viele der farbenprächtigen Fische der Karibik beobachten. Im Melia-Hotel in Puerto La Cruz kann man Tauchausrüstung ausleihen.

N 4. Paria-Halbinsel

Die Paria-Halbinsel ist die östlichste Verlängerung der Küstenkordillere, deren Berge hier Höhen von etwa 1000 m erreichen. Vor allem die nördliche Küste, die man nur per Schiff erreicht, ist ideal zum Schnorcheln und Tauchen. Dagegen ist das Meer an der Südküste durch die Sedimente, die der Orinoco einschwemmt, ziemlich trüb. Zu den Kostbarkeiten, die in der wenig erforschten Gegend leben, gehört z.B. die Waldnymphe, ein Kolibri mit langen, scherenförmigen Schwanzfedern, der nur in den Wäldern der Paria-Halbinsel vorkommt. Um den Artenreichtum zu schützen, wurde ein Teil des Gebiets als Nationalpark Península de Paria unter Schutz gestellt.

Hauptort ist das Städtchen Güiria. Von dort erreicht man per Boot den Ort Macuro oder Puerto Colon an der Spitze der Paria-Halbinsel. In der Umgebung von Macuro gibt es Wandermöglichkeiten, allerdings kann man im Ort nicht übernachten (Rückfahrt rechtzeitig organisieren). Lohnend sind Wanderungen durch die Bergwälder, An mehreren Stellen führen Pfade von der Südküste über die Berge an die herrliche Nordküste. Solche Wege beginnen z.B. bei den Orten San Antonio und Manacal und führen auf den Cerro Humo. Die Wege werden vor allem von den Kleinbauern benutzt, die oben im Wald ihre Pflanzungen haben. In den Orten an der Nordküste kann man Fischerboote für den Rücktransport mieten.

N 5. Colonia Tovar

Die Colonia Tovar ist eines der beliebtesten Touristenziele in Venezuela. Der Ort wurde 1843 von deutschen Auswanderern gegründet; in der gebirgigen Landschaft erinnern die Fachwerkhäuser wirklich an ein deutsches Bergdorf.

Colonia Tovar liegt auf einer Höhe von 1800 m und dementsprechend ist die Umgebung von Bergregenwäldern geprägt. Im Osten grenzt der Macarao-Nationalpark an die Colonia Tovar. Wer über ein Auto verfügt, kann einen Abstecher in die Wälder des Parks machen.

Vor allem für Vogelliebhaber ist die Umgebung der Colonia Tovar ein beliebtes Ziel. Viele Vögel gibt es z.B. an zwei Wegen, die nach etwa 7 km von der Straße nach La Victoria abzweigen. Auch die Straße, die sich von der Colonia Tovar nach El Limón

hinunterwindet ist ein guter Platz, um Vögel zu beobachten.

Colonia Tovar verfügt über eine sehr gute Infrastruktur und ist von Caracas aus leicht mit dem Bus oder dem Auto zu erreichen. An Wochenenden sollte man das Gebiet unbedingt meiden, weil dann der Ort von Tagesausflüglern aus Caracas überlaufen ist.

N 6. Yacambú-Nationalpark

Der Staat Lara westlich von Caracas ist eigentlich durch ziemlich trockene Vegetation geprägt. Eine große Ausnahme ist aber der Nebelwald im Nationalpark Yacambú. Die Straße, die den Park durchzieht, gilt als eine der besten Stellen zur Vogelbeobachtung nördlich des Orinoco. Mitten im Park liegt die Laguna El Blanquito. Hier gibt es Picknickplätze und einige Pfade, um die Gegend zu erkunden.

Um den Park zu erreichen, fährt man von Barquisimeto aus Richtung Osten über Quibor nach Sanare. Mit dem Bus kommt man bis nach Sanare, die restlichen Kilometer zum bzw. durch den Park muß man per Anhalter oder zu Fuß zurücklegen. In Barquisimeto sollte man auch den »Parque Zoologico y Botanico Miguel Romero Antoni« besuchen. Faultiere hängen dort in den Bäumen und können sich frei im Park bewegen. Südlich von Barquisimeto liegt der Terepaima-Nationapark.

N 7. Nationalpark Yurubí und Cerro Maria Lionza

Um die Stadt San Felipe gibt es zwei Schutzgebiete. Direkt am Stadtrand beginnt der Nationalpark Yurubí. Der Eingang liegt im Erholungspark Leonor Bernabó. Während die unteren Zonen stark vom Menschen verändert wurden, sind die oberen Nebelwaldzonen praktisch noch unverändert. Es gibt einige, allerdings

Die Inselwelt des Nationalparks Los Roques besticht vor allem durch die farbenprächtige Unterwasserwelt (N 2).

nicht sehr spektakuläre Pfade. Die Parkverwaltung ist dabei, einen Waldlehrpfad anzulegen. Südwestlich von San Felipe liegt das Naturmonument Cerro Maria Lionza. Dieser dicht bewaldete Berg ist das Zentrum des Maria-Lionza-Kultes. Die Gläubigen, die manchmal etwas verwegen aussehen, verehren dort unter einem Felsen, dem »Palacio« , die Königin Maria Lionza. Man sollte diesen Glauben so akzeptieren und die Leute nicht provozieren. Die Wälder dort sind noch ursprünglich und vor allem im oberen Teil sehr artenreich. Ausgangspunkt für den Besuch ist Chivacoa. Von dort kann man mit dem Por Puesto weiterfahren nach Sorte (dort ist der »Palacio«) und nach Quibayo (Ausgangspunkt für die Besteigung des Berges). Da Überfälle vorgekommen sind, benötigt man für die Besteigung eine Genehmigung, die es bei der Nationalparkverwaltung im Bernabó-Park in San Felipe gibt.

N 8. Ciudad Bolivar/Ciudad Guyana

Die Gegend um Ciudad Bolivar ist das Zentrum der venezolanischen Erzindustrie. Man kann dort mehrere erzverarbeitende Betriebe besichtigen.

Ciudad Bolivar besitzt ein sehr gutes mineralogisches Museum. Neben Mineralien aus der ganzen Welt (besonders natürlich aus Venezuela) zeigt es technische Details zum Erzabbau.

In Ciudad Guyana sollte man nicht versäumen, die eindrucksvollen Wasserfälle Salto Llovizna und Salto Cachamay zu besuchen. Der Schwarzwasserfluß Rio Caroní, der die Fälle bildet, verdankt seine dunkelbraune Färbung keinen Eisenmineralien, sondern Humusstoffen (s.S.133).

Für geologisch und mineralogisch Interessierte lohnt ein Ausflug zur Eisenerzmine am Cerro Bolivar, etwa 100 km südlich von Ciudad Bolivar. Der aus Erz bestehen-

Die Bucht von Mochima im gleichnamigen Nationalpark lädt zum Baden ein. Die Küstenzone gilt als eines der besten Tauchreviere Venezuelas (N 3).

de Berg wird langsam abgetragen. Auf der Fahrt dorthin sieht man typische Savannenlandschaft mit dem feuerresistenten »Chaparro«-Busch. Auf dem Weg zum Cerro Bolivar liegt der Staudamm von Guri. Er ist, nach dem Itaipu-Damm an der Grenze zwischen Brasilien und Paraguay, der zweitgrößte der Welt und wird von den Wassermengen gespeist, die der Rio Caroní aus der Gran Sabana mitbringt.

Lange Sandstrände sind typisch für den Nordosten Brasiliens (N 10).

An den v-förmigen Schnitten sind Kautschukbäume leicht zu erkennen (N 9).

denen der Gummisaft tropfte. Bei Belterra kann man die alten Gummiplantagen der Autofirma Ford besuchen. Amazon-Tours in Santarém bietet mehrere Touren (in Englisch) an. Eine führt in ein Waldreservat, wo die Führer 200 Baumarten identifizieren können (natürlich gibt es dort auch eine Menge Vögel). Speziell für Vogelliebhaber ist die Tour in die Flutebenen des Amazonas gedacht, einem der vogelreichsten Gebiete überhaupt.

N 10. Umgebung von Recife

Ein langes Riff, das der Stadt Recife den Namen gab, liegt vor der Küste Nordostbrasiliens und macht das Gebiet so beliebt bei Badegästen, da es die starken Wellen vom Strand fernhält. Die Riffs südlich der Stadt bei Porto de Galinhas gelten als die besten Brasiliens zum Tauchen und Schnorcheln (können allerdings nicht mit den Riffs der Karibik konkurrieren). Dort kann man Tauchausrüstung leihen (beste Zeit zwischen Oktober und März, sonst ist das Wasser nämlich ziemlich trüb). 20 km weiter südlich, bei Suape, kann man ein großes Mangrovengebiet besuchen (leider liegt in der Nähe ein Tankerhafen). Sechs größere Inseln bilden den Archipel Fernando de Noronha, der 345 km von der Nordostküste Brasiliens im Atlantik liegt. Die Vegetation der Inseln ist sehr trocken und von Trockengebüschen und Kakteen geprägt. Hauptanziehungspunkt für Besucher sind die Korallengebiete um die Inseln. Das Gebiet ist ideal zum Schnorcheln und Tauchen geeignet (Ausrüstung kann man dort leihen). Fleckendelphine sind häufig, die Insel ist ein wichtiger Stützpunkt für viele Meeresvögel und Meeresschildkröten. Ausflüge nach Fernando de Noronha sind relativ teuer. In Recife und Natal kann man Pauschalangebote für mehrere Tage buchen, man kann die Inseln aber auch individuell besuchen.

N 9. Santarém

Santarém, etwa auf halbem Weg zwischen Manaus und Belém, lohnt einen kurzen Zwischenstop für alle, die mit den Flußbooten auf dem Amazonas unterwegs sind. Auch hier gibt es, wie in Manaus, einen »Encontro das Águas« (s.S.133), und zwar mischen sich hier die braungrauen Fluten des Amazonas mit den grünen des Rio Tapajós. Dieser mächtige Strom zeigt die typische Färbung der Klarwasserflüsse (S.138).
Den Rio Tapajós und seine schönen Strände kann man in Altar do Chão genießen. Das Ortsbild wird durch viele alte Kautschukbäume bestimmt, die alle die typischen V-förmigen Einschnitte zeigen, aus

N 11. Nationalpark Das Emas

Was die Tierwelt betrifft, wäre der Nationalpark Das Emas sicher ein Hauptreiseziel wert. Leider ist dieser sehenswerte Nationalpark im äußersten Westen des Staats Goiás so abgelegen, daß ihn nur sehr wenige Touristen besuchen können. Mit öffentlichen Verkehrsmitteln ist der Park nicht zu erreichen (nächste Busverbindung in Mineiros), und die nächste Autovermietung ist rund 500 km weiter in Goiânia. Besucher benötigen zudem eine Genehmigung der Nationalparkbehörde Ibama in Brasilia (s.S.165) und müssen mit Zelt und Lebensmitteln ausgerüstet sein. Der Park umfaßt weite Cerradogebiete, dazu baumfreie Campos und Galeriewälder. In der offenen Landschaft ist es leicht, die vielen hier lebenden Tiere zu entdecken. Das Emas ist sicher der beste Ort Brasiliens, um den Großen Ameisenbären zu sehen. Die weiten Flächen mit den vielen, bis zu 3 m großen Termitenhügeln sind ein idealer Lebensraum für ihn. Viele andere mehr oder weniger seltene Tiere leben hier, darunter 4 Gürteltierarten, Pampahirsche, Wasserschweine und Pekaris. Vögel wie Tukane und Papageien konzentrieren sich in den Galeriewäldern, die baumfreien Flächen bewohnen der große Nandu, der Seriema und viele Greifvögel.

N 12. Nationalpark Chapada dos Guimarães

67 km nördlich von Cuiabá erhebt sich das Massiv der Chapada dos Guimarães. Der Ausdruck »Chapada« bezeichnet eine Art Hochebene; dieses Gebiet sieht aus der Luft wie ein riesiger Tafelberg aus. Die Region liegt im Übergangsbereich zwischen Amazonien und den Cerrados Zentralbrasiliens. Die Vegetation besteht überwiegend aus Cerradoarten, auch Galeriewälder und Saisonregenwälder finden sich an einigen Stellen. Steile Felsabbrüche,

Canyons und Wasserfälle (der bekannteste ist der 86 m hohe Véu da Noiva) prägen die abwechslungsreiche Landschaft. Der geographische Mittelpunkt Südamerikas, der durch ein Denkmal markiert wird, befindet sich auf der Chapada dos Guimarães, in der Nähe des gleichnamigen kleinen Ortes.
Im Park gibt es eine Reihe von Erdstraßen (Mietauto sehr günstig). Vor dem Aufstieg zur Hochebene liegt ein Erholungsgebiet, dort ist auch Zelten möglich. Ein einfaches Hotel gibt es im Ort Chapada dos Guimarães, das man mit dem Bus erreichen kann.

N 13. Diamantina

Etwa 5 Std. Fahrzeit sind es von Belo Horizonte nach Diamantina. Diese Kleinstadt gehört zu den schönsten kolonialzeitlich geprägten Orten Brasiliens, vergleichbar mit Ouro Preto. Diamantina liegt in einer gebirgigen Gegend inmitten weiter Höhencamps. Die Berge der Umgebung gehören zur Serra do Espinhaço, in der auch der Nationalpark Serra do Cipó (s.S.176) liegt. Die Natur der beiden Gebiete ist sehr ähnlich. Vor allem die landschaftliche Schönheit macht einen Besuch in Diamantina zum Erlebnis. Eine Wanderung auf dem 3 km langen »Camino dos escravos« , einer Straße, die von Sklaven gebaut wurde, gibt einen ersten Eindruck. Viele andere kleine Pfade, die vor allem von Goldsuchern angelegt wurden, erlauben es, die Gegend auf eigene Faust zu erkunden. Beliebt sind Wanderungen zu einigen Wasserfällen in der Umgebung. Die Pflanzenwelt in den felsigen Gebieten ist recht interessant. Hier finden sich z.B. Kakteen, Orchideen und mehrere Arten der Vellosiaceen (S.123). Die Tierwelt umfaßt vor allem Cerradoarten, ist generell aber nicht sehr artenreich. Mehrere Vogelarten leben ausschließlich in diesen Höhencamps, sind also endemisch.

N 14. Serra da Canastra

Etwa 300 km südwestlich von Belo Horizonte liegt der Nationalpark Serra da Canastra. Die landschaftliche Schönheit des Gebietes mit spektakulären Wasserfällen (z.B. die über 200 m hohe »Casca D'anta«) lohnt einen Besuch. Hier liegt die Qelle des 2800 km langen Rio São Francisco. Zu diesem Fluß haben die Brasilianer eine besondere Beziehung, was sich schon in der liebevollen Bezeichnung »Velho chico« (»kleiner Alter«) zeigt.
Der Park liegt im Cerradogebiet Zentralbrasiliens. In den höheren Lagen bis fast 1500 m finden sich weite »Campos limpos«, d.h. Grasflächen fast ohne Baumwuchs. Zwischen Juli und Oktober kommt es leider immer wieder zu Bränden, die meistens vom Menschen verursacht sind. Das Gebiet gilt als eines der Rückzugsgebiete für viele vom Aussterben bedrohte Tierarten wie Mähnenwolf, Großer Ameisenbär, Riesengürteltier und den sehr seltenen Dunkelsäger. Häufig sind Nandu, Seriema (S.161) und Hühnervögel.
Leider ist der Park nicht mit dem Bus zu erreichen. Nächste Haltestelle ist São Roque de Minas, rund 8 km vom Parkeingang. Autofahrer können die Piste befahren, die quer durch den Park führt. Camping ist am Parkeingang und bei der Casca D'anta möglich. Beste Besuchszeit sind die kälteren Monate zwischen April und Oktober.

N 15. Monte Pascoal

Der erste Punkt vom Festland, den die Entdecker Brasiliens sahen, war der Monte Pascoal. Obwohl der Berg nur 536 m hoch ist, kann man ihn doch schon aus großer Entfernung erkennen. Heute ist die Umgebung des Monte Pascoal als Nationalpark ausgewiesen.
Der Großteil des Parks besteht aus dem leider schon sehr seltenen Atlantischen Regenwald. Hier wächst noch das Brasilholz,

◁ Die Sandsteinmonumente von Vila velha, rund 90 km westlich von Curitiba, bestechen durch ihre bizarren Formen (N 17).

Der Brautschleier-Wasserfall in der Chapada dos Gui- ▷ marães (N 12).

dem Brasilien seinen Namen verdankt. Wegen des roten Holzes wurde der Baum in den Jahren nach der Entdeckung in großen Mengen nach Europa exportiert. In Porto Seguro, wo die Eroberer damals an Land gingen, kann man heute die inzwischen seltenen Brasilholz-Bäume bei den kolonialen Gebäuden sehen.
Streit gab und gibt es um die Pataxó-Indianer, die bei der Parkgründung umgesiedelt werden sollten. Einige von ihnen leben in Hütten am Parkeingang.
Nur der westliche Teil des Nationalpark ist für Touristen zugänglich; dort gibt es einige Wege (auch auf den Monte Pascoal) und ein kleines Besucherzentrum. Eine 14 km lange Stichstraße führt von der Küstenstraße in den Park. Von Itamaraju aus fahren Busse zum Nationalpark.

Die Küstezone des Staates Bahia ist eines der Hauptanbaugebiete für Kakao (N 15).

N 16. São Paulo, Ilha São Sebastião und Ilha grande

Die beiden Inseln Ilha São Sebastião (auch als Ilhabela bezeichnet) und Ilha grande liegen zwischen Rio und São Paulo wenige Kilometer vor der Küste im Atlantik; der Südliche Wendekreis verläuft genau zwischen den Inseln. Sie sind beliebte Ausflugsziele für die Bewohner der beiden Großstädte und haben deshalb eine gute Infrastruktur. Zur Ferienzeit und an Wochenenden sollte man die Inseln aber meiden.
Die Berghänge beider Inseln sind weitgehend mit Atlantischem Regenwald bewachsen. Es gibt eine Reihe von Wegen, die in die immerhin über 1000 m hohen Berge der Inseln führen. Dort kann man in herrlichen Wasserfällen baden oder ein-

Im Nationalpark Monte Pascoal wächst noch der einzigartige Atlantische Regenwald, der in der übrigen Küstenzone leider schon weitgehend vernichtet wurde (N 15).

fach nur die üppige tropische Natur genießen (Moskitoschutz nicht vergessen). Keinesfalls sollte man versäumen, das berühmte Instituto Butantan in São Paulo zu besuchen. Mit Garantie sieht man eine Menge giftiger Schlangen, denen man im Urwald kaum begegnen wird. Auch die Terrarien mit Spinnen, Skorpionen und anderen Gifttieren sind recht interessant. Der moderne Zoo von São Paulo lohnt ebenfalls einen Besuch.

N 17. Umgebung von Curitiba

Von Curitiba im Süden Brasiliens aus kann man zwei interessante Ausflüge unternehmen. Der eine führt 86 km Richtung Westen zu den bizarren Felsen von Vila Velha (»alte Stadt«). Wind und Regen haben ein-

zelne Türme aus dem Sandstein gesägt und gleichzeitig tiefe Spalten und Grotten erzeugt. Ein Rundweg führt durch exotische Felsformationen und Waldstücke. Kappenblauraben und Bändertejus (S. 201) sind bei den Kiosks häufig. In der Nähe liegen die sogenannten »Furnas«, bis zu 108 m tiefe, wassergefüllte Löcher. Ein Aufzug bringt die Besucher bis an den Wasserspiegel, der 54 m unter der Oberfläche liegt. Der zweite Ausflug geht mit dem Zug durch den Urwald der Küstenkordillere nach Paranaguá. Der Zug schlängelt sich am Abgrund entlang (links sitzen) und bietet schöne Ausblicke auf die Bergurwälder und auf das Meer. Bei der Station Marumbi kann man einen Halt einlegen und durch die Wälder wandern. Es gibt aber nur einen Zug pro Tag, man braucht also ein Zelt zum Übernachten.

Reiseplanung

Vor der Reise

Einreise

Für Venezuela brauchen Deutsche, Österreicher und Schweizer einen mindestens noch 6 Monate gültigen Reisepaß und eine Touristenkarte (»Tarjeta de Ingreso«), die von der Fluggesellschaft ausgegeben wird. Wer über Land einreist, benötigt ein Visum, das man bei den venezolanischen Konsulaten in Boa Vista (Brasilien) oder Bogotá (Kolumbien) erhält.
Für Brasilien benötigt man einen mindestens noch 6 Monate gültigen Reisepaß.
Für beide Länder gilt: Gewöhnlich kann man 60 Tage im Land bleiben, dann wird eine Verlängerung fällig.
Manchmal muß man an der Grenze auch ein Anschluß- bzw. Rückticket und ausreichende Geldmittel vorweisen.
Den Paß sollte man auf jeden Fall immer mit sich führen! In Venezuela sind Straßenkontrollen (»Alcabalas«) häufig.

Gesundheit

Mehrere Tropenkrankheiten kommen in beiden Ländern vor, unter anderem Malaria, Gelbfieber, Virus-Hepatitis, Typhus, Dengue-Fieber und inzwischen auch Cholera. Auf jeden Fall sollte man frühzeitig ein tropenmedizinisches Institut aufsuchen und sich genau beraten lassen, da zwischen den einzelnen Impfungen bestimmte Abstände notwendig sind.
Übliche Maßnahmen sind:
- Impfungen gegen Kinderlähmung und Tetanus, falls notwendig, auffrischen lassen;
- Malariaprophylaxe: Auch in Südamerika gibt es resochinresistente Erreger (sie treten vor allem in Amazonien in den Siedlungsgebieten entlang der Hauptpisten auf), daher Kombination verschiedener Medikamente notwendig;
- Hepatitisimpfung;

- für Reisen in Amazonien Gelbfieber- und Typhusimpfung; bei Einreise aus anderen südamerikanischen Ländern wird gelegentlich ein Nachweis über eine Gelbfieberimpfung gefordert.
- der Nutzen der Cholera-Impfung ist umstritten, bei längeren Aufenthalten kann sie jedoch sinnvoll sein;
- für das Trinkwasser besorgt man sich am besten ein Wasserentkeimungsmittel (Micropur, Romin). Außerdem sollte man Mittel gegen Durchfall mitnehmen.

Devisen und Zoll

Am besten nimmt man Dollar-Reiseschecks und einige Dollarscheine in kleinen Werten mit. In größeren Städten kann man in Banken, Wechselstuben oder Hotels (oft schlechter Kurs) Reiseschecks einlösen, in kleinen Ortschaften nur Bar-Dollars, wenn überhaupt getauscht wird. In beiden Ländern werden die gängigen Kreditkarten (American Express, Visa, Mastercard) in den Städten akzeptiert, oft aber nur nach Rückfrage bei der Zentrale. Zahlungsmittel in Venezuela ist der Bolivar, in Brasilien der Cruzeiro. Wegen der hohen Inflationsraten lässt sich kein Wechselkurs angeben. Vor allem in Brasilien sollte man sich bei Reisebeginn bei anderen Touristen erkundigen, wie hoch die aktuelle Inflationsrate ist, und wo man am besten tauscht (bei hoher Inflationsrate gibt es evtl. einen Schwarzmarkt). Handeln ist auf Märkten üblich. Auch bei Touren sollte man handeln.
Die illegale Einfuhr von Waffen und Narkotika wird streng bestraft!

Reisezeit

Die günstigste Reisezeit richtet sich ganz nach dem besuchten Gebiet (siehe Hauptreiseziele). Die angeführten Daten für Regen- und Trockenzeiten sind nur grobe Anhaltspunkte, keine exakten Termine! Ganz allgemein sollte man die Ferienmonate meiden (August und September in Venezuela, Dezember bis Februar in Brasilien).

Anreise
Viele große internationale Gesellschaften fliegen Caracas, Rio de Janeiro und São Paulo an. Charterflüge gibt es zur Isla Margarita in Venezuela und nach Recife in Brasilien.

Reisen im Land

Bus
Der Bus ist in Venezuela und Brasilien das Verkehrsmittel schlechthin. Man erreicht damit fast alle Orte schnell und billig. Die Qualität der Busse ist, vor allem auf den Langstrecken, sehr gut. Alle 2–3 Stunden wird die Fahrt an Raststätten unterbrochen. In Brasilien verkehren auf den Langstrecken spezielle Nachtbusse, die »Leitos«, die zwar etwas teurer sind, dafür aber nur drei Sitzreihen und zudem Liegesitze haben. Städte verfügen meist über einen zentralen Busbahnhof. Auskünfte sind sehr zuverlässig, Abfahrtszeiten werden meistens genau eingehalten.

Sammeltaxis
Vor allem in Venezuela sind Sammeltaxis (Por Puestos, Carritos) sehr beliebt. Mit ihnen erreicht man auch noch die Orte, die kein Bus anfährt. Meist sind es Personenwagen (erkennbar an gelben Kennzeichen) oder Kleinbusse, die an den Busbahnhöfen oder Marktplätzen warten und abfahren, sobald der Wagen voll ist.

Flugzeug
Ein enges Netz von Inlandsflügen verbindet die Städte Venezuelas. Aufgrund des billigen Erdöls sind die Preise relativ niedrig. Die großen Entfernungen machen in Brasilien oft das Fliegen unumgänglich. Alle Städte und viele kleine Orte sind per Flugzeug erreichbar. Günstig ist der Brasil-Airpass. Mit ihm kann man innerhalb von 3 Wochen 5 Flüge unternehmen. Da je nach Atlantikflug Einschränkungen bestehen, informiert man sich am besten bei einem Reisebüro über die Einzelheiten.

Auto
Autovermietungen gibt es in den meisten größeren Städten. Günstig ist ein Mietauto vor allem für Tagestouren; die Langstrecken legt man viel bequemer mit dem Bus zurück (gilt vor allem für Brasilien). Die Mietpreise und Bedingungen entsprechen dem europäischen Standard, die Autos sind meistens technisch in Ordnung. Unbedingt prüfen, ob ein Ersatzreifen vorhanden ist. Bei Routenplanungen muß man berücksichtigen, daß die Straßenverhältnisse kaum die bei uns gewohnten Tagesstrecken ermöglichen. Nicht bei Nacht fahren, weil man dann die vielen Schlaglöcher zu spät erkennt! Verkehrsregeln gelten oft nur als Anhaltspunkte, also Vorsicht!
Nie Wertsachen im Auto lassen, am besten nur an bewachten oder belebten Plätzen parken.

Zug
Die wenigen Zugverbindungen sind wohl nur für Liebhaber zu empfehlen, der Bus ist fast immer schneller und bequemer. In Venezuela gibt es nur eine Linie zwischen Barquisimeto und Puerto Cabello. In Südbrasilien existieren noch mehrere Linien. Interessant ist wohl nur die Verbindung von São Paulo über Bauru nach Corumbá im Pantanal.

Flußboote
Sie sind das Hauptverkehrsmittel in Amazonien und laufen auch sehr kleine Ortschaften an. Wer über etwas Zeit verfügt, sollte auf jeden Fall eine Fahrt mitmachen. Routen und Abfahrtszeiten sind relativ flexibel, am besten erkundigt man sich selbst

Die Transamazônica erleichtert zwar das Reisen in Amazonien, ermöglicht aber leider auch die Regenwaldzerstörung durch Siedler und Holzfäller.

am Hafen. Die Fahrten sind zwar nicht gerade luxuriös, die Boote sind überfüllt, es ist laut und man schläft meist schlecht, aber es ist auch ein einmaliges Erlebnis und man bekommt viel vom Leben in Amazonien mit.

Stromaufwärts halten sich die Boote näher am Ufer, man hat also bessere Möglichkeiten, Tiere und den Wald zu sehen.

Für Bootstouren braucht man unbedingt eine Hängematte (Kabinen, falls vorhan-

den, sind keinesfalls zu empfehlen), die man am besten schon einige Stunden vor Abfahrt aufhängt. Man kann sich dann die besten Plätze (vorn, weit weg vom Motor) aussuchen. Eine gute Hängematte muß so breit wie lang sein, um diagonal darin liegen zu können (sonst ruiniert man sich die Wirbelsäule). Moskitonetz ist nicht notwendig, nur bei Stops können Insekten lästig werden. Nachts kann es ziemlich kühl werden, Pullover nicht vergessen. Die hygienischen Zustände auf den einfachen Booten sind mangelhaft, also Vorsicht beim Essen und Trinken. Mahlzeiten sind meist im Preis eingeschlossen. Das Essen ist jedoch ziemlich eintönig und nur für den zu empfehlen, der schon an brasilianische Kost gewöhnt ist. Trinkwasser auf den Booten sollte man nicht trinken. Mineralwasser oder Entkeimungsmittel mitbringen.

Organisierte Touren

Mehrere deutsche Reiseveranstalter bieten Reisen zu Gebieten an, die in diesem Buch beschrieben sind. Vor allem die Llanos, die Gran Sabana und die Anden in Venezuela und den Pantanal, die Iguaçu-Fälle und Manaus in Brasilien kann man problemlos mit Reiseunternehmen besuchen. Allerdings besteht bei den wenigsten Touren die Möglichkeit, länger an einem Platz zu bleiben und die Natur richtig kennenzulernen. Auch vor Ort, vor allem in Caracas, Rio und São Paulo, kann man organisierte Reisen zu naturkundlich interessanten Gebieten buchen.

Generelles zum Reisen abseits der Touristenwege

Viele der in diesem Buch beschriebenen Ziele liegen abseits der normalerweise von Touristen besuchten Orte. Die Infrastruktur ist oft sehr schlecht oder überhaupt nicht vorhanden. Wer diese Gebiete besuchen will (und das ist oft sehr lohnenswert), sollte zumindest Grundkenntnisse in Spanisch bzw. Portugiesisch haben. Die Einheimischen sind meistens sehr freundlich und hilfsbereit. In Südamerika sind Informationen und Karten oft unzuverlässig, und die Verhältnisse ändern sich schnell. Am besten mehrere Personen fragen, da manchmal falsche Auskünfte gegeben werden.
Bei Touren außerhalb der Ortschaften sollte man immer Trinkwasser und Schutz gegen Regen, Sonne und Moskitos dabei haben.

Wer in den Wäldern die Wege verläßt, muß unbedingt mit einer Machete oder sonstwie den Rückweg markieren. Bei Touren mit dem Boot auch mal den Motor ausmachen lassen. Wie in Europa sind auch hier die Tiere vor allem morgens und abends aktiv.

Souvenirs

Wie überall auf der Welt werden den Touristen die verschiedensten Mitbringsel angeboten. Im Sinne des Naturschutzes sei folgende Bitte ausgesprochen: Kaufen sie keinesfalls Souvenirs, die aus Tieren gefertigt werden (z.B. Bilder aus Schmetterlingsflügeln).

Unterkunft

Hotels gibt es in den größeren Städten in allen Preisklassen. Kleine Orte haben meist nur einfache und billige Hotels. Jugendherbergen gibt es selten, für den kleinen Geldbeutel finden sich überall billige Hotels.
Zelten ist weniger gebräuchlich und aus Sicherheitsgründen nicht sehr zu empfehlen, es sei denn, an bewachten Stellen. In Brasilien gibt es bewachte Plätze des Camping Clube do Brasil.

Kleidung

Generell sollte man sich immer an die Landessitten halten. In Venezuela tragen Männer gewöhnlich lange Hosen, Frauen kleiden sich nach Belieben, aber am besten nicht zu aufreizend. In Brasilien sind die Kleidersitten lockerer; Männer in Bermudas und Badeschlappen sind ein ganz normaler Anblick.
Am besten eignet sich leichte Baumwollkleidung. In Wäldern und Savannen gibt es Zecken und andere lästige Insekten. Langärmliges Hemd, lange Hosen und knöchelhohe, dicht schließende Stiefel sind dort sehr zu empfehlen. An warme Sachen denken; wenn man einmal die Hitze gewöhnt ist, friert man schon bei 20°C. Kopfbedeckung nicht vergessen!

Kriminalität

Mit einiger Vorsicht kann man auch in Südamerika sicher reisen.
Folgendes sollte man beachten:
- Nie Wertgegenstände sichtbar tragen, am besten im Hoteltresor lassen; Kamera einfach in eine dort besorgte Einkaufstüte wickeln.
- Möglichst unauffällig kleiden und sich den Einheimischen anpassen;
- Kopien von allen wichtigen Dokumenten machen und getrennt aufbewahren;
- Abends nicht allein ausgehen und unbelebte Zonen meiden (gilt vor allem für Frauen);
- Falls man doch überfallen wird, keinen Widerstand leisten!
- Immer ein paar kleine Geldscheine mitnehmen; Räuber werden sehr ärgerlich, wenn sie überhaupt nichts erbeuten.

Medizinisches

Die hygienischen Verhältnisse in Venezuela und Brasilien sind oft problematisch. Wichtig ist vor allem:
- Leitungswasser immer vor dem Trinken entkeimen;
- Nicht auf Märkten essen;
- Keine ungeschälten Früchte oder rohe Lebensmittel verzehren.
- Nicht in stehenden oder langsam fließenden Tieflandgewässern baden (Bilharziosegefahr!); klare Bergbäche sind dagegen unkritisch.
Meistens hat man am Anfang der Reise wegen der Nahrungsumstellung Durchfall. Hat sich der Magen an die neue Kost gewöhnt, kann man in Restaurants problemlos essen.
Während und kurz nach der Abenddämmerung sollte man nur mit langärmliger Kleidung das Haus verlassen. Dann haben nämlich die malariaübertragenden Moskitos ihre aktivste Zeit.
Nicht unterschätzen darf man die Gefahren der Höhenkrankheit in den Anden Venezuelas! Bei längeren Touren langsam an die Höhe anpassen!

Fotografieren

Filmmaterial und Entwicklung ist in Südamerika teuer. Für Fotos im Urwald benötigt man auf jeden Fall ein Stativ oder einen hochempfindlichen Film. Weitwinkelobjektiv ist günstig für Aufnahmen in den Wäldern. Fotos immer morgens und abends machen, mittags sind die Kontraste zu stark. Vor allem bei längerem Aufenthalt im Regenwald ist es wichtig, Filmmaterial möglichst trocken (Silicagel verwenden) und kühl aufzubewahren. Bei einem Aufenthalt von nur wenigen Tagen ist eine Schädigung der Filme auch ohne spezielle Maßnahmen kaum zu befürchten.

Sprache

In Venezuela wird Spanisch, in Brasilien Portugiesisch gesprochen, dazu existieren viele verschiedene Indianersprachen. Englisch und Deutsch sprechen nur sehr wenige Einheimische, am meisten noch in den Städten. In Südbrasilien gibt es viele deutschsprechende Einwanderer.
In Museen, Ausstellungen usw. sind die Beschriftungen fast nur in der Landessprache. Es empfiehlt sich daher unbedingt, zumindest Grundbegriffe der jeweiligen Landessprache zu lernen!

Diplomatische Vertretungen

Botschaften in Caracas:
Deutschland: Edificio Panavén, piso 2, Avenida San Juan Bosco, Altamira, Tel. (02)2610181/310144
Österreich: Edificio Torre las Mercedes, piso 4, Avd. La Estancia, Chuao, Tel. (02)913863
Schweiz: Torre Europa, piso 6, Avenida Francisco de Miranda, Campo Alegre, Tel. (02)334787/9510159
Botschaften in Brasilia:
Deutschland: SES, Avenida das Nações 25, Tel. (061)2437466
Österreich: SES, Avenida das Nações 40, Tel. (061)2433111
Schweiz: SES, Avenida das Nações 41, Tel. (061)2445500

Literatur

D'Abrera, Bernard: Butterflies of South America, Hill House, Victoria 1984

Dalgas Frisch, Johan: Aves Brasileiras, Dalga-Ecoltec, São Paulo 1981

De Schauensee, R.M., Phelps, W.H.: Birds of Venezuela, Princeton University Press, Princeton 1978

Dunning, John S.: South American Landbirds, Harrowood Books, Newton Square, Pennsylvania 1982

Emmons, L.H.: Neotropical Rainforest Mammals, A Field Guide, The University of Chicago Press, Chicago, London 1990

Georg, Uwe: Inseln in der Zeit. Gruner und Jahr, Hamburg 1988

Goodwin, Mary Lou: Birding in Venezuela, Sociedad Conservacionista Audubon de Venezuela, Caracas 1990

Gremone, Carlos u.a.: Fauna de Venezuela, Vertebrados, Editorial Biosfera, Caracas

Hoppe, A.(Hrsg.): Amazonien: Versuch einer interdisziplinären Annäherung. Naturforschende Gesellschaft Freiburg, Freiburg 1990

Hoyos F., Jesus: Guia de Arboles de Venezuela, Sociedad de Ciencias Naturales La Salle, Monografia No. 32, Caracas 1987

Hueck, K.: Die Wälder Südamerikas, Vegetationsmonographien Bd. II, Stuttgart 1966

Kricher, John C.: A Neotropical Companion, Princeton University Press, 1989

Lancini V.A.R.; Kornacker, P.M.: Die Schlangen von Venezuela. Verlag Armitores Editores, Caracas 1986

Lötschert, Wilhelm: Palmen. Botanik, Kultur, Nutzung, Ulmer-Verlag, Stuttgart

Rauh, Werner: Bromelien, Ulmer-Verlag, Stuttgart 1990

Rauh, Werner: Kakteen an ihren Standorten, Parey-Verlag, Berlin, Hamburg, 1979

Reichholf, J.H.: Der unersetzbare Dschungel, BLV Verlag, München 1990

Rizzini, C.T.; Coimbra Filho, A.F.: Ecosistemas Brasileiras, Brazilian Ecosystems, Editora Index, 1988

Sick, Helmut: Ornitologia Brasileira, Editora Universidade de Brasilia, Brasilia 1988

Suchantke, A.: Kontinent der Kolibris, Vlg. Freies Geistesleben, Stuttgart 1982

Vareschi, Volkmar: Vegetationsökologie der Tropen, Ulmer-Verlag, Stuttgart 1980

Zeil, Werner: Südamerika, Geologie der Erde Band 1, Enke-Verlag, Stuttgart 1986

Wörterbuch

deutsch/ wissenschaftlich/
spanisch/ portugiesisch

- Art kommt nicht im Land vor
? einheimischer Name nicht bekannt
Die landesüblichen Namen können je nach
Region stark abweichen und werden oft für
verschiedene Arten verwendet

Wirbellose:

Blattschneiderameisen/ Atta sp./ Bachacos/
 Sauvas

Elchgeweihkoralle / Acropora palmata/ ?/ ?
Eulenfalter / Caligo sp./ ?/ ?

Geißelspinne/ Amblypygi/ ?/ ?

Hundertfüßer/ Scolopendra sp./ ?/ ?

Laternenträger/Laternaria phosphorea/
 Machaca/ Jaquiranaboia

Morphofalter/ Morpho sp./ ?/ ?

Skorpione/ Scorpiones sp./ Escorpion/
 Escorpião

Termiten/ Isoptera/ ?/ Cupim
Treiberameisen/ Eciton sp./ ?/ ?

Winkerkrabben/ Uca sp./ ?/ Chama-maré

Reptilien:

Anolis/ Anolis sp./ Saca bandera/
 Lagarto-de-árvore
Abgottschlange/ Boa constrictor/
 Tragavenado/ Jibóia
Ameive/ Ameiva sp./ Mato real/ Bico-doce
Anakonda/ Eunectes sp./ Anaconda (Culebra
 de agua)/ Sucuri
Arrauschildkröte/ Podocnemis expansa/
 Tortuga arrau/ Tartaruga

Bänderteju/ Tupinambis teguixin/ Mato de
 agua/ ?
Basilisk/ Basiliscus sp./ Basilisco/ ?
Buschmeister/ Lachesis muta/ Cuaima piña/
 Surucucu

Echte Karettschildkröte/ Eretmochelys imbri-
 cata/ Carey/ ?
Erzspitznatter/ Oxybelis aeneus/ Bejuca/
 Bicuda

Grüner Leguan/ Iguana iguana/ Iguana/
 Cameleão

Köhlerschildkröte/ Testudo (Geochelone)
 carbonaria/ Morrocoy sabanero/ Jabuti
Korallenschlange/ Micrurus sp./ Coral verda-
 dera/ Cobra coral
Krokodilkaiman (Brillenkaiman)/ Caiman croco-
 dilus/ Baba/ Jacaré

Lanzenotter/ Bothrops atrox/ Mapanare/
 Jararaca

Marmorierter Buntleguan/ Polychrus marmo-
 ratus/ Camaleón/ ?

Orinoco-Krokodil/ Crocodylus intermedius/
 Caiman del Orinoco/ -

Regenbogenboa/ Epicrates cenchris/
 Tornasol/ ?
Rennechse/ Cnemidophorus sp./ Guaricongo/
 Calango

Schlegelsche Lanzenotter/ Bothrops schlegelii/
 Colgadora(Mapanaré cejuda)/ -
Spitzkrokodil/ Crocodylus acutus/ Caiman de
 la costa/ -
Suppenschildkröte/ Chelonia mydas/ Tortuga
 blanca/ Tartaruga-verde

Tropische Klapperschlange/ Crotalus durissus/
 Cascabel/ Cascavel

Unechte Karettschildkröte/ Caretta caretta/
 Cabezón(Cagüamo)/ Tartaruga-cabeçuda

Amphibien/Fische

Aga-Kröte/ Bufo marinus/ Sapo comun/
 Sapo cururu

Baumsteigerfrosch/ Dendrobates sp./ ?/ ?
Beilbauchfisch/ Gasteropelecidae/ ?/ ?

Engelsfisch/ Holacanthus sp./ ?/ ?

Papageifische/ Scarus sp./ Loro/ Bodião
Piranha/ Serrasalmus sp./ Caribe/ Piranha

Schlammspringer/ Periophtalmus sp./ ?/ ?
Spritzsalmler/ Copeila arnoldi/ ?/ ?
Stachelrochen/ Narcine brasiliensis/ Tiembla
 pies/ ?

Zitteraal/ Electrophorus electricus/ Tembla-
 dor/ Poraque

Vögel:

Amazonasseeschwalbe/ Sterna superciliaris/
 Gaviota pico amarillo/ Trinta-réis-anã
Amerikanischer Schlangenhalsvogel/ Anhinga
 anhinga/ Cotua agujita/ Biguá-tinga
Amethystkolibri/ Calliphlox amethystina/ Tu-
 cusito amatista/ Estrelinha
Ani/ Crotophaga sp./ Garrapatero comun/
 Anu-preto
Aplomadofalke/ Hierofalco femoralis/ Halcón
 aplomado / Falcão-de-coleira
Ararauna (Gelbbrustara)/ Ara ararauna/ Gua-
 camaya azul y amarilla/ Arara-canindi
Azurblaurabe/ Cyanocorax caeruleus/ -/ Gral-
 ha-azul

Bananaquit (Zuckervogel)/ Coereba flaveola/
 Reinita común/ Cambacica

Bergsegler/ Aeronautes montivagus/ Vencejo
 montañés/ Andorinhão-serrano
Bienenelfe/ Calypte helenae/ -/ -
Biguascharbe/ Phalacrocorax olivaceus/ Co-
 tua zamura/ Biguá
Bischofstangare/ Thraupis episcopus/ Azulejo
 de jardín/ Sanhaço-azul
Blaubrustpipra/ Chiroxiphia caudata/ -/ Tan-
 gará-verdadeira
Blaukappentangare/ Tangara cyanocephala/ -/
 Saíra-militar
Blauscheitelmotmot/ Momotus momota/ Pája-
 ro león/ Hudu
Blutohrsittich/ Pyrrhura haematotis/ Perico
 cola roja/ -
Braunpelikan/ Pelecanus occidentalis/ Pelica-
 no/ Alcatraz
Brauntölpel/ Sula leucogaster/ Boba marron/
 Atobá
Braunhaubenstärling/ Psarocolius angusti-
 frons/ Conoto aceituno/ Japuguaçu
Buffonkolibri/ Chalybura buffonii/ Colibrí
 grande colinegro/ -
Buntfalke/ Falco sparverius/ Halcón primito/
 Quiri-quiri
Bunttukan/ Ramphastos dicolorus/ -/Tucano-
 de-bico-verde

Cayennekibitz/ Vanellus chilensis/ Alcaraván/
 Quero-quero
Cayenneschwalbe/ Tachycineta albiventer/
 Golondrina de agua/ Andorinha-de-rio

Diademkiebitz/ Hoploxypterus cayanus/ Alca-
 ravancito/ Mexeriqueira
Diademtangare/ Stephanophorus diadematus/
 -/ Sanhaço-frade
Dunkelsäger/ Mergus octosetaceus/ -/ Pato-
 mergulhador

Erzfischer/ Chloroceryle aenea/ Martín pescador pigmeo/ Arirambinha

Feldspecht/ Soroplex campestris/ -/ Pica-pau-
 -do-campo
Felsenhahn/ Rupicola rupicola/ Gallito de las
 rocas/ Gallo-da-serra
Fettschwalm/ Steatornis caripensis/ Guácha-
 ro/ Guácharo
Fischadler/ Pandion haliaetus/ Aguila pesca-
 dora/ Águia-pesqueira
Fischbussard/ Busarellus nigricollis/ Gavilán
 colorado/ Gavião-belo
Flamingo/ Phoenicopterus ruber/ Flamenco
 (Togogo)/ Flamingo
Flechtenglöckner/ Procnias averano/ Campa-
 nero herrero/ Araponga-de-barbelas
Fleckenfaulvogel/ Nystalus maculatus/ -/ Ra-
 pazinho-dos-velhos
Fleckensteißhuhn/ Nothura maculosa/ -/ Co-
 dorna
Flußseeschwalbe/ Sterna hirundo/ Tirra medio
 cuchillo/ Trinta-réis-boreal

Gabeltyrann/ Tyrannus savana/ Atrapamoscas
 tijereta/ Tesoura
Gelbbauchtangare/ Tangara xanthogastra/ Tangara punteada/ -
Gelbbauch-Spateltyrann/ Todirostrum cinere-
 um/ Titirijí lomicenizo/ Relógio?

_____ 229

Gelbbürzelkassike/ Cacicus cela/ Arrendajo comun/ Xexeu

Glanztrogon/ Pharomachrus fulgidus/ Quetzal dorado/ -

Glitzeramazilie/ Amazilia fimbriata/ Diamante gargantiverde/ Beija-flor-de-garganta-verde

Goldbauchorganist/ Euphonia xanthogaster/ Currúñatá azulejo/ Vi-vi-grande

Goldsittich/ Aratinga guarouba/ -/ Arara-juba

Goldstirnsittich/ Eupsittula aurea/ -/ Jandaia-coroinha

Goldtangare/ Tangara arthus/ Tangara dorada/ -

Graubrusteremit/ Phaetornis guy/ Ermitaño verde/ -

Graukardinal/ Paroaria coronata/ -/ Cardeal

Graukehlpipra/ Ilicura militaris/ -/ Tangarazinho

Graunacken-Kronfink/ Coryphospingus pileatus/ Granero cabecite de fósforo/ Cravina

Graurücken-Trompetervogel/ Psophia crepitans/ Grulla/ Jacamim-de-costas-cinzentas

Grünbauchamazilie/ Amazilia viridigaster/ Amazilia colimorada/ -

Grünhäher/ Cyanocorax yncas/ Querrequerre/ -

Guirakuckuck/ Guira guira/ -/ Anu-branco

Hakenschnabel/ Diglossa sp.

Halsbandarassari/ Pteroglossus torquatus/ Tilingo acollarado/ -

Halsbandsegler/ Cypseloides zonaris/ Vencejo grande/ Andorinhão-de-coleira-branca

Halsbandtschaja/ Chauna torquata/ -/ Tachã

Harpyie/ Harpia harpia/ Aguila arpia/ Harpia

Haubenfink (Rotrücken-Kronfink)/ Coryphospingus cucullatus/ -/ Tico-tico-rei

Helmhokko/ Crax pauxi/ Pauji copete de piedra/ -

Helmkolibri/ Oxypogon guerinii/ Chivito de los páramos/ -

Hoatzin/ Ophistocomus hoazin/ Chenchena/ Cigana

Hyazinthara/ Anodorhynchus hyacinthinus/ -/ Arara-azul-grande

Jabirú/ Jabiru mycteria/ Garzon soldado/ Jabiru(Tuiuiu)

Jungferntrogon/ Trogonurus collaris/ Sorocuá acollarado/ -

Kammtrogon/ Pharomachrus antisianus/ Quetzal coliblanco/ -

Kappenblaurabe/ Cyanocorax chrysops/ -/ Gralha-do-mato

Kappennaschvogel/ Chlorophanes spiza/ Mielero verde/ Saí-verde

Kapuzenkolibri/ Augastes lumachellus/ -/ Beija-flor-de-gravata-vermelha

Karakara/ Polyborus plancus/ Caricare encrestado/ Caracará

Königsgeier/ Sarcoramphus papa/ Rey zamuro/ Urubu-rei

Lachfalke/ Herpetotheres cachinnans/ Halcón macagua/ Acauã

Langschopf-Mohrentyrann/ Knipolegus lophotes/ -/ Maria-preta-de-topete

Maguaristorch/ Ciconia maguari/ Cigüeña/ Maguari

Mantelkardinal/ Coccopsis capitata/ -/ Galo--da-campina

Marmorreiher/ Tigrisoma lineatum/ Pajaro vaco/ Socó-boi-de-cabeça-castanha

Maskentölpel/ Sula dactylatra/ Boba borrega / Atobá-grande

Mitu/ Crax mitu/ -/ Mutum-cavalho

Mohrenreisknacker/ Oryzoborus crassirostris/ Semillero picón/ Bicudo

Mönchssittich/ Myiopsitta monachus/ -/ Caturrita

Morgenammer/ Brachyspiza capensis/ Correporsuelo/ Tico-tico

Nachtschwalben/ Caprimulgus sp./ Aguaitacamino/ Bacurau

Nacktkehl-Glockenvogel/ Procnias nudicollis/ -/ Araponga

Nandu/ Rhea americana/ -/ Ema

Noddi/ Anous stolidus/ Tiñosa/ Viuvinha-preta

Orangetrupial/ Icterus icterus/ Turpial común/ Sofrê(Corrupi~ao)

Pampahuhn/ Rhynchotus rufescens/ -/ Perdiz

Paramopieper/ Pediocorys bogotensis/ Miracielito/ -

Prachtamazone/ Amazona pretrei/ -/ Papagaio-charão

Prachtfregattvogel/ Fregata magnificens/ Tijereta de mar/ Tesourão

Purpurkardinal/ Cardinalis phoenicius/ Cardenal coriano/ -

Purpurtangare/ Ramphocelus bresilius/ -/ Sangue-de-boi

Purpurtyrann/ Pyrocephalus rubinus/ Atrapamoscas sangre de toro/ Verão

Quetzal/ Pharomachrus mocinno/ -/ -

Rabengeier/ Coragyps atratus/ Zamuro/ Urubu-preto

Riesentukan/ Ramphastos toco/ -/ Tucanuçu

Rosalöffler/ Platalea ajaja/ Garza paleta/ Colheireiro

Rosttöpfer/ Furnarius rufus/ -/ João-de-barro

Rotbauchdrossel/ Planesticus rufiventris/ -/ Sabiá-laranjeira

Rotbrustfalke/ Hierofalco deiroleucus/ Halcón pechianaranjado/ Falcão-de-peito-laranja

Rotbrustfischer/ Megaceryle torquata/ Martín pescador grande/ Martin-pescador-grande

Rotbugamazone/ Amazona aestiva/ -/ Papageio-verdadeiro

Rotbürzelkassike/ Cacicus haemorrhous/ Arrendajo rabadilla encarnada/ Guaxe

Rotfußtölpel/ Sula sula/ Boba raboblanco/ -

Rotkopfmotmot/ Baryphtengus ruficapilus/ -/ Juruva

Rotschnabel-Pfeifgans/ Dendrocygna autumnalis/ Guiriri/ Marreca cabocla

Rotschnabel-Tropikvogel/ Phaeton aethereus/ Chíparo/ Rabo-de-palha

Rotschwanz-Glanzvogel/ Galbula ruficauda / Tucuso barranquero/ Bico-de-agulha-de-rabo-vermelho

Rotschwanzguan/ Ortalis ruficauda/ Guacharaca del norte/ -

Rubinkolibri/ Clytolaema rubicauda/ -/ Beija-flor-papo-de-fogo

Rußseeschwalbe/ Sterna fuscata/ Gaviota de veras/ -

Ruß-Segler/ Cypseloides senex/ -/ Taperuçu

Safranammer/ Sicalis flaveola/ Canario de tejado/ Canario-da-terra-verdadeiro

Savannenbussard/ Heterospizias meridionalis/ Gavilán pita venado/ Gavião caboclo

Schakupemba/ Penelope superciliaris/ -/ Jacupemba

Scharlachsichler/ Eudocimus ruber/ Corocoro colorado/ Guará vermelho

Schildkolibri/ Augastes scutatus/ -/ Beija-flor-de-gravata-verde

Schlankschnabelcatamenie/ Catamenia homochroa/ Semillero paramero/ -

Schmuckpfäffchen/ Sporophila caerulescens/ -/ Coleirinho

Schneckenweih/ Rostrhamus sociabilis/ Gavilán caracolero/ Gavião-caramujeiro

Schuppentäubchen/ Scardafella squammata/ Palomita maraquita/ Fogo-apagou

Schneesichler/ Eudocimus albus/ Corocoro blanco/ -

Schwalbentangare/ Tersina viridis/ Azulejo golondrina/ Saí-andorinha

Schwarzkopf-Reisknacker/ Oryzoborus angolensis/ Semillero ventricastaño/ Curió

Schwarzmantel-Scherenschnabel/ Rhynchops nigra/ Pico de tijera/ Corta-água

Schwefeltyrann(Bentevi)/ Pitangus sulfuratus/ Christofue/ Bemtevi

Schwertschnabel/ Ensifera ensifera/ Colibrí pico espada/ -

Seriema/ Cariama cristata/ -/ Seriéma

Siebenfarbenpapagei/ Touit batavia/ Perico siete colores/ -

Siebenfarbtangare/ Tangara chilensis/ Siete colores/ Saíra-de-paraiso

Silberreiher/ Casmerodius albus/ Garza real/ Garça-branca

Smaragdkehl-Glanzschwänzchen/ Metallura tyrianthina/ Colibrí verde colirrojo/ -

Sonnenralle/ Eurypyga helias/ Tigana/ Pavãozinho-do-Pará

Sperberweihe/ Geranospiza caerulescens/ Gavilán zancón/ Gavião-pernilongo

Spottdrossel/ Mimus polyglottus/ Paraulata llanera/ Sabiá-da-praia

Tataupa/ Crypturellus tataupa/ -/ Inhambuchintã

Trauergrackel/ Quisqualis lugubris/ Tordo negro/ -

Trauerkolibri/ Melanothrochilus fuscus/ -/ Beija-flor-preto-e-branco

Trauertyrann/ Tyrannus melancholicus/ Pitirre chicharrero/ Suiriri

Tropfenbrust-Spateltyrann/ Todirostrum maculatum/ Titiriji manchado/ Sebinho-estriado

Truthahngeier/ Cathartes aura/ Oripopo/ Urubu-caçador

Veilchenohr/ Colibri coruscans/ Colibrí orejivioleta grande/ -

Waldnymphe/ Hylonympha macrocerca/
Colibrí tijereta/ -
Waldstorch/ Mycteria americana/ Gaban
huesito/ Cabeça-seca
Weißflügelsittich/ Brotogeris versicolorus/ -/
Periquito-de-asas-amarelas

Zwergseeschwalbe/ Sterna albifrons/ Gaviota
filico/ -

Säugetiere:

Aguti/ Dasyprocta sp./ Picure/ Cutia
Amazonas-Delphin/ Inia geoffrensis/ Boto/
Bôto
Amazonas-Sotalia/ Sotalia fluviatilis/ Tonina /
Tucuxi

Brauner Brüllaffe/ Alouatta fusca/ -/ Barbado
(Guariba)
Brillenbär/ Tremarctos ornatus/ Oso frontino/ -
Brüllaffe/ Alouatta sp./ Mono araguato/
Guariba

Dreifingerfaultier/ Bradypus sp./ Pereza de tres
dedos/ Preguiça-de-bentinho

Falsche Vampirfledermaus/ Vampyrum spec-
trum/ ?/ Morcego-grande
Faultier/ Bradypus sp., Choloepus sp./ Pere-
zoso/ Preguiça
Flachlandtapir/ Tapirus terrestris/ Tapir(Danta)/
Tapir(Anta)
Fleckendelphin/ Stenella sp./ ?/ Golfinho
Flußdelphin siehe Amazonas-Delphin/Ama-
zonas-Sotalia

Goldgelbes Löwenäffchen/ Leontideus rosalia/
-/ Mico-leão-dourado
Großer Ameisenbär/ Myrmecophaga tridacty-
la/ Oso palmero(Oso hormiguero gigante)/
Tamanduá-bandeira
Gürtelmull/ Chlamyphorus truncatus/ ?/ ?

Halsbandpekari/ Tayassu tajacu/ Baquiro de
collar/ Caitetu

Jaguar/ Panthera onca/ Yaguar(Tigre)/ Onça
pintada

Kapuzineraffen/ Cebus sp./ Mono capuchino/
Macaco-prego (Cairara)
Krabbenwaschbär/ Procyon cancrivorus/
Zorro cangrejero/ Guaxinim

Langschwanzkatze/ Leopardus wiedii/
Margay/ Gato-do-mato
La-Plata-Otter/ Lutra platensis/ -/ Lontra

Mähnenwolf/ Chrysocyon brachiurus/ -/
Lobo guará
Marmosette/ Callithrix sp./ -/ Sauim

Nachtaffe/ Aotes trivirgatus/ Mono de noche/
Macaco-da-noite
Neunbinden-Gürteltier/ Dasypus novemcinc-
tus/ Cachicamo montañero/ Tatu-galinha

Opposum/ Didelphis sp./ Rabipelado/ Mucu-
ra (Muca)

Ozelot/ Leopardus pardalis/ Tigrillo/
Jaguatirica
Ozelotkatze/ Leopardus tigrinus/ Tigrillo /
Gato-do-mato

Paka/ Cuniculus paca/ Lapa/ Paca
Pampahirsch/ Odocoileus bezoarticus/
Venado/ Veado-campeiro
Puma/ Felis concolor/ León de montaña
(Puma)/ Suçuarana

Riesengürteltier/ Priodontes giganteus/
Cachicamo gigante/ Tatu canastra
Riesenotter/ Pteronura brasiliensis/ Nutria
(Perro de agua)/ Ariranha

Schwarzer Brüllaffe/ Alouatta caraya/ -/ Bugio-
preto
Schwarzköpfiger Springaffe/ Callicebus perso-
natus/ -/ Guigó
Schwarzpinseläffchen/ Callithrix penicillata/ -/
Mico estrela
Schwimmbeutler/ Chironectes minimus/ Per-
rito de agua/ Cuica D'agua
Seekuh/ Trichechus manatus/ Manati/ Peixe--
boi
Spinnenaffe/ Brachyteles arachnoides/ -/
Muriqui
Sumpfhirsch/ Odocoileus dichotomus/ -/
Cervo-do-pantanal
Südamerikanischer Nasenbär/ Nasua nasua/
Coati/ Coati

Tamandua/ Tamandua tetradactyla/ Oso me-
lero/ Tamanduá-mirim

Vampir/ Desmodus rotundus/ Vampiro /
Vampiro

Waldfuchs/ Speothos venaticus/ Perro de
monte/ Cachorro-do-mato
Wasserschwein/ Hydrochaeris hydrochaeris/
Chiguire/ Capivara
Weißbartpekari/ Tayassu albirostris/ Baquiro
careto/ Queixada
Weißbüscheläffchen/ Callithrix jacchus/ -/
Sagui de Nordeste
Wollaffe/ Lagothrix lagothricha/ -/ Barrigudo
Wollbeutelratten/ Caluromys sp./ Comadreja/
Mucura-chichica

Zweifingerfaultier/ Choloepus sp./ Perezoso
de dos dedos/ Preguiça real
Zwergameisenbär/ Cyclopes didactylus/
Osito hormiguero enano/ Tamandua-í
Zwergbeutelratten/ Marmosa sp./ Comadreji-
ta/ Gambasinha
Zwergseidenäffchen/ Callithrix pygmaea/ -/
Saguí

Pflanzen:

Adlerfarn/ Pteridium aquilinum/ Samambaia/
Samambaia
Akazie/ Acacia sp./ Cují / ?
Ananas/ Ananas comosus/ Piña/ Abacaxi
Andenbacherle/ Alnus jorulensis/ Aliso de
orillas/ -
Araukarie/ Araucaria angustifolia/ -/ Pinheiro-
do-paraná

Assaipalme/ Euterpe sp./ Palmito/ Açai
(Palmito)
Astergreiskraut/ Senecio formosus/ Tabacote
morado/ -

Babassúpalme/ Orbygnia martiana/ -/ Babaçu
Balsabaum/ Ochroma lagopus/ Balso/ ?
Banane/ Musa sapientum/ Plátano (Cambur)/
Banana
Baumfarn/ Alsophila sp.,Dicksonia sp./ ?/
Feto arborescente(Samambaiaçu)
Bergbambus/ Chusquea pinifolia/ ?/ Taquara-
mirim
Brasilholz/ Caesalpinia echinata/ -/ Pau-brasil

Carnaubapalme/ Copernicia cerifera/ -/
Carnauba
Cassie/ Cassia sp./ ? / ?
Cecropie/ Cecropia sp./ Yagrumo/ Imbaúba

Espeletie/ Espeletia sp./ Frailejon/ -
Eukalyptus/ Eucalyptus sp./ Eucalypto /
Eucalypto

Feigenkaktus/ Opuntia sp./ Tuna/ Figo-da-
índia
Fensterblatt/ Monstera sp./ ?/ ?
Feuerfähnchen/ Castilleja fissifolia/ Bandera
española/ -

Greisenbart/ Tillandsia usneoides/ Barba de
palo/ Barba de velho

Helikonie/ Heliconia sp./ Platanillo/ Bananei-
rinha-do-mato
Humboldtweide/ Salix humboldtiana/
Sauce/ ?

Jackfruchtbaum/ Artocarpus heterophyllus/
Arbol de pan/ ?

Kanonenkugelbaum/ Couroupita guianensis/
Taparon/ Abricó-de-macaco
Kapokbaum/ Ceiba pentandra/ Ceiba/
Sumauma
Kaschubaum/ Anacardium occidentalis/
Merey/ Caju
Kautschukbaum/ Hevea brasiliensis/ Caucho/
Seringa
Knopfmangrove/ Conocarpus erectus/ Mangle
de botoncillo/ -
Kokospalme/ Cocos nucifera/ Cocotero/ Coco
Königliche Fuchsie/ Fuchsia regia/ -/ -
Königspalme/ Roystonia venzuelana/
Chaguaramo/ Palmeira-real
Korallenbaum/ Erythrina poeppigiana/
Bucare ceibo/ -

Mahagoni/ Swietenia macrophylla/ Caobo/ -
Mango/ Mangifera indica/ Mango/ Mango
Maniok/ Manihot esculenta/ Cassaba/ Farinha
(Tapioka)
Matestrauch/ Ilex paraguaiensis/ -/ Erva mate
Meertraube/ Coccoloba uvifera/ Uvero de
playa/ -
Melonenkaktus/ Melocactus sp./ Buche/
Corôa-de-frade
Mesquitebaum/ Prosopis juliflora/ Cují / ?

Oscherstrauch/ Calotropis procera/ Algodon
de seda/ Algodão da seda

Paranußbaum/ Bertholletia excelsa/ Juvia /
Castanha do Pará
Parkinsonie/ Parkinsonia aculeata/ Espinillo/ ?
Passionsblume/ Passiflora sp./ Parchita/ Mara-
cuja
Pockholzbaum/ Guaiacum officinale/ Gu-
ayacán/ -

Regenbaum/ Phitecollobium saman/ Samán/ ?
Rohrkolben/ Typha dominguensis/ ?/ ?
Romanzoffianische Kokospalme/ Arecastrum
romanzoffianum/ -/Jerivá
Rosenholz/ Aniba duckei/ -/ Pau-rosa
Rote Mangrove/ Rhyzophora mangle/ Mangle
rojo/ Mangue-vermelho

Sandbüchsenbaum/ Hura crepitans/ Jabillo/ ?
Schildkrötengras/ Thalassium testudinum/ ?/ ?
Schwarze Mangrove/ Avicennia germinans/
Mangle negro/ ?
Sinnpflanze/ Mimosa pudica/ ?/ Sensitiva
Sonnentau/ Drosera sp./ ?/ ?
Stielfruchteibe/ Podocarpus sp./ Pino laso/
Pinheirinho
Strelitzie/ Strelitzia reginae/ -/ -

Victoria regia/ Victoria regia/ -/ Vitória régia

Wasserhyazinthe/ Eichhornia crassipes/
ora(Lirio de agua)/ Aguapé
Wasserkohl/ Pistia stratiotes/ ?/ ?
Weiße Mangrove/ Laguncularia racemosa/
Mangle blanco/ ?
Weißes Andenferkelkraut/ Hypochoeris seto-
sus/ Chicoria blanca/ -Würgefeige/ Ficus
sp./ Matapalo/ Cipó mata-pau

Ziegenfußwinde/ Ipomoea pes-caprae/ Bata-
tilla de playa/ Salsa-da-praia
Zuckerrohr/ Saccharum officinarum/ Caña de
azucar/ Cana de açúcar

Spanisch/ deutsch
bzw. wissenschaftlich
Portugiesisch/ deutsch
bzw. wissenschaftlich

Hier sind Pflanzen und Tiere erfasst, die im
Text mit dem landesüblichen Namen genannt sind, außerdem Bezeichnungen für
wichtige und häufige Pflanzen- bzw. Tiergruppen

Spanisch/deutsch

Araguaney/ Tabebuia chrysantha
Araguato/ Brüllaffe
Araña/ Spinne allgemein

Baba/ Krokodilkaiman
Baquiro/ Pekari allgemein

Cachicamo/ Gürteltier allgemein
Caracuey/ Bromelia humilis
Cardon dato/ Ritterocereus griseus
Caribe/ Piranha
Carpintero/ Specht allgemein
Cascabel/ Tropische Klapperschlange
Cedro/ Cedrela sp.
Ceiba/ Kapokbaum
Chaparro/ Curatella americana
Chiguire/ Wasserschwein
Christofue/ Schwefeltyrann
Coati/ Südamerikanischer Nasenbär
Coloradito/ Polylepis serricea
Comadrejita/ Beutelratte
Copey/ Clusia grandiflora
Culebra/ Schlange allgemein
Danta/ Flachlandtapir

Escorpion/ Skorpion allgemein
Frailejón/ Espeletia sp.

Galápago/ Podocnemis vogli
Garza/ Reiher allgemein
Gaviota/ Seeschwalbe allgemein
Golondrina/ Schwalbe allgemein
Guácharo/ Fettschwalm
Guamacho/ Pereskia guamacho

Halcón/ Falke allgemein
Hormiga/ Ameise allgemein

Iguana/ Grüner Leguan
Indio desnudo/ Bursera simaruba

Lapa/ Paka
Loro/ Papagei allgemein
Mangle/ Mangrove allgemein
Mariposa/ Schmetterling allgemein
Martín-pescador/ Eisvogel allgemein
Mono/ Affe allgemein
Moriche/ Mauritia sp.
Murcielago/ Fledermaus allgemein

Oso melero/ Tamandua (Kleiner Ameisenbär)

Palma llanera/ Copernicia tectorum
Paloma/ Taube allgemein
Parchita/ Passionsblume (Maracuja)
Perezoso/ Faultier
Perico, Periquito/ Papagei allgemein
Picure/ Aguti

Samambaia/ Farn allgemein
Sapo minero/ Dendrobates leucomelas
Sapo/ Kröte allgemein
Semillero/ Fink allgemein

Tigre d'Agua/ Chrysemis dorbigni
Tonina/ Flußdelphin
Tortuga/ Schildkröte allgemein
Tragavenado /Abgottschlange (Boa constric-
tor)

Schon um kurz nach 18 Uhr geht die Sonne in den Tropen unter.

Register

Fett gesetzte Seitenzahlen verweisen auf Fotos, schräg gesetzte auf Essays (im Text blau unterlegt).

Pflanzen- und Tiernamen

Orts- und Sachregister

Seitenzahlen mit dem Zusatz »ff.« bezeichnen den Beginn der Besprechung eines Hauptreiseszieles.

Bildnachweis